中公文庫

随　想　録

高橋是清
上塚　司編

中央公論新社

目次

第二

第四

第五

本文中の〔　〕は今回の文庫化に際し編集部で付したものです。

随想録

序にかえて

先生の書き遺され、語り遺されし随想・清談の文章を、いまの私《わたくし》には、激しき慟哭《どうこく》の思いを伴わずしては、全く読み得ないのである。

先生の膝下《しっか》に仕えし二十有余年間の思い出が、一句一行を追うごとに胸裡に往来し、現世に在りし日の先生の言行の追憶が、一章一節を繰るごとに心頭に充満するのである。

まことに先生は、近代日本における偉大なる経世家の一人であったのみでなく、また、偉大なる人世《じんせい》の教師であった。この書は、経世家としての先生が、文明・社会・政治・経済・教育に関して述べられしもの、及び一個の人間是清として広汎なる人世の万端に寄せられし感懐の集成である。

先生は如何《いか》なる所においても、如何なる時においても、率直淡々たる言行の人であった。しかも見るも語るも行うも、生涯を貫して、天真無垢の眼を以《も》ってし、心を以ってされた。先生の公人としての至誠の真情と、終生いだかれたる人生観が、ありのままにこの書に再現していることを今さらに実感するのである。

心境の灑落《しゃらく》、見識の雄大、一代の達人たりし先生、公人として私人として永遠に学ぶべく、親しむべきこの大徳の先生、せめてもこの先生の精神が、この書を機縁として世に残らば、編者の私としては望外の喜びである。

この書刊行の仕事は、先生の生前に進みおりしもの。しかもこの書世に出でんとするも、今や先生無し。わが心に受けし衝撃いまだほとんど癒《い》えず、千々《ちぢ》に乱れる心を押して、先に公《おおやけ》にされたる高橋是清自伝に続く先生のこの遺著に序を捧ぐる次第である。

上塚　司記

昭和十一年三月二十一日

明治大帝の御高徳

明治四十年の九月であった。日露戦争後、戦争中の公債と借換《かりか》えのため、自分は、米国及びヨーロッパへ派遣された。

その際、阪谷《さかたに》〔芳郎《よしろう》〕蔵相に導かれて、大帝に拝謁を賜《たまわ》った。

「外債募集については、第一回より引続き、御苦労であった。この度《たび》の事はさらに困難のようにも聞及んでいるが、成功するように力をいたせ」

有難き御諚《ごじょう》を拝し、かつ御紋章入《いり》の巻絵の手文庫を拝領した。自分が、特に拝謁仰せつかって天顔に咫尺《しせき》したのは、この時が始めてである。

戦時中の外債募集は、日本への同情もあり、人気も立っていたために、多額の募債が出来た。だが、この度の借換えに至っては、戦時中と異り欧米人の日本公債に対する興味も薄くなり、その他種々の事情の結果、一層困難の状態に置かれていたため、かくの如き御言葉があったのである。

自分は大帝の御優諚《ゆうじょう》を拝し、粉骨砕身、御奉公を申し上げねばならぬと、堅く決心して、任に赴いた。幸いなことには、戦時中特別尽力をしてくれた米国の銀行家シフ氏が、またもや特別の尽力と斡旋とをしてくれたため、自分もその任務を完《まっと》うすることが出来たのである。

そのシフ氏が、明治四十二年に図《はか》らずも来朝した。大帝は、井上〔馨《かおる》〕侯の奏上によりこの趣《おもむき》を聞し召されて、早速拝謁を仰付《おおせつ》けられた。それも従来、外国の知名の士が来朝の際には予《あらかじ》めその国の大使館と外務省とが協議の上、接待方法を定めるのが慣例である。しかるにシフ氏だけは、井上馨侯と宮内省の間において、接待方法を御定めになったのである。

大帝が、シフ氏を「日本の恩人」として、特に優遇遊ばされた大御心《おおみこころ》は、まことに畏《おそ》れ多いことであった。

その際、御陪食の席に列したのは、田中〔光顕《みつあき》〕宮相、井上侯、阪谷蔵相、その他金子〔堅太郎《けんたろう》〕子、末松〔謙澄《けんちょう》〕子、長崎〔省吾《しょうご》〕式部官及び自分等、ごく少数の者であった。

席上龍顔《りゅうがん》ことの外《ほか》麗わしく、長崎式部官が御通訳申し上げて、何くれとなくシフ氏と御会談遊ばされた。宴《えん》半ばにして、シフ氏は金子子にまで云った。

「陛下の御健康を祝し奉る存意であるが、差支《さしつか》えないでしょうか」そこで金子子はこの由《よし》を長崎式部官に通じた。

宮中において御陪食の折、このような前例は今までかつてない。そこで長崎式部官も狼狽したらしい。

「シフ氏が、陛下の御健康を祝したいと申しますが、如何取計《いかがとりはから》いましょうか」

宮内大臣に訊ねると、宮内大臣は答えた。

「直接《じきじき》に御伺い申したらよいではないか」

「では伺って見ます」

式部官は恐る恐る陛下の御意を伺った。

「そうか、よろしい」と御許しになった。

この旨、シフ氏に通ずると、彼は、やおら立上った。

「戦時においても、平時においても、卓越せる日本皇帝陛下、畏れ多きことながら、我が米国のリンカーンに相比すべき日本皇帝陛下の万歳を祈り奉り、併せて、陛下のしろし召す日本帝国の隆昌を満腔《まんこう》の誠意を捧げて祝し奉る」

そう云って乾盃した。

陛下は、いと御満足にわたらせられたかの如く、シフ氏に御懇篤《こんとく》なる御挨拶があった。かくの如きは、宮中において嘗《かつ》て無いところの御厚遇であったと洩《も》れ承《うけたまわ》る。

この時、たしか観菊の会の折と思うが、シフ氏夫妻の待遇は米国大使館が与《あずか》っておらぬため、外人拝謁の名簿に洩れてしまった。そのため、御宴においての拝謁を賜わることが出来なかった。

そこで、陛下はまたしても特別の思召《おぼしめし》を以って、入御《にゅうぎょ》の際、宴会入口のところにおいて御立留《たちどま》りになり、シフ氏に握手の礼を重ねて優諚とを賜わり、皇后陛下はシフ夫人に御同様、御丁寧なる御挨拶を賜わった。

外債募集に骨折った英国のロスチャイルド卿は、日本には来なかったが、自分が倫敦《ロンドン》で一日同卿に日本の勲章を賜わるように政府に話して見ようと云うたところ、「自分は英国の勲章があれば充分である。外国の勲章は一切拝領せぬ事にしている。もし日本政府が自分の功労を認めてくれられるならば、希《ねが》わくは、日本皇帝皇后両陛下御自署の御真影を拝領させていただきたい」

そこで自分は帰朝後ただちに井上侯にこの事を話した。ところが外国の君主並《ならび》に大統領に贈る以外においては御自署の御真影を贈られた前例がない、従って宮内省では無論反対した。この時も、特別の思召によって御下賜《かし》遊ばされた。

実際シフ氏にせよ、ロスチャイルド卿にせよ、戦時中我が国の公債募集に尽力した事は非常なものであった。ことに第一回、第四回の公債募集の際の如きは、シフ氏なかりせば、微力自分の如きは、その使命を果たすことが出来ぬのみか、日本をして財政方面において後顧の憂《うれい》なく、勇敢なる軍隊の活動を充分ならしめる事は到底出来なかったと思っている。

大帝がこの間の事情を御含み遊ばされて、彼等外国人に向って空前の御厚遇を賜わった事は実に恐懼《きょうく》に堪《た》えぬ次第である。

（昭和二年三月）

第一

大正13（1924）年1月の三党首会議。左から三浦梧楼、高橋是清、加藤高明、犬養毅（本文40ページ参照。毎日新聞社提供）

原が刺さるる朝

予感

そうだ、その時は閣議の日だったがね。私は少し早く官邸に行った。原〔敬《たかし》〕と私が隣り合って二人で話ししていると、原の目の辺りが、どうも影が薄いように見えた。いわば死相でも出ていると言うのかね、何とも云えぬような淋《さび》しそうな感じがしてならぬ。そこで私は、

「君は今晩発って京都に行くそうだが、京都の大会なんか、何も君が行かないでも良いではないか。地方大会などに一々君が行かないでも誰か外の人をやったらよかろう。そんな地方大会等のような党の事よりも、もっと国の政治の方に力を入れたらどうだ」

といって私が極力京都行を止めたのだ。いわゆる虫が知らしたのだね。ところが原は、

「イヤそれは止《や》められない、自分もこうして拵《こしら》えをしているが、先方も拵えをして自分の

行くのを待っているから、今日になっては止められない」

といってどうしても肯《き》かない。私はどうしても、原の京都行を止めさせたいと思って、再三勧説したが原が肯かなかった。これが原と私と二人の間で話し合った最後だった。

ちょうど、原が殺される前、安田善次郎《やすだぜんじろう》が殺されたので、安田家の前途を心配する者が、何とか、善次郎翁が殺されても安田の銀行、会社に動揺を来たさないようにしたいものだと言って私の所に相談に来ていた。死んだ武井守正《たけいもりまさ》等が頻《しき》りに私に善後処置を講じてくれと頼むので、私は日本銀行総裁をしていた井上準之助《いのうえじゅんのすけ》と相談した結果、今の興業銀行総裁の、結城豊太郎《ゆうきとよたろう》を安田に入れる事に決め、結城も承諾したので、十一月四日の夕方、日銀の社宅で結城を安田の人に引き合せることとなった。私もその席に出てその挨拶をしていた。その時電話で
「原がやられた、すぐ臨時閣議を開くから来い」

という知らせが来たので、取る物も取り敢えずかけつけて行ったのだが、無論その時原は死んでいた。

朝会った時何だか、淋しい嫌な予感がしてならないので、京都行を中止させようとしたのだが、原が肯《き》かないのであの不幸を見たのだ。あの時無理にでも、私が原を引止めるか原が私の言う事をきいて止《とど》まっていてくれたら、あんな不幸を見なかったのであろうが、これも運命と言うのだネ、惜しい事をした。今でもその時の事を思い出して感慨に耐えな

いものがある。

原の後を受けて

私が政党に這入《はい》った事情は後で述べるが、山本〔権兵衛〕伯から政友会の方がやかましいから入党してくれとのことであったから入党したのだが、政党に這入ってみると、なかなか政党の事情は複雑で、私のごときものには向かない。ことに原の総裁ぶりを見て、始終あんなことを良くやるものだと思っていた。

原と言う人は政党の事は大小軽重共多大の興味と熱意を持っていたので、党員の名前や顔は勿論《もちろん》の事、その人の履歴、その人の勢力など何もかも知っていたしまた知る事につとめ、党員が面会に来れば、誰彼の区別なく一々あって陳情もきけば、話もしたものだ。ところが私はそんな事は全然興味を持たず、誰が何という人か、どんな顔をしているか、ほとんど知らなかった。そんな風だから政党の総裁なんか、私には最も不適任で、原の後に総裁になるなんか思いも寄らなかった。それが原が東京駅で刺されて、後継内閣がどうなるかと云う問題が起った時、私は

「後継内閣は大命による事だから、ここでとやかく論議すべきものではない。それよりも総裁を早く決めたら良い、総裁推薦が先決問題だ」

といったが――。その総裁が決まらぬうちに、私が総理大臣に推された。

　私は元来健康の上から、総理どころか大蔵大臣もやめたいと思い、原にしばしばやめさせてくれといったことがあった。それどころではない、原が内閣を組織する時、私に大蔵大臣として入閣を励《すす》めたが、当時私は脚気《かっけ》と胃腸が悪くて健康上果して劇職に堪え得るかどうかを心配して医者に診てもらったくらいだ。医者があまり無理をしなければよかろうというのでやっと入閣したわけだ。そんなわけで、私が総理に推された時にも断ろうとしたが、ちょうどワシントン会議が開かれるので、一日も早く後継内閣をきめねばならぬ。折角全権はワシントンに到着したのに、原がやられ、内閣が変るような事があっては、政府の方針が変りはしないかとの心配がある。

　この際は、何でも早く後継内閣をきめて貰いたい。また出来るならば軍縮会議に対する帝国政府の方針を変えないようにしてもらいたいとの希望であった。そこで私も已《や》むを得ず、総理を引受けた。総理を引受けても総裁は御免蒙《こうむ》る、私は総裁には不適任だと言って断っていたが、野田大塊《たいかい》〔卯太郎〕らが

「総理と総裁は不可分だ」

といって私に総裁を押付けようとした。私は飽くまで

「党情に暗《くら》し、そんな厄介な仕事は御免だ」

と頑張ったが、野田らが

「党の事は何もやらないで良いから、とにかくマア総裁をやれ、それでないと党がまとまらぬから」

と言って肯かない。結局幹部会で私を総裁に推したので、私も仕様事なしに総裁になったのだ。それでも私は

「それでは一時は引受けるが、よい後継者があれば総裁も総理もやめたい」

と言って、早く良い総裁が出来ればと待っていた。また事実総裁になってみると野田らが言うように、党の事は何もやらないでよいと言うわけには行かない。党の方からも私の所に何とか彼とか、党の問題を持ちかけて来る。私も引受けている以上は厄介だからと言って無責任に突放す事も出来ぬので、一通りはやっていたが、何と言っても一切合切自分でやっていた原の後を引受けたのだから、私のごときものには随分五月蠅《うるさ》い、厄介な事が多かった。どうか早く良い後継総裁を得てやめたいものだと思ってひたすらその時を待っていた。

その翌年改造問題で内閣はやめたが、党内の事情で総裁をもやめるわけには行かず、とうとう田中〔義一〕男が総裁になるまでやっていた。

話は、また前に戻るがね。

原が殺される数日前私が閣議の後で話をした時、原が、

「君は最近山県〔有朋〕公に会ったか」

ときくから
「別に用事もないから会わない」
というと
「それはいけない、ときどき会っていろいろの話をしてくれ。ああ言う人とはときどき会っていろいろの話をして置くが良い」
というので
「それではそのうち会おう」
というと原が云うには
「山県公は近日小田原の別荘へ行くといわれていたから早く行くがいい」
という。その場で電話で都合をきいたら
「明朝十時に来るように……」
ということであった。私はその通り山県公を訪問して政府の方針についていろいろな話をした。これに対して山県公からも話があったので、私は原が殺される朝（大正十年十一月四日）首相官邸で原に会ってその報告をしたのだった。

（昭和九年八月）

原君や牧野君らのこと

原と知った縁

奥田《おくだ》（義人《よしんど》）は昔、農商務省にいたし、特許局にも勤めて古くから知っているが、私が牧野（伸顕《のぶあき》）内府）君と懇意になったのは、特許局を立てる前だ。まだ海外へ出る前に専売免許法を太政官に出した、その時分に反対があった。当時法制局みたようなものがあって、伊藤（博文公）さんが官長で制度取調局とかなんとかいった。太政官に出したのがそこへ行くわけだ。その係におったのがたしかに牧野君だった。その時分に確か会って話もした記憶がある。今の斎藤（実《まこと》）さんとも、私が特許制度取調べのため欧米に出張を命ぜられ、ワシントンに三、四ケ月いて、パテント局の事務を見習っておった時に斎藤さんは海軍武官で、公使館付だった。

原もあの時パリにいたが、フランスの公使館の公使が不在で、書記官で代理公使をつとめていた。そこへ私が特許取調べに行って、フランス政府に頼まなければならぬから原に連れて行って貰って通弁《つうべん》して貰った。そうしていろいろ取調べた事があるが、それが原に会った最初だね。

それから後は、職業が違うから原君とはしばらく会わなかった。しかし第二次西園寺《さいおんじ》〔公望《きんもち》〕内閣（明治四十四年）の時に私が日本銀行におってどうも大蔵省と意見が合わなかった。その時分金利が低いから金利をもっと引上げてデフレーションをやれという。そう無理をしてはいかぬと言うのが私の理論、日本銀行の利息を引上げろと云うのが大蔵省の意見であった。すると大蔵大臣はその権限で大蔵省証券を日銀の金利よりも高く発行して金利を吊上《つりあ》げるという。そこで私は、そういうなら日銀をやって行けないから罷《や》めようと思った。しかし辞めるについては自分は大蔵省が相手じゃない。総理大臣が相手だ、それで一応西園寺公に意見を述べて、その主張が通ったら留まるがその結果によって辞めようと思って、大蔵省の方針と、自分等日本銀行の方針と、いずれを採るか正そうという決心をし、西園寺公に意見書を出した。ところがその意見書がさっぱりどうなったか分らない。仄聞《そくぶん》するところによると、どうも大蔵省に渡したようだ。大蔵省では高橋の奴怪《やつけ》しからぬことをいうという調子だったというが、これは他人のいう事だから事実は判らぬ。そう云うわけだから、私もそんなことで便々《べんべん》としているわけには行かないから、そこで原とは前にパリで知っているし、その後ときどき井上さん（馨侯）のところで出逢って知っているから、原の所へ出かけて行った。

　原はその時内務大臣で鉄道院総裁を兼ねておったがね。私は原に
「実はこう云う書面を出しているが君は知っているか」

というと「それは知っている」という。

「あれを定《き》めて貰わなければ困る、私はいよいよ政府が私の意見と反対の意見を採るならばやめねばならぬ。いつまでもこうやっていられない、それで来たんだ」

というと、原は
「実はどうも大蔵省には困っている。吾輩も君の議論と同じで、とにかく君の意見書は見たが、全然私と同感だったが大蔵省とは合わぬ。あれには実に困っているところだ。無理な事はさせないようにするから、やめたりなんかしては困る」

　それで、

「一応総理大臣の意見を聞きたい、自分の出した意見書について西園寺公になんとか定めて貰いたい」

というと、

「マアそんな事はいわずに辞表を出すなんかやめてくれ」

という話が出た。その内に西園寺内閣は倒れてしまった。西園寺公とか？　別に懇意じゃなかった。西園寺公とは前に逢った事がないね。（昭和九年八月）

政治家の第一歩・山本権兵衛氏のこと

犬養〔毅《つよし》〕さんとは前は懇意ではなかった。これは全然畑が違うから懇意でなかった。懇意になったのは政党に這入ってからだね。加藤高明《かとうたかあき》さんも始めはあまり懇意ではなかった。ただ日露戦争後に私が帰って来た時分、加藤さんもイギリスの公使をやめて帰っていて、その時分からときどき会うようになった。あの人が東洋なんとか言うものを拵えて、加藤さんがその会長になっている。その会から私が招《よ》ばれて昼飯の御馳走《ごちそう》になったのが懇意になる始めだった。（犬養、加藤氏等のことにつき「田中義一君のこと」の章参照）

渋沢〔栄一〕さんとに日露戦争後井上（馨侯）さんの所でしばしば出会った。それに私は渋沢さんの意見に同意する事が出来ぬ事がいろいろあった。第一、商業会議所と云うものは、外国の商業会議所辺の活動の有様を見てのことだったから、商業会議所についてかなり過激のことも云った。しかし渋沢さんと仲の悪かったということはない。ただときどききそんなことで意見が違っただけである。渋沢さんは世故に馴《な》れておられたから、よく「そう君のように一概にいうものじゃない」とたびたび意見をされた。喧嘩《けんか》をするということはない。意見の相違したことはよくある。そのためにどちらかというと渋沢さんは先輩で、私を若いとみて意見がましく、そう性急にものを求めるものでない、急激な変化を起してはいけないということを、渋沢さんからその時分によく聞かされたものだ。

私は山本さん（権兵衛伯）がはじめて内閣を組織した時（大正二年二月）大蔵大臣として入閣したのだが、山本さんに呼ばれた時分に、政友会に入るなどと云う事は夢にも思わなかった。それまでは山本さんともあまり懇意でなかった。ときどき宴会や園遊会などで逢って顔を知っているくらいのものだった。ちょうど日本銀行の総裁時代、銀行で重役会議を開いていた際、突然山本さんから海軍省へ来てくれと云う電話がかかった。重役連が「きっと大蔵大臣の交渉ですよ」といっていたが、私は山本伯とは知合いでないからそんなことはあるまい、と答えてとにかくそこへ行くと

「自分は内閣組織の大命を拝した。一つ大蔵大臣になってくれ」

ということであった。突然そんなことを云われたが私は

「一体私が大蔵大臣になって何をやって行けると思うのですか、顔を知っているけれども何もいろいろの事を話した事もないが」

というと山本さんが

「君の事は実は松方公からよく聞いている。自分は日露戦争の後にどうも財政が大事だと考え、経済の事で一体民間でどういう人が良いかと云うことを松方公に聞いた。その時分

に君の名前が出て、それ以来君とは交際はしないが、始終君のことが頭に残っている。松方公に聞いたんだが、君は国家のためならば、己を空しゅうして尽すと云う事をきいた。君を大蔵大臣にすると云っても、君の手腕を第一に頼りにすると言うのじゃない。君の精神を頼りにして頼むんだ」

とこういう。そこで私は

「己を空しゅうして国家のために尽すと云う精神に至っては、私は決して人後に落ちぬ。手腕を問わぬと云うことであるならばよろしい、お受けしよう」

と云うことになって、すぐその場で以て僅《わず》か五分間ぐらいで決ってしまった。そうして梯子段《はしごだん》を降りて来ると、今の牧野内府と奥田義人が下の座敷から出て来て「どうだった」という。

「こう言うわけだからよろしく」というと牧野、奥田の二人が

「実は、我々は恐らく君が受けまい、受けなければ我々二人でここに待ち構えていて説得する積りだった」

と云って笑話になった。そう云うわけだから政治家になるなどという考えはなかった。そうして後はしばらく会いもしなかった。

そうするとあるとき牧野君から宅へ電話がかかって「もう山本は早寝だから寝たが、実は私が代って一つ貴方に逢いたい、海軍省にいるから貴方の帰宅する頃出かけて行く」

ということであった。私はその時に支那の公使館の晩餐《ばんさん》に招ばれていた。そこへ電話を取次いで来た。「よろしい。こちらが近いから、おれの方から海軍大臣の官舎に行く」とそう答えて十時頃に済んだから行った。そうすると牧野君が困った顔をして
「政友会で陸海軍大臣以外の大臣は悉《ことごと》く政友会から出すのだから皆入党さしてくれろ、と言う。そこで山本伯は、どうも外務と大蔵と云うのは特殊のものだ、これに向って誰でもと云うわけには行かない、入党と言う事はこの二人には無理だと云うがなかなか政友会で承知しない。結局、なるほど外務大臣は仕方があるまいが、大蔵大臣は是非入党させろ、と云って肯かない。貴方にその事を一つ言ってみてくれろ。と云うことであった」

という。そこで私は、

「一体初めから一身を空しゅうして国家のために尽すと云うことでお受けした。政党に入るか入らぬかは一身に関することである。入る事が必要だから入れと山本伯が云うならば入る。しかし自分の意見は今日一党一派の政党員となって、そうして大蔵大臣となって働くよりも、むしろ政党外にあってあらゆる政党に理解を求めた方が、国家のためになると自分は思うが、しかしながらそう云う経緯《いきさつ》があって、入党してくれなければ困ると伯が云われるなら入って差支えない」

というと「それならば伯も大いに安心するだろう」といって喜んだ。それで初めて入党したわけだ。奥田（義人男、当時の文相）も山本（達雄男、当時の農相）もそれでやはり入党

しなければならなかった。その時に奥田等も入党はちょっと困っていたようであった。

経済演説の嚆矢

大隈〔重信〕内閣の総選挙の時（大正三年）、私の所へ方々から来てくれという。なぜかと云うと、それは後で気が附いた事だが、あの時分に一緒に行って演説する人を見ると、反対党の悪口を言うに過ぎない、人身攻撃に過ぎない。経済問題等はちょっとも言わない。私は外に能が無いから経済問題をやる。それが政党の演説として珍しかった。地方に行って経済問題を論ずると云う事が珍しかった。そこであっちからもこっちからも呼ばれたんだね。随分所々方々へ引張られたね。選挙委員長もやるにはやっていたが、マアなんだね、私の財政経済の演説が珍らしかったんだね、それで方々から引張られたんだ。

選挙演説に経済問題が流行《はや》り出した。その開拓者と言うわけでもあるまいが、自分ながら意外に思ったんだ。皆一緒に行く人がただもう反対党の悪口、人身攻撃で、そうして政治論になるとただ理屈だ。経済なんかに関する実際問題と言うものはちょっとも無かった。

（昭和九年八月）

政党の内情と困った人達

私が、原の亡き後の内閣を継いで、内閣改造をやろうとしたのは、あれは原の遺策を継いだのだ。元来、私は前にいったように、身体が悪いから現職を辞めたいということを考え、原にもしばしばそのことをいって置いた。ある日のこと私がまたこのことを持出すと、原は、

「君はしょっちゅう、身体が悪いから辞めたいというが、今、君に辞められては困る。まあ、そういわずにやって行ってくれ、とにかく君の身体は自分に預けてくれ、自分には少し考えがある」

というから、私は

「君は私に身体を預けてくれというが、身体を君に預けるとすれば、私には私の意見がある。君も何か考えているというが、私の見るところでは内閣も成立後すでに二年余になるから、この際内容を改造して、清新の気を入れて政治のやり方を直してはどうだ」

と私の意見を率直に述べた。そうすると原が、

「君からそういう話が出たから自分もいうが、自分にもその考えがあるのだ。自分に少し考えがあるというのはそれだ。がしかしこれをやるには時機と方法がある。それまで待っていてくれ。実に畏《おそれおお》いことだが、天皇陛下は御長きにわたらせられて御不予にあらせらるるので摂政《せっしょう》を置かせられる事に御内定遊ばされている。皇太子殿下には目下御外遊遊《あそ》ばされているが多分皇太子殿下御帰朝の後は御決定相成《あいな》る事と拝察している。自分は、天皇陛下御信任により内閣組織の大命を拝したので御代こそお代りはないとしても、摂政を置かせらるる御事となれば摂政宮殿下に対し奉りて辞表を捧呈《ほうてい》して、摂政宮殿下の思召を伺い奉るのが閣臣として当然の道かと考えている。今から予《あらかじ》め摂政宮殿下の御信任により再び大命を拝するがごときことは、恐懼《きょうく》の至りで避けねばならぬが、もし殿下の御信任により再び大命を拝するがごときことがあればその時内閣を改造して聖旨に副《そ》い奉るよう致したい。もし殿下の思召で辞表を御嘉納遊ばされれば野に下って奉公の誠を尽したい。これが自分の考えだが事頗《すこぶ》る重大であるから、今まで誰にも洩《も》らしていない。ただ君がいろいろいってくれたので自分の考えを話したのだが君も自分の意のあるところを察してとにかく今辞めるなんかといわずに自分の考えを援《たす》けて行ってくれ。そういう意味で君の身体を自分に預けてくれというのだ」

と真剣になってこういうのだ。そこで私は「君の話はよくわかったが、しかし実際問題としてはどうするつもりだ」と聴くと、人の名はいえぬが原は「誰それは内閣をやめて党に帰って党の方をやってもらう。誰それはどうする」と具体的に自分の考えを話したから、「誰それは君と特殊の関係があるようだが、そう簡単に行くかね――」

と聴いてみると原は「ナアにそんなことはない。それはこうする」とあっさり答えていた。私もこの時初めて、原のこういう考えを聞いたのだが、原はとうとうそれを実行せぬうちに死んじゃった。

だから私もあの改造をやる時に、

「これは私としても必要と思うが、原の遺志を継ぎ遺策を行わんとするのだ」といって取りかかった。しかしその結果は知っている通りの事情で実行出来ず、内閣もこれがため総辞職するに至ったのだ。原の考えでは、摂政宮殿下に辞表を捧呈する時は原のみの辞表ではなく、内閣総辞職で閣員全部の辞表捧呈というわけで、もし再び組閣の大命を拝すればその時新たに閣員を銓衡《せんこう》し得ることとなる。そうなればその時残る人、やめさせる人をよりわけて内閣の改造を行い得ると思ったのだろう。またその時はそういう風に内閣改造は行い得るので、始めから内閣改造をやるから辞表を出してくれというのとは、余程事情が違っているわけだ。

私は後でいろいろ聴いたのだが、党内の事情は相当複雑で面倒のようだったね。内閣改造について野田（大塊翁）、横田（千之助氏）、岡崎（邦輔《くにすけ》翁）等は皆賛成していたが、党内で幹部に反感を持つ一派が幹部が改造賛成と聴いてこれらの手合いは反幹部の意味で改造反対をいっていた。ところが、この反幹部の内の一、二が幹部になると改造に賛成するが、今度は新たに幹部になった一、二の人に強い反対が出来てこれらが非改造を唱えるという始末で、随分厄介な状態だったようだ。こんなことで、内閣改造はうまく行かなかったが、私は何も内閣を改造して永く政権に嚙《かじ》りつこうという考えではなかった。

私は前にもいったように何も自分が好んで総理大臣になったのでなくワシントン会議の開会が目睫《もくしょう》に迫り一日も早く後継内閣が出来ねばならぬというので、自分一身の都合のみいっているわけに行かず、お引受けしたわけである。また私としてはよい後継者があればいつやめてもよい。またそれが望ましいと考えていたのだが、しかし一旦内閣を引受けた以上は、どこまでも日本の政治をよくせねばならぬ。それがためには新たな意気と経綸《けいりん》とを以て政治の改善につとめねばならぬと考え、かねての持論でもあるし、原の遺志でもあったから、自分はそういう目的の下に内閣改造を行わんとした。

原の存世の時ですらすでに改造の必要があったのに、それから一年もそのままにして置くことは人心を新たにし政治を改むるゆえんでない。もし私が永く政権の地位におりたい、いつまでも総理大臣という地位にいたいという考えがあったら何にも苦んで改造なんかしようとはしない。またそれが出来ぬようならむしろやめた方がよいと考えて改造を行わんとしたのだ。ところがいろいろの事情で閣内に反対が起り、辞表を出してくれといってもそれも拒む閣僚があったため、とうとう改造は行詰ってしまった。こうなればいつまでもべんべんとそのまま内閣を続けて行くことは出来ない。またそんなことは私の本意でない。私はその責《せめ》を負うて辞表を捧呈することにきめ、いよいよ内閣総辞職ということになったわけだ。

（昭和九年八月）

護憲運動と私の立場

三浦観樹将軍と三党首

護憲運動については世間に知れ渡っていることだから、今さらにお話することはないが、あの時はデモクラシーが高潮に達していたのが、一度護憲の旗が高く揚げられると、輿論《よろん》は翕然《きゆうぜん》としてこれに呼応したようだったね。清浦《きようら》〔奎吾《けいご》〕内閣が出来るとどことはなしに憲政擁護特権打破という声が起り、私も議会政治のため黙視していることが出来ず、民衆政治の陣頭に立つことを決意したわけだが、ちょうど加藤（憲政会総裁）犬養（革新倶楽部党首）も同感でいわゆる護憲三派を結成したのだ。そうだ、三浦観樹《かんじゆ》〔梧楼《ごろう》〕将軍が三党首会見の肝煎《きもい》りをしたが、その時にはすでに三党首の意見が一致していたのだ。多分新聞社などが中心となって帝国ホテルで三党首の会合をやった後のことだったと記憶する。三浦将軍は当時熱海にいたが三党首がなかなか完全に一致すまいという心配から、一肌脱いで三党首をまとめてやろうという考えで、枢密顧問官まで辞して、加藤と犬養と私を招んだ。いわゆる三党首会見を行ったのだ。無論、その時には三人の意見は一致して、くつわを駢《なら》べて時局に当ろうということとなり、いろいろの話合いをした。それから、上野の精養軒で大会を催し、大阪にも大会を開いたり、随分盛んなものだった。と同時に、護憲派に対する圧迫もひどかったが、圧迫がひどければひどいだけ、護憲運動の勢いはますます強くなり、結局、護憲派の勝利に帰したわけだ。

立候補の決意まで

私が、衆議院に出る決意をしたのは、大正十三年一月十五日清浦内閣に対する党の態度を決定する最高幹部会の時ではない。その時に私の決意を発表したのだ。この幹部会の一週間か十日ぐらい前に小泉策太郎〔号は三申《さんしん》〕がやって来て、あなたはあくまで憲政を常道に復し、民意の暢達《ちょうたつ》を計らねばならぬ。それがためにはあなたは全く自己を虚《むなし》うして、憲政のために一身を投げ出すだけの決意をなさっていらっしゃるそうですが、それは本当ですか、と聴くから私は「その通りだ」と答えた。すると小泉は「それ程の決心なら私に考えがあります。どうかそれを聴いて下さい」というから「どういうことか」と聴くと小泉は「あなたはこの際、華族を辞し貴族院議員をやめ、一平民となって衆議院議員に出てくれませんか」という。私は「それが国家のためになるなら、それは易《やす》いことだ。そうしよう」と、速かに承知しちゃった。小泉も大変喜んで「そういう事なら私にその理由《わけ》を書かして下さい。そしてそれをあなたの名で天下に発表して下さい」といって一週間ばかり鎌倉に閉じ籠《こも》り「総裁の心境にならねばならぬ」と、一切面会を謝絶して、例の名文を綴《つづ》ったのだ。こういうわけで、私の決意は早くよりきまっていたのだから、幹部会の席上自分の決意を発表したのだ。当時私がある決意をしたということがどうしてもれたのか、それは総裁辞任の決意だと信じていたものがあったらしい。幹部会でも総裁辞任を表明するのではないかと思っていたものがあったそうだが、私が「大局から見て清浦内閣を擁護するわけには行かない。自分は余命を立憲政治のために捧《ささ》げたい。それには華族の列位を去り、貴族院議員を辞し、一衆議院議員として憲政につくしたい」といった時には、総裁辞任を信じていた人々は相当驚いたそうだ。

脱党者のこと

その時山本〔達雄〕、中橋〔徳五郎〕、元田〔肇《はじめ》〕、床次《とこなみ》〔竹二郎〕君等は曖昧《あいまい》な態度であったが、山本、中橋、元田等は別として、床次は脱党しないような話だった。野田〔卯太郎〕も床次は大丈夫だという。岡崎〔邦輔〕も箱根かどこかに行って地震に遭い汽車が不通で遅れて帰ったが、幹部会の翌日床次の態度がどうかと心配して床次と会って話したところ、床次が、「イヤ自分は脱党しない。今、山本邸で山本、中橋、元田君等が会っているから、自分が行って脱党しないように留めてくる」といって別れたそうだ。そこで岡崎は「床次は決して脱党しない」と確信していたが、その晩十二時頃私が寝ていたら「党の重大事だ」といってたたき起され、起きてみると山本、中橋、元田、床次四人の連袂《れんべい》脱党届を使いのものが持って来たのだ。こうして、これら四人が中心となって政友本党を組織したのだが、その時岡崎の話によると、床次は岡崎に電話をかけ「あの時あなたに脱党しないといったが、山本邸に行ったところ、木乃伊《みいら》とりが木乃伊になりました」と挨拶したそうだ。

こうして、政友会は分裂したが、私はこれも已《や》むを得ないものと残留党員を結束して、ますます護憲の陣頭に立つと共に選挙に打って出ることとなった。

その時のこと

選挙に打って出ると随分いろんなところから迎えられたり、勧められたりしてね。この赤坂（東京第一区）から出よというものがあれば、盛岡からも、仙台からも高知からも、その他覚えていないが大分引張られたようだ。聞けば、いずれもそれ相当の理由と縁故をつけて迎えてくれているのだが、私は選挙区のことはすべて党の方できめてくれるのでその方に任せて置いた。ところが中には前の選挙の時の選挙費が滞っているので、その費用をだしてくれというような不純なところもあってこれらは問題にならない。そのうち「盛岡は原の故郷だからその後継総裁の選挙区は是非《ぜひ》盛岡にして貰いたい」といって市会の決議まで持ってやってくるほどの熱心ぶりであった。そこで党の方でも盛岡がよかろうというので盛岡に決したわけだ。その時は小選挙区制で、盛岡市だけが選挙区だったが田子一民が与党として、立候補して一騎打ちの戦いとなり、政府や政友本党は私を落そうとして随分ひどい干渉をしたものだ。

何しろ反対側は権力と金力を総動員して私を落そうとかかったものだ。聞くところによれば選挙間際には官憲を利用し、旅費も官費で他府県に出ている官吏六十何名をわざわざ盛岡に帰らせて田子に投票させようとしたが、中にはあまり政府の遣り方がひどいので帰った連中の半分ぐらいは非常に憤慨して私に投票してくれたそうだ。私も二度ばかり盛岡に行って演説もすれば座談的に談話もして、自分が立候補した事情を説明したが、反対側は頻りに私の人身攻撃をしていたそうだ。こういう風に、あまり政府の干渉や人身攻撃などをやるので識者は却って顰蹙《ひんしゅく》し隠れた同情が私に集まり、全然知らぬ人で、自費でわざわざ盛岡に帰るものもあれば、また盛岡から来るものもあって、それぞれ縁故や知人を辿《たど》って、私のために蔭《かげ》で働いてくれたものが少くなかった。

そのお蔭で落選と見られていた私が僅《わず》かの差（註／高橋得票八五九票に対し田子得票八一〇票で四九票の差）であったが、遂に当選の栄冠を得たわけだ。うそか本当か知らぬが何でも床次が興津《おきつ》の西園寺公を訪問して、選挙の話をし「高橋だけは確実に落ちました」と報告して何とかいう宿屋に帰っていたら、私の当選と聞いてすぐ東京に帰ったということを聴いたことがある。

汽車顚覆からの命拾い

私が盛岡から東京に帰る途中、堀切（善兵衛氏）が同行していたが、堀切は仙台で下車し私一人汽車に乗って仙台を過ぎ長町まで来ると、汽車が大きな音をして倒れかかった。私の乗っていた汽車は一番前が機関車、その次が郵便車、次いで一等車という順序だったが前の機関車はすっかり横に倒れ、郵便車は半倒れとなり、私の乗っていた一等車も大分に横に傾いた。見ると機関手や車掌が死んだり、怪我《けが》したものもあった。幸いに私は何の怪我もなく無事だった。私の隣りにいた婦人など、窓をあけてそこからやっと救い出されたほどだ。その時柔道の三船〔久蔵〕八段が乗っていて、いろいろ乗客の救助に力をつくした。聞けばその三船は私とは全然未知の間柄であったが、私の選挙に対し多大の同情を寄せ、自分の門弟が盛岡に沢山いるから私のために運動に行ってくれたそうだ。堀切もこれを聞いてすぐかけつけて来たが、この汽車の顚覆《てんぷく》は前に貨車が置き忘れてあったのを知らずにこれにぶつかってあんなことになったのだと弁明《べんめい》していたが、実際に調べてみると、横にあるべき枕木が縦に置いてあったそうだ。こんなことは駅のものが注意すればすぐわかることだ。聞けば仙台の鉄道局長始め駅長等は、連れ立って盛岡に選挙応援に行っていて留守だったそうだ。それとこれと照し合わせて考えてみると、この鉄道の事故というのもあるいは故意か過失か分らないことだ。

汽車の顚覆事件と云えば、護憲運動の最中にもう一度あった。

護憲運動の火の手が揚《あ》がり大阪で国民大会を開いた時加藤、犬養等と一緒に大阪に行った。加藤は名古屋に用事があるといって我々より一汽車早く大阪を発ったが、私は犬養やその他の人々と一緒に帰って一宮まで来ると、また汽車が急に停車した。どうしたことかと調べるとレールの上に大きな石が置いてある。幸い機関車前にまだ雪除《ゆきよ》けが着いていたから、そのため石に乗り上げなかったが、もしその石にぶっ突かっていたら汽車は顚覆したかも知れなかった。それはその時の解散議会で緊急質問したが、何でもある男が女にふられて、くやしまぎれに悪戯《いたずら》をしたのだといっていた。そんないたずらがあるものか。

そういうわけで、原因は不得要領に終ったが、これなんか、決して単なる悪戯とも思われないようだ。

その時の選挙費

私は代議士になるのが目的ではない。代議士になって政治を善くしようということを目的としたので、選挙も出来るだけ理想的にやりたいと考えた。もとより当選せねばならぬがそれでもこの精神を忘却してはならぬという建前から、自分の選挙費用もなるべく少くし多少でも同志を援助したいと思った。

当時は今日のごとく選挙費用に制限はなかったが、何といっても相手は権力と金力とで来るのだから、これに応戦するには相当の費用がかかることは予想していた。それでも最大限二、三万円もあったら大丈夫だろうとの予算を立てて選挙に臨んだ。ところが干渉がひどいので選挙違反で引張られたものが随分おった。それも買収したとか、買収せられたとかいう悪性のものではない。下らぬことで引張られたのだ。それらが百円とか二百円とか罰金を喰《く》う、全く私に同情してやってくれたことだから、それを黙って視ているわけにも行かないので、私が後で出してやった。

その他いろいろの費用が後から後からつけ足して来る。聞いてみると尤《もっと》もの費用だから、私として支弁《しべん》してやらねばならないので、結局私から出した金を総計すれば、最初の予定の三倍ぐらいはかかったろう。当時理想選挙の積りでやったのでさえ、こんな情勢だったから、もし代議士になることの目的のためには手段を選ばず、買収でも何でもやるとしたら、どれだけ沢山の金が要ったか知れない。

これを見ても選挙界の廓清《かくせい》ということは、一日も忽《ゆるがせ》にしてはならないことだ。

（昭和九年八月）

予の「決意」

（大正十三年一月十五日、政友会幹部会における告白）

去る二日（大正十三年一月）研究会より清浦内閣組織に関する内交渉に接したから、即時幹部に参集を求め、評議を煩わした結果、一応の挨拶をなしたことは、諸君御承知の通りである。

すなわちこの際は清浦内閣組織については我が党としては是非を云うべき程度に至っていない。それゆえ研究会はその所信に向って、任意の行動を取られたいと答えたのだが、この議を決定する時、自分に対して、「総裁の意見は如何《いかが》であるか」と問われたに対し、自分は「深く考えて決心するところはあるが、今は述べない、他日適当の機会において発表する」と答えて置いた。そのことをこの際、自分は自分の決心を表明して置く必要があるが、自分は昨年来政治界の模様及び政変の有様等について深く憂慮していることがある。

すなわちその一は、政変等の際において、宮中府中の別を紊《みだ》すがごときことがありはしないかと云う事を疑っていることである。もし右様《みぎよう》のことがあるとするならば、これは結局、畏れ多くも累《るい》を皇室にまで及ぼすがごとき結果に至りはしないか。もしかかる事がありとすれば誠にゆゆしき大事であり、これを如何《いか》にして避けたらよいかと云う事を非常に心配している。

また、その一は、何《いず》れの国の歴史を見ても、革命とか動乱とか云うものは、先ず政治運動が悪化すると社会運動となり、さらにそれが悪化すれば革命となり動乱となるのである。日本の現状は先ず今日までのところでは、政治運動で来ているのであるが、今にしてこの点に関し国民に安定を与うるに非《あら》ざれば遂には社会運動に変化し来るの惧《おそ》れなしとしない。かくのごときこととなっては、この国体を永久に維持し、国民に安定を与えるは全く困難なるわけである。この二点は自分の最も憂慮し、最も考慮した点である。実に今日の有様は政治界でも経済界でも士気次第に衰えて、媚《こび》を他に呈して以て己れを利せんとするがごとき風が旺《さか》んになって来たのは真に痛嘆に堪えない事である。

今は実に小節に囚《とら》われて大義を謬《あやま》り、私情に煩わされて大道を踏み外すがごときことがあってはこれ大なる過ちである。先刻来、諸君が国のため党のため至誠を披瀝《ひれき》し、腹蔵無く意見の交換をせられたことは自分の深く感謝するところである。この内閣に対する態度はこれを擁護するか、これを否認するか、二つに一の外は無いのである。自分は大局より見て如何にするもこれを擁護することは出来ないと確信するものである。自分は老齢の身であるけれども、今日のこの重大なる時局に顧みて、余命を国家のために捧げて義を正し、道を明かにして勇往邁進《まいしん》するの外はないと決意したのである。

ついては、自分はこの際、華族の列を去って、来るべき総選挙において衆議院に議席を保つように致したいと思うものである。何卒諸君も自分の微意を諒察《りょうさつ》せられて、自分と同一の行動を採ることに一致結束せられんことを切望する。

（大正十三年一月十六日）

田中義一君のこと

田中との縁

私は、先に話したように総裁になる時から早くよい人があればやめたいと考えていた。よい人がないのにやめるのは無責任で、そんなことも出来ないから野田〔卯太郎〕や横田〔千之助〕に早くよい人を見つけるようにいって置いた。ところがなかなか思うような人がないので、一時は横田にやれといったが、いろいろの事情でこれもむつかしかった。そのうち、田中を持って来たが、田中を見つけたのは、小泉だったと思う。

当時問題であった熱海会議というのは一月だったが、田中というのがきまつたのはその前年の十一月頃だったと記憶している。最初「田中はどうだろう」との話があった時、私は「田中ならよかろう、田中は原内閣の陸軍大臣で、私もよく知っているが、あれならよかろう」と答えた。田中は私と一緒に内閣にいたが、その時の態度がなかなか立派だったので私は田中ならと思ったのだ。それはこういう理由があったのだった（註／大正十四年の正月休みに政友会の巨頭が熱海に集まり三浦観樹将軍も加わって高橋総裁の引退に伴う田中総裁擁立の会議を意味す）。

物の判る男

原が内閣を組織して寺内〔正毅《まさたけ》〕と事務引継をやった時、原は寺内から国防計画に関してひどい引継ぎをうけた。原も初めて聞いて驚いたのだ。何でも寺内内閣の時代に陸海軍の国防計画として、海軍は八八艦隊の完成、陸軍は四個師団の増設ということが決定し、それが元帥会議に御諮詢《ごしじゅん》となり、元帥会議は陛下に奉答していて、いわば確定不動のものになっていたのだ。聞けばその費用は三十億円もかかるという尨大《ぼうだい》なものだった。原がこれを聞いて驚いたのも無理はない。原は組閣早々「困った事がある、こうこうこういうことだ、どうしたものだろう」と相談するから、私は「それは私に任せて置け、私の手でうまく行かねばその時君が出たらよかろう」と、私の手で何とか解決しようといったら、原も「それではよろしく頼む」と私に任せてくれた。私としては山本内閣（第一次）の時陸軍と海軍が競争して、軍備充実をやっていたのを知っていたから、その経験からこの競争をやめさせねばならぬと考え、先ず加藤（友三郎海相）と田中（義一陸相）と三人で会った。

軍事費の事で陸海軍大臣と大蔵大臣と三人で会って、お互同士で話をきめたのは、この時が初めてらしかった。この三人の会議で私は「原から寺内内閣の引継ぎとして尨大な国防計画があることを聴いた。国防も忽《ゆるがせ》にしてならぬことは勿論《もちろん》だが、また同時に国力も考えねばならぬ」と当時の財政状態を説明し、国力に副《そ》うような計画を立てねばならぬといって陸海軍大臣の考慮を促した。加藤も田中も私のいうことをよく聞いて、「それでは案を立て直して持って来よう」ということで分れて、また二度目に合った。

その時持って来たのは海軍は経過的意味で八四艦隊を計画し、陸軍も相当減らして来たが、それでもなお十五億以上の計画であった。そこで私は「一体陸海軍共こんな大きな計画を立てているが、これはどちらも同時にこれだけ要るのか、その間緩急軽重がありそうなものだが、それはないのか、どちらを先にし、どちらを後にするとかありそうなものだが、陸海軍大臣として考えず、軍部大臣国務大臣として考えたらどうだ」といったら、加藤は黙っていたが田中が「それは海軍が先だ。海軍には軍艦に艦齢があるから、この艦齢を念頭に置いて、国防計画を立てる必要がある」といった。私はこの田中の態度を見て実に立派なものだと思い、それからいろいろ話を進めた。計画そのものも、さらに修正したが、田中が「大蔵大臣の話はよく分つた、それでは海軍は、大正十六年に計画全部が完成するということだが、陸軍はその完成まで計画を待とう、それまでは、必要止むを得ざるものだけ補充して置くに止めるが、海軍が完成したら、ただちに陸軍の計画遂行に移ることにしてもらいたい」と譲歩して来たので、私はこの田中の立派な態度に感心した。田中の言い分けを諒解《りょうかい》して、財政と国防との塩梅《あんばい》を調整して行くことにした。

そこでこれを原に話すと、原も「それで安心した」と非常に喜んだことがある。この時「実に田中は話せる男だ」と思った。こういうわけで私も田中なら総裁として適任だろうと考えて田中擁立に賛成し、幹部の方も、私が承知したので熱海会議その他で後図についていろいろ具体的協議を進めたものだ。その時のことだ。小泉が熱海から帰って来て、「横田と一緒に風呂に入ったが、横田の体と来ては痩《や》せ細って腹なんかもこんなにへっ込んで、お話にならぬ。あれでは何とかせぬと死にますぞ」と驚いて心配して話したことがあった。私も横田に身体を大切にするよう、養生するよう勧めたが、その後幾らも立たぬうちにとうとう死んじゃった（註／横田氏は法相在職中大正十四年二月四日逝去）。

田中の総裁就任

田中の話もだんだん進んで来たし、私も護憲内閣でやることも一通り済んだので議会が終れば大臣も辞める、総裁も辞めることにきめ、小泉にその理由を書かして四月三日には加藤（高明首相）にそのことを持ち出すつもりだった。ところが小泉に書かしたその文章が気に入らぬので、その前夜私が口述して上塚（秘書官）に箇条書にさせ三日の朝加藤のところにそれを持って行って辞職のことを持ち出した。加藤は「それは困る。自分は君を力にしてやっているのだが今君が辞めては後の事がなかなか困難だから思いなおしてくれ」といってなかなか承知しない。しかし私は「とにかく辞める」といって帰った。私は帰ってすぐ田中に会って総裁就任のことを交渉しようと思ったが田中は法事のため萩《はぎ》に帰っているとのこと、東京にいつ帰るかと聞くと数日の後だというのでそれまでまつことにしていた。

私は一度も田中にこの問題で交渉したことはない。そりゃ党の幹部の人は内交渉して田中も承知じゃということは聴いておったが……。ところが翌朝私が加藤に会ったことが新聞に出てしまった。これは困ったなと思っていると加藤は翌朝すぐ私のところに来て、「君が総裁を辞めることは党内事情で自分の彼是《かれこれ》いうことでないが、総裁は辞めても大臣は辞めずにいてくれ」と、いろいろ事情を話して私を留めたが、私は「それは困る、私は護憲三派の一党の総裁として入閣したのだから総裁を辞めたら大臣をも辞めるのが、当然だ」といって折角の加藤の希望も断った。そうすると今度は犬養がやって来た。犬養は犬養でまた虫のよいことをいうのだ。「自分もこれまで一党を率いてやって来たが自分の党は今後細りこそすれ、大きくなるようなことはない。この際何とか同志のことを考えてやらねばならぬと思っているが党内の意向はこの際政友会と合同したらというのだ。自分も君が総裁ならそれがよかろうと思って、それに賛成し今では地方の地固めに取りかかっているところだ。実業同志会といったか？　あれも一緒になるというのだ。それなのに今君が辞めるというのは折角の計画も駄目になっちまう。どうだ田中が入るのもよいが暫《しばら》くの間君が総裁をやっていて、田中は一党員として置いてもらいたい」とこういうのだ。私は「そんなことは出来ぬ。政友会との合同は後のことにしたらよいじゃないか」といったが、犬養は極力そのことをいい、さらに「君が内閣にいるから自分もいるのだ。君がいなくなると自分もいられない」というから「そんなことはない」といって犬養をなだめた。実際当時の内閣の事情を明《あか》らさまにいうと加藤も犬養もどちらも正直な男だが、どうしたものか、話が合わない。私と加藤、私と犬養とは極めて仲がよいので、私は二人の間に立ってよく話し合って調和していたのだ。こういう風で加藤や、犬養からいろいろ留任を勧められたのだが、私はどうしても初志を翻《ひるがえ》さないでとうとう辞めることになったのだ。そのうち田中も長州から帰って来たので、私の意のあるところを話して総裁就任を交渉したところ、田中も早速承知してくれたので私も多年の希望通り重荷を下すことが出来たわけだ。

加藤に示した箇条書は今私の手許にはない。今どこにあるか知らん。多分望月（圭介氏）のところにあろう。何でも望月が私の代理として西園寺公のところに挨拶に行った時、その箇条書を持って行ったが、その時西園寺公が「これはいただいていてよいか」と聞かれたが望月は「いやこれは持って帰ります」と答えて持って帰ったそうだから望月のところにあるだろう。その内容は当時大体新聞に出たようなことじゃった。

隠退の望みが達せられなかった

あの時で自分は政界を隠退した積りだったのだ。ところが若槻〔礼次郎〕内閣が金融恐慌で倒れ田中に大命が降ると田中はその足で私のところにやって来て「是非、大蔵大臣になってくれ」というのだ。私も健康がよくないので「それでは時局が収まるまで短期ならやろう」と云ったら、田中は「それでよい」というので引受けた。ところが今度は犬養が大命を拝すると、これもその足で私の所に来て「井上〔準之助蔵相〕の金解禁の後始末が重大だから、どうしてもお前大蔵大臣を引受けて一緒にやってくれ」というのだ。私も犬養からいろいろいわれてみるともっともだと思ったから、「今度は折角君がそういうのだから引受けよう。しかし私はこういう身体だからいつやれぬようになるかも知れぬが健康の許すだけやろう」ということで引受けたのだ。斎藤の時も同様の意味で入閣して、この間までとにかく御奉公したのだが、世間からは大きな期待をかけられていたが自分の力を考えると恥かしい。また何しろ健康が許さないので外国使臣や外国から来た人達と会って話すことも出来ず、遺憾なことが多かった。前にいったように、健康が許さなければやって行こうとしてもやれるものではない。そこで健康の続く限りやろうということで、それで犬養もよく諒解してくれたのだ。犬養という人はなかなか正直なよい人で、こっちが真っすぐのことを云えば先方も真っすぐにでる人だった。好き嫌いはかなり強かったようだったな。私にはそうでなかったが、加藤に対しても、原に対しても、なかなか打ち解けて話さなかった。大礼服を着て宮中に参内した時にも私と犬養とはよく話しあったが、原とは会っても碌《ろく》すっぽう挨拶もしない。無論話なんかしない。当時私はどっちもたまに会うのだから談じ合ったらよかろうに、政党の人はおかしなものだと思っていたほどだ。

（昭和九年八月）

井上準之助君の死を聞いて

政治家というものはいつどういう事になるかわからぬものですが飛んだ事になったものです。井上（準之助）君と私との間は随分長い知り合いで、明治三十二（一八九九）年山本達雄さんの総裁の下に私が日本銀行副総裁になった時、井上君は土方〔久徴《ひさあきら》〕君と共に銀行の研究のために日銀からロンドンに留学していましたが、帰朝して本店の営業局長を命ぜられこの時から懇意になり、同君の前途に多大の望みを嘱《しょく》しました。当時三井、三菱等の民間銀行家には外国の金融業に対して深く研究していた人はあったが、日銀にはそういう人が無かったのでこの二人の秀才をもり立ててやる事が必要だと思い、山本総裁に話して日本銀行監督役という事にし再び井上君をニューヨークに、土方君をロンドンに出して向うの一流の銀行家と懇意になる機会を与えてやりました。そのうちに私が日本銀行総裁と〔横浜〕正金銀行の頭取を兼ねる事になりましたので、ニューヨークの井上君と電報で交渉し三島〔弥太郎〕君を頭取に、井上君を副頭取にしました。私が第一次山本内閣に大蔵大臣として入閣した時三島君を日銀総裁に、井上君を正金の頭取にし、次いで原内閣の時井上君を日銀総裁にしました。それから田中内閣の時、財界動揺のあと始末のため私がまた大蔵大臣となったが、この時も井上君に頼んで日銀の総裁になってもらい、私が大蔵大臣をやめると井上君も日銀総裁をやめて専《もっぱ》ら民間で財界世話役をやるようになりました。この時分までは私と井上君との意見の相違なぞはなかったので議論などした事はありませんでした。その後浜口〔雄幸《おさち》〕内閣が成立する一日二日前だったか、当時葉山の別荘にいた私の所へ井上君が自動車でやって来て、

「浜口君と話し合ってみると、現在の財界を匡正《きょうせい》するためには緊縮政策によりいじめつけて金解禁をしなければならぬという事に意見が一致したので、大蔵大臣を引き受ける事になった」

と届けに来ました。

　私はただわけを聞いただけであったが、別れる時に「国家の前途を考えて自分の信念を貫くためには、君も万難を排して進むつもりであろうが、正しい真っすぐな道を歩く事を忘れてはならない」といって置きました。それから私は宮中の賢所《かしこどころ》に参拝の折、時たま顔を見るくらいのもので親しく会った事はありませんでした。浜口内閣が成立して事務引継ぎの時井上君に会った際「この難局が一体どうなる事かと心配で寝られぬ事さえありました」といっていました。人からちょっと聞いた話だが、井上君は大蔵大臣当時、自分の信用している役人に「おれが殺されたならすぐ金解禁をしよう」と云ったとかいう事です

が、井上君も覚悟はきめていたものらしいです。井上君の演説を聞いた人は「如何にもご、う、が、ん、だ」といっていましたが私にはそんなことはなかった。これからいろいろの経験を積んで、立派な人間になると私は期待していましたが如何にも惜しい事をしました。

（昭和七年三月）

シャンド氏の親切

外債募集のためロンドンに出張していた時、自分は、当時の、パースバンクのロンドン支店の副支配人であったシャンド氏に非常に世話になった。氏がまだ横浜にいた時、自分はそのボーイをしていた関係から、特にその指導尽力に与《あずか》ったのであった。

シャンド氏は誠に人格の高い立派な紳士であったが、中にもその親切な点は、つくづく感服させられた。

ある時、氏は自分に語って言った。

「銀行としては預金者も大切であるが、銀行の金を使ってくれる得意先もまた極めて大切である。銀行家はこの双方に対して常に信を重んじ、敬意と親切とを欠いてはならない。従ってその親切たるや、顧客の金の使途にまで注意して、もしその使途が良くないと気付いた時には、その失敗を未然に防ぐよう顧客に忠告すべきである」

ある時、自分の銀行の株主である人の息子の振出した小切手に注意していると、どうも賭博《とばく》か遊興に使うとしか思われないので、特にその息子を呼んで、

「貴方が正しくない方面に金を使われるのは、親御さんの本意ではあるまいと思うが、今後注意されては如何《いかが》ですか。もし貴君がなお私の忠告を聞かなければ、私としても貴君の親御さんに、この事を報告せねばならぬ」

と懇々と注意してやったので、その後はすっかり改まって、危く邪道に深入りしようとした人を救った事がある。

そう云う人であるだけに、シャンド氏は個人的の交際においても、いよいよ親切をなした人であったが、その癖、人を世話したというような顔はちっとも見せなかった。

私がボーイ時代のお礼を申述べようとすると、氏は忽《たちま》ち話頭を転じて、知らぬ顔をするばかりでなく、どうしてもその事を云わせまいとするのだった。

これは私ばかりでなく、私の娘が同じくロンドンでシャンド氏と知合いになって、

「横浜では父がいろいろお世話になりましたそうで……」

と挨拶すると、

「そんな事は知りません、何かの間違いでしょう」と、そらしてしまって、何と云っても受付けなかったと云うことである。

人情浮薄、誠と愛とが兎角《とかく》失われがちな今日、実に立派な珍らしい態度である。

シャンド氏は今も健在で、互に文通をしているが、時節柄、氏を思う一層切実なものがある。

（昭和五年五月）

先代安田翁と私

安田を知るまで

ペルーの銀山に失敗した私は孤影悄然《しょうぜん》として内地に帰って来た。友達はいろいろ心配してくれた。再び官途につけともすすめられた。しかし私には私の信念がある。衣食のために官を得ようというような心掛けでは本当の御奉公が出来ない。すべてを諦《あきら》めて田舎に引込もうとしている時、日銀総裁川田《かわだ》小一郎《こいちろう》さんから会いたいといって来た。御目にかかって腹蔵なくペルー事件の顚末《てんまつ》を話したが、判りのいい川田さん、すべてを諒解してくれた。「自分が君の立場にいてもそれ以上は出来ない。時に君はこれからドウする」とのおたずね。バンダーベルトの言葉に「相談相手は成功者を選べ」というのがある。私はここでその言葉を思い出した。人間だから多少の自負心はある。勝敗は時の運、田園に埋《うずも》れるにはわれながらまだ惜しい。進退を川田さんに任せて、今後は実業界に活躍しようと心をきめた。

ちょうどそのころである。中上川彦次郎さんが山陽鉄道の社長を去って三井王国に乗込んだ後釜《あとがま》を銓衡《せんこう》していた川田総裁は私に白羽の矢を立てた。しかし私としてもこればかりは自信がない。鉄道についてはヅブの素人だ。折角の御高配もお断りする外はない。実業界に経験のない私は丁稚《でっち》小僧から振り出したい、どうか一年生として取立てて下さいと申述べた。川田さんは私をつむじ曲りと思われたであろう。「それでは自宅の玄関番でもよいか」とのお話、勿論その方が所望である。自信のない鉄道社長よりも、どれほど働き甲斐があるかも知れない。どうかよろしくというわけで、日本銀行建築所の端役に拾われたのである。

なぜ彼は成功したか

で、早速銀行の建築場に廻《まわ》された。ここで先代安田翁と相識ったのである。時は明治二十四年、三十代の私は建築所監督の安田善次郎君を見た。そして偉い人がいると思った。安田と私との交情はどんどん深くなる、よく意見をきき、またどしどし容れてくれた。爾《じ》来《らい》三十余年、翁が大磯の別墅《べっしょ》に横死するまで、二人の交りは篤く長くつづいた。安田翁については学ぶべき点がたくさんある。私も不言不語《いわずかたらず》のうちに彼から多くを学んだ。実際あんな努力家を見たことがない。勉強もせず、働きもせず濡手《ぬれて》に粟《あわ》の一獲千金を夢想している徒輩、こんな実業家が殖《ふ》えて行けば国は遂に破産するだろう。安田は身を粉にして働いた。粒々辛苦《りゅうりゅうしんく》の結晶だから金の値打ちをよく知っている。馬鹿な使い方をしない。自然身を持するに勤倹となる。彼は世界の動き、経済の大勢にそう詳しくなかった。しかし彼には努力と勤倹と周到な注意とがある。「成功は努力より来るので希望より来るのではない」この英国の古諺《こげん》、安田善次郎氏の成功したゆえんをよく語っている。

報恩の信念

翁はかつてこんなことをいったことがある。「自分は働いた、しかし自分一人の力で今日を得たのではない。同じ精神で援《たす》けてくれた人々のおかげ、世間から受けた信用のおかげである。これがすなわち国家社会の恩、今後は報恩の大精神をもって、自分の事業を国家社会の御用に立てたい」安田はこの意気込みで銀行経営の信念をかためて行った。

ありふれた守銭奴のともがらとは自から選を異にしていると思う。安田に関する世間の毀誉褒貶《きよほうへん》は棺を蔽《おお》うた今日も、未だ定ったといえない。

私の安田入り

世を捨てた私が、安田保善社の顧問を引受けたのも翁に対する多年の情誼《じょうぎ》から。おもて立って世間に発表されたのは昭和四年、事実上は老人横死の直後からである。大磯の兇変があった当時、安田一門とその事業について世間にはいろいろの噂《うわさ》があった。当時大蔵大臣の地位にあった私は、財界安定のためにも安田の危機を棄てておけない。日銀総裁の井上君と相談して結城〔豊太郎〕君を安田に入れた。万事順調にすすんで一と安心と思っていた時、あに図らんや結城排斥の大騒ぎが起ったのだ。これには私も困った、下手な手は出せない。ここはともかく息を抜くに限ると思って、私は結城の希望もあるので外遊させた。今では森〔広蔵《こうぞう》〕、四条〔隆英《たかふさ》〕の二君を迎え安田王国の陣容もスッカリ立ち直っている。この年寄りもまず一安心だ。銀行の経営については私にも独自の考えがないこともない。ただ預金の多きのみを誇る時代はもはや過ぎてしまったと思う。預金の利息は銀行最大の負担である。使い道のない金をたくさん掻《か》き集めると自然下らぬものに投資したくなるのは人情だ。形式的に預金額を多くするくらいはお易いことである。

しかし一番大事なのはそんな問題でない。銀行の内容をガッチリとかため、信用機関として恥かしくないものにするのが経営の本旨である。先代安田翁の志業もここにあった。

私はこの志を継いで行きたいものだと思っている。

（昭和五年四月）

大塊と私

大塊野田卯太郎君は実に大往生を遂げた。禅家の「大死一番」というのはあれだろう。しかし政界にとってはまた得難い人物を失ったものである。

野田君が死ぬる一週間あまり前「ちょっと来てくれ」という宅からの電話だったので、その隠居所の府下世田ケ谷池尻の別荘に行って見た。粕谷義三《かすやぎぞう》、団琢磨《だんたくま》の両君も来ていて、野田君は籐《とう》の肱《ひじ》かけ椅子《いす》によりながら隔てのない心持でいろいろと話したのが最後だった。その時、「医者は寝ているようにすすめるが、どうも寝てばかりはいられぬ」といい、好きな葉巻も口から離さずにいた。それで話というのは「自分にもいよいよ死の霊感があった」という。「諸君も御承知のように、自分は野心も私心もないが国家のためには心配がある」といろいろ党務その他政友会を中心に、政界の将来について自分の考えを述べるのだった。私らはあの大患《たいかん》の老人のことであるから「しかしまあ、一切何事も考えないで、からだの養生を一心にするがよい」と慰めるだけで、それから約三十分あまりも雑談して別れたが、その寝ていられないというのが何かよほど悪い処があったのだろう。

世間では野田君は葱《ねぎ》のような蘭《らん》を書いたり、棉《めん》入りの俳句を作ったりして天晴れ宗匠気取りで、ワハハハハと茶番気分でこの世を送ったように見ているが、その反面はなかなか静かな心の持主で、その趣味として最も深く入りかけていたのは仏の道であった。仏の道といえばまア禅だ。私も永い間、随分といろいろの仏像を集めては家中に陳列して眺めているが、これは決して仏を拝むばかりの心ではない。静かに考える「道」を求めたいからだ。凝《じ》っとこう数々ある仏の像を眺めていると、心が落着いて、澄み切った、一点曇りのない気持になる。この気持こそ人間に一番貴いものだ。野田君も上べはああいった調子で、すべての物事に軽く触れていたが、仏の道を求めるには随分真剣であったように思う。それが悟道の境地に入って、ああした大往生が遂げられたのだ。

いつだったか年は忘れたが、私も野田君に連れられて死んだ明石〔元二郎《もとじろう》〕将軍などと一緒に鎌倉円覚寺の黄梅院《こうばいいん》に釈宗演《しゃくそうえん》和尚を訪ね、達磨《だるま》などを書いて終日遊び、飯をよばれたりして帰ったことを覚えている。何でもあの身体だから大食は有名なもので、食事も二人前以上平気でやっていた。私も大食では野田君に負けなかったが、大体に野田君は暴食の方で間食などほとんど絶え間なくやり、精力にまかせて睡眠などもあまりとらずにいた模様で、不摂生ということは免れなかった。それでも病気はヒドク気にしていて、以前から糖尿病のことをよく口にしていた。あの病気が悪くなったのは、たしか商工大臣になって間もなく関西方面の視察で無理をしたのがさわったようだ。私も経験があるが、関西はいつも予定の日数がきまっているのに予定以上の視察を要求されるので骨の折れるところだ。

野田君が筑後の三池郡岩田村〔現、福岡県みやま市〕に安政二年〔実際は嘉永六年十一月〕に生れてどうしたというような生い立ちは、私は全く知らぬ。そんなことはまた語るべき人は他にあろうと思う。しかし野田君が若い時、随分苦労して浮世の波を漕ぎ切って来たことは十分聞いている。あの野田君の全幅ともいってよい酸いも甘いも嚙《か》み分けた特有の調和性は、全くこの積年の苦労の結晶だったともいえる。大男でありながら智慧《ちえ》があり、勇気があって、全く野心なく、私心なく、ただ国家のためという一心から各方面に奔走した。

ことに学問があるというでなく、洋書を読むでもない野田君が、内外の事情によく通じていて、大局を見る明があったというのは、ただ人から聞いた話を、十分咀嚼《そしゃく》して自分のものとする力があったからで、野田君のこの特長こそ、実に君をあれ程まで大きくしたゆえんであろう。

私が野田老人と知り合いになったのは大正五年頃、私が日本銀行総裁でいる時分、井上侯邸を訪問してよく出っくわしたのが始まりで、その後私が原内閣に列して、政界入りをして暮らすようになってから、随分深い交りもした。

何でも、九州の野田が中央に顔を出したのは、明治二十二年三池紡績を創立した当時、紡績業者として三井の益田孝《ますだたかし》男の紹介で、時の松方〔正義〕蔵相、大隈〔重信〕外相、井上〔馨〕農相などを歴訪したのが始まりだそうだ。明治三十一年第七回の総選挙に中原《ちゅうげん》の鹿を射止めて、ここに衆議院議員野田卯太郎君が出来た。野田君の真価はこれから漸次発揮されて、あの官僚政治の盛んな時分、明治三十三年伊藤公が立憲政友会を創立した際には、有力な黒幕の一人として活躍し、井上侯と星亨《ほしとおる》との会見などという、誰一人として見当のつかなかった官僚と政党との間の橋渡しをなし、山県、桂等の官僚政治家と政党との間を接近せしめ、ほとんど行詰りとなっていた当時の政情を打開して、国務振興上に非常な功績を著はしたものである。これなどはまさに憲政史上特筆すべき事柄である。

野田君が大臣になったのは大正七年原内閣の時で逓信《ていしん》大臣の椅子につき、また同十年計らずも原総理の兇変があって、私が組閣の大任を拝し、内閣を組織した時も引続き逓信大臣でいてくれた。それから十三年三派連立の加藤高明内閣の商工大臣となって十四年までいたのである。何でも大きな事はよく呑《の》み込んでいるので、閣議などでも細かい理論的なことは勿論口にせず、ただ最後の採決に加わるくらいのことであった。

しかし一度私に聞いたことがある。それは水力電気についてであった。水利権のことに関しては、さすがに野田君も将来の国家の大策を樹てたいという大抱負があったので「一体どういう風にしたらよかろうか」と私に相談を持掛けた。それで私も忌憚《きたん》なく「日本の川は小さいものだ。それでこの権利を民間だけでとられたら需要者は堪《た》まったものではない。経営はこれを民間にやらしてもよいが、水利権というものは国の手でシッカリ握っていねばならぬ」というようなことを述べた。「自分もそういう風に考えていた」といって野田君も満足そうであったが、果して、今日では水利権というものがやかましくなって、容易に解決がつかなさそうである。

（昭和二年五月）

憂国の士張之洞のこと

張之洞訪問

明治四十年、私は国債募集のため欧米各国を漫遊したが、同年の冬、支那で張之洞《ちょうしどう》〔一八三七〜一九〇九〕と会見した時の印象は、今以て忘れる事が出来ない。今その当時の事を思い出だす儘、ここに書いてみよう。

当時私は、日本銀行副総裁で正金銀行頭取を兼務していたが、支那漫遊にはむしろ後者として行ったのである。各支店の視察、財界の調査、かの国の皇族大臣その他諸名士へ就任の挨拶等が、その目的であった。

張之洞とは北京で会見した。通訳は、正金銀行の小田切万寿之助《ますのすけ》君がやってくれた。

その日私は皇族の晩餐会に招待されていたが、プログラムの都合で、その晩餐会に出席する前に、是非張之洞に会見したいと思ったので、午後四時頃、小田切君を同伴して張之洞の自宅を訪問したのである。

「どうぞこちらへ」

私の来訪を喜んで、張之洞はただちに、私を応接室に導いた。冬のごく寒い日であったが張之洞の邸宅はちょうど御寺の本堂のごとき建物で、応接室も伽藍《がらん》とした広い一室であった。張之洞ともある人の応接室に、煖炉《だんろ》ぐらいあっても良いと私は最先《まっさき》に感じたのである。

部屋の中央に四角なテーブルがあって、正面に張之洞が着坐した。左に私、右に小田切君が着席して、先ず初対面の挨拶を済ましてから種々な問題について、互に意見を交換した。張之洞は風邪を引いているらしく、声も嗄《しわが》れ気味で鼻を鳴らしていた。

そうして私等を遇する僅かに紅茶一杯を以てした。私は何の装飾もなく、煖炉さえない部屋の様子や、来客を遇するに紅茶一杯を以てする点から、彼の生活が如何に質素であるかを窺《うかが》うことが出来た。

けれどもその質素な生活の中に坐している張之洞の口から、次々に迸《ほとばし》り出る言葉は、皆情熱に燃ゆる憂国の言葉であった。

寒気のひしひしと迫る一室に、風邪の気味ある老齢の政治家が、愛国の精神を忌憚なく言語にて吐き出す、実に一種凛烈《りんれつ》な情に打たれざるを得ないものがあったのである。私は今もなおその当時の会話を忘れ得ない。

貨幣制度の問題

談話は自然、相互の専門とする財政経済の問題に入った。ことに当時の支那では最も重大なる貨幣制度の問題が話に上った。

「私は、支那の貨幣制度については、金貨本位制を極力主張するものであるが、貴下の御意見は如何」

張之洞は質問を発した。

この問題は私が、すでに奉天で唐紹儀《とうしょうぎ》〔一八六〇～一九三八〕に会った時も、話題に上ったものであるが、当時の支那では唐紹儀などを始めとして皆銀貨本位制を主張し、金貨本位を主張する者は、その時英国駐劄《ちゅうさつ》公使王氏ぐらいの者であった。であるから私は、張之洞の口から金貨本位制を是とすると聞いて、この人の経済眼の優れている事を先ず感じたのである。

「御卓見と思う」

私は賛成した。張之洞はさらに言葉を続ける。

「銀本位は目下支那の制度となっておるが、もしこの制度を急に、金本位に革《あらた》める事が出来ぬとすれば、さらに円本位にするか、両《テール》本位にするかが問題である。唐紹儀を始めとして目下支那では円本位説が有力で、両本位はほとんど勢力を持っていない。直隷《ちょくれい》、江《こう》安《あん》等各省では、皆円本位の銀貨を鋳造して、これを流通しておるが、私はこの銀本位の円本位制には反対である。なるほど円本位は開港場等には最も便宜であるが、支那の内地ではまだ用いられていない。換言すれば内地多数の人民には両《テール》本位が便宜で、少数の開港場は円本位を便宜とするのである。しからば今、円本位を布《し》く事は、少数の便宜のために多数の不便を与える事になるのである。貨幣制度の改革は理論のみで行うべきではない。国家の状態を考えて施行すべきで、私は円本位制には極力反対である。貴下の御意見は如何《いかが》」

論旨堂々として実に時流を攫《つか》んだ卓見であると、私は感服した。けれどこの問題には私にもいささか異見があった。

「御説御もっともと思う。しかし貨幣の本位を定《き》める事は、その国の経済力を考えねばならない。すなわち、経済力を充実しておれば本位貨は高くて善いが、目下の支那の経済力では、あまり高い本位貨は不適当のように思われる。両《テール》は目下一円七十五銭であるから一円との差別はあまりに大きい。国の財力乏しく、本位価格高き時は、人民の貯蓄心を消滅せしめ、財界はとかく放漫に流れ易い、この意味で貴下の両《テール》説には反対である」

私は腹蔵なく異見を述べた。すると張之洞は暫《しばら》く考えに耽《ふけ》っていたが、やがて眼を開いて云った。

「貴下の御説は御もっともである、大いに反省を促すところがある。そこで私は考えたのであるが半両《テール》を単位としてはどうであろうか」

「それは結構、支那現状から見て、半両本位は最も妥当と私は信ずる」

かくして、貨幣制度の問題は一段落付いたが、当時の支那で、これほどの達識具眼の人物に出会わなかった。私は張之洞の卓見に感服せざるを得なかった。ことにその時流に染まぬ高邁《こうまい》な見識と、私のごとき若輩の意見に耳を傾ける学徒のごとき敬虔《けいけん》な態度は、世間の政治家の範ともすべきものであると、私は敬服してやまなかった。

国会の問題

「国会の問題について、貴下の御意見が拝聴したい」

問題に議会の事に及んで張之洞は私に質問した。

私は自己の信ずる説を腹蔵なく述べた。その論旨は大体次のようなものであった。

「代議政体は一言にすれば政治の中庸を得たものと云える。それと反対に、専制政治は極端に走る恐れがある。貴国の歴史の示すごとく、英明の君主を持つ時は、国政治まり、暗愚の主出れば国家紊《みだ》れる。議院政治にはそうした両極端を持たず、ごく良い事もないが、ごく悪いこともなく、常に中庸を行って行く点に私は代議政治に賛成である。

しかし代議政治を布くには、先ず国民の教育が肝要である。国民に政治の理解なくして代議政治をなす時は、愚民は常に野心家の傀儡《かいらい》となり、悪用される恐れがあって結果は却って面白くない。貴下がもし議会政治を主張されるならこの点を熟考されたい」

仄聞《そくぶん》するところによれば、グラント将軍が我が明治大帝に三つの事を奏上し奉ったという事である。

第一は、外国に対して決して借款をし給うな。

第二は、代議政治を行うには国民教育の充分普及するまで待たれよ。

第三は、兵馬の権は常に天皇親《みずか》ら把握せられよ。

「実に達見であると思うが、この事はただちに貴国にも適用されることであると信ずる」

張之洞は凝っと私の意見を聞いていたが、その皺深《しわぶか》い顔には、感激の情が明瞭《めいりょう》に認められた。

清廉憂国の士

落日の微光がはや窓外に迫ったので、私は帰ろうとすると、張之洞はしきりに引留めて止まなかった。遂に一本の蠟燭《ろうそく》を点じて寒気を覚えるその部屋で、さらに数刻の談話を続けた。

「今夜は皇族の晩餐会に出席せねばならぬ、すでに時間も切迫している事であるから、これでお別れする」

私は遂に立ち上った。張之洞はしきりに鼻を鳴らしながら名残惜しそうにいった。

「それでは無理に留めは致すまいけれど、今日は短時間の会談で充分御説も伺われなかったから、後日貴下の御意見を書いて余に送って貰いたい」

「承知致しました」

と約束をして私は別れた。別れに臨んで張之洞は私と堅い握手を交換した。長時間寒い一室にいたので、私の手は氷のごとく冷たかったが、意外にも張之洞の手は温くて、子供の手のごとくふっくらとしていた。

「何故であろう」

私は不審に思って小田切君に尋ねてみた。

「あれは毛皮の着物を下に着ているからです」

小田切君が説明したので私はなるほどと合点した。

その後私は約を履《ふ》んで、一長論文を書いて張之洞の下に送って置いた。その草稿があった筈なので、小田切君に尋ねてみたが、先年の大震災の時灰燼《かいじん》に帰してしまったとの事であった。今その草稿があれば、さらに張之洞の記憶を新しくしたであろうと、私は残念に思っている。

いずれにしても張之洞は己を空しゅうして国家を背負って立つ、当時支那の持った唯一の清廉潔白な憂国の士であった事は慥《たし》かな事実である。しかもこの会見において、私は彼の熱情的な志操や学徒のごとき敬虔な態度で、政治家の持つ悪癖である傲岸《ごうがん》な態度でなく、如何なる若輩にも、謙譲な態度で接する床《ゆか》しい心事に目のあたり接する事を得て、心から愉快であった。

張之洞の死後間もなく支那の帝政は倒れ、共和政体となった。もし彼をしてなお余命あらしめたならば、帝政の没落はあれほど速《すみや》かではなかったであろうと信じて疑わない。彼は実際支那を背負って立っていた人傑であったからである。

（昭和四年二月）

会心の友シフ――西老翁に聴く

シフ〔ヤコブ・ヘンリー・シフ。一八四七〜一九二〇〕氏は日本に対する勲功によって勲二等か何かを賜わったと記憶しているが、日露戦争の時の外債を、不自由なく募集することの出来る条件を作ってくれた人である。

シフの話をすれば、どうしても、あの公債募集の話をもっと詳しくしなければならぬ。初めロンドンに行った時に、どうしてもうまく公債発行の相談に乗って来ない。銀行家が乗らない。僅か一億円（一千万パウンド）の公債を発行するのに、いろいろ手を尽したが駄目である。そうしているうちにロスチャイルドに会って、結局五百万パウンドを発行することになり、その条件も極《きま》った。この事を私のごく親しい友達のヒル氏が聞いて、御祝に晩餐会を催した。そこで晩餐会に行くと、ヒル氏は君に珍客を紹介する、という。それはアメリカの銀行家シフと云う人だった。

そのシフ氏が、私の隣に坐《すわ》って頻《しき》りに国内の様子を聞く。「一体満洲に二十万の兵と外《ほか》に数万の壮丁を出しては国内に男子が無くなる。それだけ日本の生産の力が減って行くだろう。食糧にも不自由をしやしないか」そんなことを尋ねる。私はそんなことはないと云って日本の家族制度から説いて、若い者や男の手がないならば、婆《ばあ》さんでも嫁や女子でも皆出て働く、それだから不自由は少しもない。食糧に困るというようなことは無論ない。外国との貿易はどうかと云うから、外国貿易は今年はことによると輸出超過になるかも知れない、その点について少しも心配するようなことはない、と云うような話をして、その時はシフ氏と私の話でほとんど持ち切ったようなものであった。するとその翌日、パース銀行のシャンドと云う人がやって来た。そして「今日シフが自分の所にやって来て、日本の残っている五百万パウンドを、アメリカで発行したいと云うが、貴方の考えはどう云うものでしょう、シフのクーンロープは自分の銀行の取引先だが、それは差支えないか」という。そこで話がだんだん進み、ロンドンで引受けた五百万パウンドと同じ条件でいいと云う事になり、話が極ってシフが米国に帰った。

こう云うわけで、第一回の公債募集は米英両市場で成立し、全く予想以上の大成功をおさめた。これは全くシフ氏の御蔭で第二回の募集も出来、六分利附きで二億二千万円拵えた。

そうすると、さらにまた公債が三億ばかり欲しい、また行けという。みんながいうからまた出掛けて行った。出掛けて行って第一回の四分半利公債を募集した。帰ろうとニューヨークまでくると、留まれという。何を云って来るかというと、さらに公債募集をやれという。その時分にはルーズヴェルト大統領が仲に入って、日露の間に媾和《こうわ》が成ると云う時だ。

それにはまだ四分半利公債を発行して三ケ月経たない。イギリスでは前の四分半利公債の払込みが済まない。それをさらに三億いって来た。そこでシフに会ってその事を話すと「ついこの間三億拵えたばかりなのに、どうも可笑《おか》しいじゃないか」という。そこで私は

「今度の募集は媾和談判が決裂した場合の用意だ」

と諄々《じゅんじゅん》と説き、ことに

「君達の知っている通り、ロシア内部の軍部の議論は近頃どうだ。今までの戦いは連戦連敗したが、日本との本当の戦争はこれからだ。ロシアは軍費に差支えないが日本は軍費に差支える。今媾和をすると云うのは怪しからぬ事だ、と言うロシアの軍部の主張が強くなりウィッテの勢力と云うものが段々縮まって行くような現状だ。ここで日本政府が、この間の三億の外に、さらにこの三億が出来たならば、ロシアの軍部の強い主張は破れることになると云う考えから、日本政府はやるのである。どうか努力して貰いたい」というと

「よく判った、よろしい、努力しよう」

ロンドンで一億、ドイツで一億、ニューヨークで一億、このアメリカの分は自分が引受ける。そうしてドイツには親戚のウワアパーグに引受けるように電信をするという。

ところがロンドンでは、そう続けさまに発行しては日本の公債の人気も悪くなる。こん

な例はロンドンにはまだないと云って反対なんだね。ところがドイツのウワアパーグは、よろしいといって来た。
　これには面白い話があるんだ。全く天祐だね、後で聞いた話だが、ちょうどハンブルグにヨットの競漕があって、カイゼルがそれを見に行かれた。カイゼルについて財界の主なる人や、銀行家がヨットに乗っている。そこへシフの電信が行って、船の中で皆集って相談の結果、カイゼルに伺うと
「やってやればいいじゃないか」
といわれた。そこですぐよろしい、という返事が来て、ドイツからシフへの返事は非常に早かった。
　そこで私は
「ロンドンで皆が引受けないと云う場合には、アメリカとドイツで引受けるか」
とシフに質すと
「よろしい、ドイツで一億五千万、アメリカで一億五千万引受ける事にしよう、お前その方は安心して、一日も早くロンドンへ行って説きなさい」
というわけでロンドンへ行った。ロンドンの宿屋へ着くと、八人の新聞記者がやって来た。公債の発行について議論となった。私は暗にほのめかした。
「もしお前の方でやらなければドイツとアメリカでやるようになる。イギリス人が同盟国

のこの危険な場合に、公債の発行をやらないで、却ってアメリカ人とドイツ人がやるのは可笑しいじゃないか、考えろ」と言って段々に話すと
「なるほど聞いてみるともっともだ、よろしい、今日は皆で相談して、その公債の発行が成功するように新聞に出す事にしよう」
と云って、新聞記者が出て行った。なかなか親切なものだった。その後に銀行業者が来てその話をきいてよろしいと云う。
それらは全くシフの御蔭であった。ロンドンの人達の言う理由も判る。無理もない。それが新聞が歩調を揃《そろ》えてやってくれたから、前の第一回の四分半利公債と同じ条件で、成功した。そう言う事から考えると、日露戦争中公債の募集が成功したのはシフの功績と言うものだ。私の功績じゃない。そのシフも先年亡くなった。

（昭和九年八月）

森有礼のこと

今度は方向を変えて、森有礼《ありのり》先生の話を少ししてみよう。

森先生が、廃刀論をやられたのは有名である。元来森先生は書生が好きで、私たち三人のほかにまだ二、三人おった。私の先輩であった一条という人は、のちに後藤と姓を変えたが、漢学が出来る人で、フランス学、英学もやった。けれどもこれは変則であった。のちには鮫島《さめじま》〔尚信《なおのぶ》〕公使について、フランスに行ったが根は漢学者であった。だから森さんは、

「英学はわしが教えるが、漢学は一条が教えろ。みんな一条について学べ。わしも英学を一々教えるわけに行かないから、このうちで一番覚えのいい奴に教える。ほかのものは、それに教わるがいい」

というので、私が選ばれて森さんからじかに私が教わって、その通りほかのものに教えた。

そのうちにこの廃刀論のために、森さんの身辺が大変危くなって来た。

今の衆議院みたいなもので、初めて公用人が出て会議を開くとき、森さんはその議長に

なられた。神田孝平《たかひら》さんが副議長、神田さんは声が大きくて内証話《ないしょうばなし》が出来ない。当時、神田さんの内証話は声が大きいから書生のおるところに聞えて来た。

あるとき、神田さんは議員中のある人の論旨を伝えていって、

「一体この際廃刀なんか怪《け》しからぬ。昔は一本だったが、士気が衰えたときに二本にして士気が振《ふる》った。今日この国難にうち克《か》って行くには、二本のものを三本差さなんだらいかん」

という議論だった。で、三条〔実美《さねとみ》〕さんとか岩倉〔具視《ともみ》〕さんのところへ、森さんが出かける時は、夜は馬に乗って行くが、昼は馬車に乗って行く。夜は馬に乗って行くので、鈴木と私とは廃刀論者にかかわらず、刀をさして護衛して行ったものだ。

先生は廃刀論のために、身辺の危険があるので遂に鹿児島へ引っ込むことになった。そして、また出て弁務使《べんむし》となって米国へ赴任することになった。

その前、明治二年だったか、はじめて明治天皇が京都から東京へ御遷《おかえ》りになったとき、拝謁を賜わった。その時分は烏帽子《えぼし》、直垂《ひたたれ》で拝謁する。森さんも烏帽子、直垂を拵えた。我々は天子様を拝むと眼がつぶれるといわれて育ったので、森先生の帰って来られるのを待って、御様子を伺いたいと先生に頼んで待ち構えておった。で、帰って来られたので、どうでしたといったところが、森さんが、

「どうも龍顔を拝することが出来なかった」ということだ。

「ずっと膝《ひざ》ですって行くと、御簾《みすだれ》があがる、頭を下げたきり上向くことが出来なかった。御様子をお前たちに、つたえることは出来ない。龍顔を拝することが出来なかったのだ」

といわれた。

森さんが殺された時は、私は農商務省の奏任官だったので、宮中の憲法発布式に参列しておったが、式の途中で出るわけに行かず、十一時過ぎ出るとすぐ駈けつけて行ったが、すでにこと切れていた。その時分には立派なお医者様が、憲法発布式に宮中に出ていた。ああいう大官になると、町の医者は手がつけられないのだ。

殺しに来た人間は、初め森先生に会いたいといって来たが、森さんは朝、憲法発布式に出かけるので、支度《したく》をしていた。そこで執事が会った。

玄関の右側の方に待合室があったが、その部屋にはいって、随分暫《しばら》くおったらしい。そして、いよいよ時が来たんで、お出かけだ。奥さんが後へついて護衛の人が傍についていた。森先生は大礼服を着て、いつものくせで、ポケットに手を入れていた。何か事件があってはと、警察から大臣の出る前、途中の様子を見るために来たそうだ。そこで執事は警部かなんかに、こういう人が大臣に会いたい、といって来ているといったから、警部が会って聞いた。すると、

「実はじきじきにお話したい。というのは、伊勢の事件について、何か森さんが演説をした、それがために先徒が非常に激昂《げっこう》して、途中に擁して暗殺するという企てがある。それ

をお知らせ申そうとやって来た」と話した。

それは大変だというので、警部は外へ出てすぐ表門から出ないで、裏から出て行くという風に注意して、その男を放って置いた。さア出かけるというので、森さんが玄関へ出ると、向うから戸をあけて、ズカズカと出て来て、

「あなたが森さんですか」

「ウンそうだ」

というと、そのまま抱えて小倉の袴《はかま》のところに隠した出刃庖丁で殺《や》った。えぐろうとしたところを、お附きの剣道の達者な男が首を落してしまった。

森先生はすぐ傍の左の方の西洋便所の中にはいって、錠をおろしてしまった。

それでその騒ぎが宮中に知れたものだから、式が済むと皆駈けつけた。大学のお医者なんかも来る。

私が行った時には、人工呼吸をやっていたが、どうしても駄目だった。

第二

左は上塚司（上塚家所蔵資料）

人生の妙味

食うだけの仕事は必ず授かる

私の半生の経歴は、人のすでに知るとおりであって、多くは自分の不明から、徒《いたず》らに無用の波瀾《はらん》を重ねて来たわけであるが、しかも、その間、ただわずかに誇り得るものがあるとすれば、それは、いかなる場合に処しても、絶対に自己本位には行動しなかったという一事である。

子供の時から今まで、一貫して、どんなつまらない仕事を当てがわれた時にも、その仕事を本位として決して自分に重きを置かなかった。だから、世間に対し、人に対し、あるいは仕事に対しても、未だかつて一度も不平を抱いたことがない。

また、これと同様に、あるいは他人から見ては羨《うらや》ましがられるような境遇にいる時でも、自分に重きを置くことをしなかったため、特別によろこぶ気も起らない。

　われわれが世に処して行くには、何かの職務につかなくてはならん。職務について、世に立つ以上は、その職務を本位とし、それに満足し、それに対して恥じざるように務めることが、人間処世の本領である。

　私も、今日までには、ずいぶんひどく困った境遇に陥ったことも一度や二度ならずあるのだが、しかも、

「食うに困るから、どうか救《たす》けて下さい」

と人に頼みに行った事は一度もない。

　いかなる場合でも、何か食うだけの仕事は必ず授かるものである。その授かった仕事は何であろうと、常にそれに満足して一生懸命にやるから、衣食は足りるのだ。

　ところが、多くの人は、現在困っていながら

「こんな仕事では駄目だ」とか、

「あんな仕事が欲しい」

　とか云っているから、いよいよ困るような破目に、落ちて行くのである。つまり自分を本位としているからの間違いである。

　何か仕事が無ければ、到底独立してゆくことの出来ないものは、仕事を本位とするより外に仕方がないではないか。

　そして、仕事を本位とする以上は、その仕事の性質がどんなであろうとも、ただ一心に

なって、それを大切に努むるばかりである。こうすれば、どこにも、不平の起るべき原因《もと》がない。

よい地位にあがったからといって欣喜雀躍《きんきじゃくやく》する筈《はず》もなければ、またその地位が下ったからといって、失望落胆することもない。すべて、己れを本位とすればこそ不平も起り失望も起るのだ。

人のサラリーと自分のサラリー

銀行会社などの社員や、または官途についている若い人達に向って、戒《いま》しめたいことがある。それは、

「決して自分のサラリーと他人のサラリーとを比較するようなことをするな」

ということだ。もし、自分より仕合せな境遇にあるものを見て、それを自分の境遇に比較すれば、不平のおこることは必定だ。

この不平という奴が、その人の生涯を不愉快ならしめ、不幸に陥しいれる原因である。だから決して、自分の地位と他人の地位とを比較するような愚はせぬことだ。

不平をおこすくらいなら、そこに使われて、サラリーを貰うことを已《や》めるがよろしい。サラリーマンを廃業して独立するがいい。独立してやれば、何事も自分の力量一杯である

から、不平もおこらぬだろう。けれども、独立が出来ないくらいならば不平は言わないことだ。

心中に不平があれば、どうしても仕事の上に現われる。そうすると、あの男は真面目《まじめ》でない、忠実でないということになって、使っている人から信用されなくなる。これが、すべての失敗の本である。

では私は、心中に苦悩を感じたことが無いかというに、決してそうではない。国家の前途に対し、あるいは社会の現状に対して心を苦しめることは別として、自己一身上に苦悶《くもん》を禁じ得なかった経験はいくらもある。

その中でも、最もひどく感じたのは、かのペルーの鉱山を始末しに行って帰って来て、自分の財産を全部投げ出した時であったろう。

子供の時から激しい苦痛にはたびたび出会ったが、自分一人身で受ける苦痛は、どんなことでも、辛抱しやすい。けれども、一家を持って、相当に暮しておったものが、俄然《がぜん》、生計にも困るようになって、家族のものに着る物も着せられず、食う物も与えられんとあっては、尋常一様の苦しみでないことは勿論《もちろん》だ。

しかし私は、常に家の者にも、元来無一物で世の中に出て来たのだから、いくら貧乏して困ったといっても、以前の境遇に戻ったと思えば辛抱もできよう。立派な邸宅に住み込めば嬉《うれ》しいと悦《よろこ》び、九尺二間に縮まれば難儀だといって悔むようでは、人間本来の面目を解さぬものである。境遇がいかに変っても、それに処《しょ》する精神は、常に一貫して変らないように、心掛けていなくてはならんと、こういって説き聴かせていた。

その時にも知事になれといってすすめてくれた人もあったが、どうも妻子を養うために役人になるとあっては、とても国のためにつくすことが出来ないと思ったので、きっぱり断ってしまった。

すべての人間の栄枯浮沈は、定め難いものである。この間に処して、悲境に陥っては、楽境にある時の気持を以て、日々を愉快に、楽しく暮し、楽境に上っては、かつて悲境にあった時のことを忘れず、慾を制し奢《おご》りを戒めて行くことが、人々の心の修養の要諦《ようてい》であろう。

空を飛ぶ鳥でさえも、不自由なく暮すことが出来るものを、人間が、真心を以て働いて難儀する道理があるか、と古人はいっている。

けれども、ただ働いて食い、あくせくとして一身を肥《こや》すだけならばわれわれも、飛ぶ鳥も、何の変りもないことになるのだ。

なぜ金を儲けるか、なぜ金を貯めるか

これまで、日本人の特質として、宵越しの金《かね》は持たぬといって、とかく金銭を卑む風習があった。

これは、極端なる拝金主義の人々が、ただ金、金、金で金を貯《た》めるためには、義理も人情もないといった行動に対する反撥《はんぱつ》的の気概として、ついに一つの美風のごとく認めらるるに至ったものであろう。

ところが、欧米の思想が輸入された結果、金を貯めることは、必ずしも人間の恥辱ではないということが、一般社会の常識となり、ついには極端に走って、あまりに金銭の価値を重視しすぎ、ややもすれば黄金万能主義の傾向すら無いでもない。

この二つの思想は、いずれも両極端に走ったもので、到底、賛成しかねることは勿論であるが、では、吾々の金銭に対する正当の観念は、果してどの程度が適当であろうか。換言するならば、金銭の人生に対する真の価値は、果していかなる点に存するのであろうか。これは、よろしく一考しておくべき問題であろうと思う。

世界中で、金銭の価値を最もよく認めて、しかも最も多くこれを尊重する国民は、米国人であろう。何がゆえに米国人は、それほどに金銭を尊ぶのであろうか。まずこれを考えてみる必要がある。

元来、米国人が金銭を尊ぶのは、私の見るところによれば、金銭それ自身を尊ぶというのではなく、かの民族特有の、極めて強い個人的独立心から来ているもののように思われる。この点に十分注意をして貰いたい。

彼らはいかなることがあっても、決して他の助力を仰がないという性格の国民である。自分は自分の腕をもって、あくまでも世に処して行くという考えの強いことは、日本の風習と、だいぶ異っている。

卑近の例を挙げるならば、乞食《こじき》の貰い方からして、すでに米国と日本とは違っている。往来に坐《すわ》って、額を地べたにすりつけ、憐《あわ》れみを乞《こ》うのが、日本の乞食である。しかるに、米国の乞食になると、向うの紳士は、大抵、運転手を伴《つ》れずに自分で自動車を駆るのであるが、その自動車の着くとこに待っていて、ドアを開けてやるのである。そして、黙って手を差し出す。紳士は、その手の上に五仙《セント》か十仙投げてやる。

すでに乞食すら、一種の仕事をして、報酬を得ようとするので、決してただ貰おうとはしない。ここが面白いところではないか。独立心を欠いた者の極端である乞食ですら、なお、いくらか独立心を持っているのだ。ただで他人のお情けにはすがらぬ。いくらなりとも仕事をなし、その報酬として貰うという了簡は、乞食ながら、大いに、われわれの参考とすべき点があるではないか。

この例を見てもわかるように、米国人の独立心の強いことはまことに驚くべきものがある。

たとえ、親子の間柄でも、困るからといって、助けを求めるということは、非常な恥辱とされている。子が相当の年齢に達した以上は、全くの独立独歩、一厘半銭も親の厄介にはならず、自分の奮闘によって、自分の運命を開拓して行く。いかに親が財産があっても子は独立の人間として、一本立ちで社会に立たなくてはならぬということが、一般の風習となっている。

況《いわ》んや友人や知己を訪ねて、「困るから何とかしてくれないか」とすがりつくがごときは人間一生の大恥辱となっているから、決してそんなことはしない。どうしても、自分の始末は、自分一個の腕でやって行かなくてはならぬ。

その結果は、自然と金銭を大事にせざるを得ないことになる。

米国人の、金を尊ぶゆえんはここから来ている。決して、金そのものを尊ぶのではなく、独立独歩の必要から起ったものであることは、極めて明かである。

力の出し方

一体、金を貯めるということは、人生の副産物であって、本来の目的は他になければならぬ。

すなわち、精神を磨いて、一身の品性を高め、ひいては、国民全体の品性を高め、さらに子孫の品性を高める――こういうところに、できるだけの力をそそぐことが、われわれのこの世に生存している第一の目的であることにまず考え到るべきであろう。

さらに、金を貯めることが、人生奮闘の最終の目的となって、身を肥やし、栄華を極め、肉慾的の奢《おご》りをほしいままにせんがために齷齪《あくせく》と働いたところで、その労力はなんらの価値もなく、また、かくして貯めた金は、全然、塵埃《じんあい》に等しいものであると思う。

世の中のことが、一にも金、二にも金と、金のみがすべての評価の規準となるような有様である。この際、いよいよ金銭を正当に理解するの必要があるのである。

私は、青年諸君に向い、以上の点について深い理解を求めると共に、さらにまた、望まねばならぬ重大事がある。

それは、「百貫の力量あるものが、常に百貫の全力を一杯に用いることは誤りである。よろしく七十貫の力を用いて、余りの三十貫は貯蓄して置くべきである。そうすれば一朝事あった場合に、百二十貫の力を出すことも出来よう」というのである。

百貫の力の人が、常に、百貫という力の全部を出していては、少しも余裕がなくなる。事に際し、多くの力を要する場合に、その力を伸ばすべき余地がない。しかし、もし三十貫ずつ貯蓄しておくならば、必要に応じて、弾力的に極度の力を発揮することが出来るわけだ。

この心掛けさえあるならば、何時でも、進んで仕事をするだけの準備ができていることになる。従って事業に当って、どこまでも発達して行くのである。伸びて行く青年の多くは、かくのごとき人々である。

しかるに世の中には、前にも述べたように、

「こんな手腕のある自分を、こんなつまらぬ仕事に使うなんて不経済だ。もっとよい仕事をさせてくれてもいいではないか」

と不平を訴えるものが、なかなかに多い。だがこのような人が、果してその人のいうごとく、卓抜した手腕があるかどうか、すこぶる疑わしい。

しかし、中には、本当にすぐれた手腕があって、その職務に対し、あり余る力を備えているものもあるかも知れない。

そういう人は、与えられた仕事を十分に完全に行い、その余力を貯蓄して、他日大いにこれを利用し得る場合のために、備えておくように心掛くべきである。

また、世間にはよく、「あの某なんぞは自分ほどの手腕も力量もないのに、あんな位地に坐って、昇進も早い、勉強するのはばかばかしい」などと、不平を訴える青年が沢山にある。これは、さきにもいった通り自分を他に比較するから起る間違いで、自分の技倆《ぎりょう》を信じているものは、自分のなすところに満足し、他人がどうであろうと、そんなことは敢《あえ》て意に介する必要はないのである。自分に技倆手腕があるならば、それを発揮するがよい。発揮する間には、自然にこれを認められ、地位も昇進すれば、重くも用いられて来るようになる。

さて、今の青年に註文《ちゆうもん》したいことは、いろいろあるが、その中でも、最も注意を促し

たいと思うのは、自らを重しとする心——つまり自重心をもう少し養ってもらいたいことである。青年が何か事をなさんとするに当り、とかく他人に依頼する風があるのは、この自重心を欠くからである。

自分の能力を認め、自分の手腕を信じ、自らを堅く信ずるものは、平常は勿論、一朝いかなる大事に遭っても、泰然としてこれを処置し、決して、他人に依頼しようというような心は起らぬものである。

他に依頼することは、言葉をかえていうならば、自己を忘却することである。自重心あるもののなし得ないことである。

現今の青年は、独立の元気に乏しく、自らの運命を開拓せんとする大勇猛心がない。この一事にかけては、天下一人として吾に敵するものなしという意気に乏しい。だから、五円や十円の俸給の多寡にさえ、不平がいいたくなるのだ。

何とか策を廻《めぐ》らしては、巧みに上長に取り入ることにのみ汲々《きゅうきゅう》としている者がある。そんなものは、一時は何かの拍子で同輩を凌《しの》ぐことができても、いわば室《むろ》咲きの梅と同様で、決して長持ちするものではない。

こんな風では、とうてい真の仕事はできない。いかに熟達し、いかに巧妙になっても、見る人から見ると、仕事が浮腰になっている。信用して、仕事を任せるなどということが出来るものではない。すなわち、一生涯まとまった事の出来ない人物とならなければならない。

しかるに、近頃はこの種の人物が多いようである。これは上に立って使う方の側にも、幾分の責任はあるだろうが、主として、使われる者が自尊心に欠け、何事にも小悧巧《こりこう》に体裁よく世を渡ろうとするからだ。使う者も使われる者も、共に反省すべきことである。

時間の束縛と仕事の束縛

ロンドンに行って、正金銀行あたりに勤めている英国人を見ると、実によく働くと思う。朝は早くから出て来て、夜はおそくまで夜業し、帰りは大抵十二時過ぎである。

これは、その日になすべき仕事は、どんなことがあっても、必ずこれをなしとげ、明日に延ばすことをしない風があるからである。

夜帰宅すると、妻君は、食事の用意だけをしておいて、先に寝ている。夕飯は銀行で喰《た》べるが、時間が延びるから帰る頃には多少空腹を感じ、帰って何か喰べるのが常である。

そして、朝は出勤が早いから、妻君よりも早く起きて、食事をすましてサッサと出掛けてしまう。昼はもとより、銀行にいる。

だから、夫婦親子が団欒《だんらん》として食事を共にすることは、一週中ただ日曜に一回あるのみである。ずいぶん忙《せわ》しい生活をしている。

もっとも、重役とか、その他主として頭脳を労する仕事に当っているものは、これほど猛烈ではないが、主として肉体を労するものは、休む暇もないほど、クルクルと働いている。しかも、その間、何の不平も不満もなく、孜々《しし》として与えられた仕事に没頭しているのである。

では英国人は、こんな忙しい思いをしながら、不平を洩《も》らさず、どうして満足して働いているのであろう？　それは、仕事に対する観念が違うからである。

すなわち、日本人は時間に束縛されているが、英国人は仕事に束縛されているからである。時間に束縛されている日本人は、規定の時間に出勤し、一定の時間を会社なり、銀行なり役所なりで過しさえすれば、それですむ。時間通りに出ていれば、それで差支えないのである。特別に大奮闘する必要もなければ、またこれこれの仕事を、是非、今日中に仕上げねばならぬ、ということもないわけだ。今日の仕事を、明日に延ばして顧みないのも、このゆえであり、時間さえ来れば、仕事の中途であろうが、なかろうが、バタバタと退出してしまうのも、このためである。

仕事に束縛されていても規定の時間を守るべきは、もとよりである。が、問題は、仕事が終ったか否《いな》かにある。だから、今日なすべき仕事が終らなければ、夜になっても帰らない。また帰れなくても、少しも不平を洩らさない。それどころか、それを当然だと思っている。

仕事に束縛されているから、彼等は仕事に対しては、一意専心、全力を挙げて努力する。では、仕事さえ片附けば、早引《はやび》けしても差支えないように聞えるが決してそうではない。一定の時間を守ることは、必要であるのみならず、仕事の割り当ても、一日働くだけのものは、ちゃんと与えられてあるから、早く片附けて早く帰るなどということは出来ない。もし与えられた仕事が終っても、それで手を束《つか》ねて退出時間の来るのを待つというような機械的の人はいない。

日本では、その日の伝票が記入済みとなれば、仕事は終ったものと安心しているが、英人は、そうではない。常に仕事の歴史を研究している。帳簿によって、前日、前月、前年の状態をよく研究し、頭脳のなかにスッカリ事業の状態をたたみ込むようにつとめる。どの筋は近頃どうであるとか、一年前はどうであったとか、彼の業務状態はどんな風に発展して来たかとか、銀行とその相手については、微細な点にいたるまで、悉《ことごと》く究めつくそうと努力する。

従って、成績も挙がれば、手腕も練磨されて来るのである。日本のごとく、ただ機械的に働いていたのでは、上達する時期がない。

仕事の都合で、非常に忙しい人と、閑《ひま》な人とが出来ることがある。そんな時、閑な人が「お手伝いしましょうか」と云っても、忙しい人は一応は断るが、上役の手を通じて申込まれれば、快く承諾し、仕事を平均に分配する。だから、ある仕事を掌《つかさど》っている閑な人も自然と他の仕事を覚え、従ってまた手伝いする機会も多くなるということになる。

しかし、権限を守るということにかけては、非常に厳格である。決して他人の仕事に嘴《くちばし》を入れない。この権限を守ることの厳格なことは、まことに感心すべきものがある。これも、われわれの学ぶべきことの一つであろうと思う。

道を踏めば飢ゆることなし

栄枯盛衰は、人生の常である。順境は、いつまでもつづくものではなく、逆境も、心の持ちよう一つで、これを転じて順境たらしめることも出来る。境遇の順逆は、心の構え方一つで、どうにでも変化するものである。

ただ困るのは、薄志弱行の徒輩だ。彼らは、一度《ひとたび》困難に遭い、逆境に陥ると、たちまち依頼心を起し、他人の恵沢《めぐみ》によってその運命を拓《ひら》かんとし、それがうまく行かぬと、ただちにこれを天命と思い込み、不平をいだき、自暴自棄となり、堕落して行く。独立自助、自分の額に汗して、自らその進路を拓り開いて行こうとしない。

こういう人は、よし順境にあっても、長くその恵みを受けることが出来ないで、逆境に陥ってしまう。一旦逆境に陥っては、再び浮ぶ瀬がなくなるのである。

私は、近頃の青年が、世路《せろ》難を嘆ずるのを聞くごとに、彼らに果して独立自助の大精神があるか、どうかを疑わざるを得ないのである。

　顧みれば、私なども、前半生においては、実に、種々の逆境を経験して来た。

　かつて、校長の品行問題に関して、外国語学校の教授を辞職した時のごときは、つぶさに逆境の苦痛を嘗《な》めなければならなかった。その時、問題の起ると共に、私はただちに、教授の辞任を決意し、微力ながらも、一身を校風維持のために投じたのであった。

　だから、目的が貫徹すると共に、私も辞職してしまったが、といって、当時、これにとって代るべき職業などのありよう筈はない。当分の生活を支えるだけの貯蓄もなかった。辞職の日から、すぐさま収入の道はなくなるし、生活の資には窮するし、月末になっても米塩の代を払う金さえも無かった。覚悟の上とはいいながら、一時はまったく途方に暮れざるを得なかった。

　だが、私は辞職したことを、すこしも後悔しなかった。男子の意気地として、当《まさ》にかくあるべしと思っておった。

　また、困窮を感じても、決して不平を起したり、失望したりはしなかった。というのは当時すでに一つの信仰を有《も》っていたからである。

　それは、明治二年、私が森有礼さんの紹介で、当時大学南校の教頭であった、フルベッキ先生の書生をしていた頃、毎日耽読《たんどく》していた聖書の中に、

「天は空飛ぶ鳥をさえ飢えさせぬ。ましてや万物の霊長たる人間の誠の道さえ踏んで行く

ならば、飢えることなどのあるべきものではない」

という意味の一句があった。私は、この句に深く感激し、心の信仰とした。

人間は、誠の道を踏んで働きさえすれば、どんな人でも不自由なく生活することが出来る。天は、何人《なんぴと》にでも、働く者には必ず衣食の糧を与えるものであるという信念が、ふかく頭脳の中にしみ込んでいた。

貯蓄のない私が、辞職して収入の道を失えば、立ちどころに困るくらいのことは、よく知っていた。知っていて、しかも辞職したのは、人間の労働の偉大なることの確信があったからである。だから、一時収入を失い、衣食に窮しても、失望もしなければ、不平も起さずに、済んだのである。

生ある限り己に頼る

私は、どんなに困った時でも、決して自己の一身上に関し、他人に依頼したこともなければ、また、自ら推薦したこともない。

元来、人間が、この世に生を享《う》けた以上、自分のことは、自分で処分し始末すべきである。他人に依頼し、その助力を仰ぐのは、自己の死滅であると、私は信じている。

ゆえに、いかなる困難に遭っても、私は他に依頼し、その助力を受けようと思ったことは一度もない。

他人に依頼せぬとなると、いきおい自ら仕事を探し、自分の腕により額に汗して衣食の糧を得ねばならない。

私は、若い頃、これがために、英文の翻訳に努めたこともしばしばある。外字新聞を翻訳して日本の新聞に投書し、その稿料をもって糊口《ここう》をつないだことも一再にとどまらぬ。得るところは僅《わず》かでも、まったく自己の力に依頼し、決して他力にすがらなかったと思えば、その金の尊さ有難さは、また格別である。

少年の頃から、今日に至るまで、私は常に自己を頼みとして生きて来た。いかなる逆境も、困難も、まったく独立自力によって切り抜けて来たように思う。

私は、また生活上の困窮に陥った時、他人に訴え、その助力を乞わなかったのみならず、これを家族にも洩らしたことがない。明日の米代にも差支え、自ら苦心惨憺《さんたん》することがあっても、困難は、自己一個の胸中に秘めておいて他に告げなかった。云ったところでただ家族の心配を増させるだけで、何の益するところもないと信じていたからである。

家族としても、自然に現われる私の顔色を見ては、困っているらしいくらいのことは必ず読んだであろう。辞職して一定の収入を失ったという一事から見ても、ただちに、これを想察し得たであろう。だが、私は黙っていた。ただ単に云わないばかりでなく、ひたすら隠すことに努めた。

幸いにして、衣食に窮せぬようになった今日も、米塩の資に困った往昔《むかし》も、私の態度だけは、まったく同じであると自分は信じている。

機会を逃さぬ実力の準備

新聞や雑誌などを見ると、実業界の先輩とか、政界の名士とか、その他の人々が、青年出世の秘訣《ひけつ》とか、あるいは、自身の成功した原因として、機会を捉《とら》えること、または機会を捉えたことを語っている。

なるほど、現時のように生存競争の激しい中に立って行くには、平々凡々、ただ呆然《ぼうぜん》としていたのでは、何時になっても立身出世することは難かしいに違いない。機会を捉えて立身出世の緒につくのは、まことに現代青年の、とるべき手段かも知れぬ。

しかしながら、いくら機会を捉えなければ立身出世しないとはいえ、機会というものは決して自分から作るべきものではない。

すなわち、龍も風雲に際会せざれば、天に昇ることは出来ない。いかに天に昇ることが出来ないからと云って、自分から風雲を作って昇るわけにはゆかないのと同じように、自分が機会を作って、それによって立身出世の緒を摑《つか》もうという考えを起してはならない。

自分で機会を作るということになると、そのためには、手段を選ばぬというようなことも、しかねないからである。こういうことまでして、立身出世したからとて、なんらの価値もないのである。否、むしろ卑しむべき立身出世といわなければならぬ。

だから機会は決して作るべからず、自然と自分の前に来た時に、逃がさずこれを捉えればよろしい。

かつて、日本銀行の総裁をされていた故川田小一郎氏は、岩崎弥太郎氏が機会ということについて、こう云っていられたといって、私に話されたことがある。

「機会というものは、人間一生のうちには、誰でも一度や二度は必ず来るものである。それを捉えそこねると、その人は一生立身出世が出来ない。しかも、この機会というものはいついかなる場合に、どういう形式でやって来るかもわからない。機会が来てから、それを捉えようと思って騒ぎまわっても、駄目である。ついには取り逃がしてしまう。

ちょうど、河や海に魚が一時に沢山集まって来ることがあるが、まさしく、あれと同じだ。魚の集まることも、そうたびたびあるものではない。たびたび無いところの時期に、それッ魚が集まって来たというので俄《にわか》に騒いで、網を作り、船を作ったところでもう遅い。だから、いつ魚が集まって来ても、すぐにそれを捕えることが出来るように、平素ちゃんと準備しておけば、その場になって、マゴつかずに、一挙に沢山の魚を捕えることが出来る。

機会も、そうたびたびは来るものではない。また欲しいと思っても、ままになるものでもない。ちょうど、魚を沢山集めようと思っても、集めることが出来ないのと同じことであるから、平素において何時機会が来ても、すぐさまそれを捉えることが出来るように、準備しておかなければならない」

さすがは岩崎さんだけあって、なかなかうまいことをいわれたものだと、私はその時に感心した。

それでは、その機会を捉える準備というのは、一体、どういうことをしておいたらいいのか、というに、それは、まず学問を修めておくことである。

昔とは異って、現在では何によらず、世の中を渡って行くには、ある程度の学力を必要とする。

ある一部の人は「学問ばかりあったって、世の中というものは判るものではない。世間には、学問以外、理窟《りくつ》以外のことが沢山あるではないか」といっている。なるほど、これも一理はある。

だが、大体において、ある程度の学問の基礎がないと、物事に対する判断を誤ることがしばしばある。

次には見聞を拡めることである。見聞が狭くては、機会を広く捉えることが出来ない。

第三には、品性を高くすることである。人格がなければ、慾のために奴隷になるおそれがある。慾のために奴隷となれば、折角、目の前におとずれて来た千載一遇の好機会も、そのために目が眩《くら》んで、とり逃がしてしまうことになるのである。つつしまなければならない。

人物を選ぶ標準

私が、もし銀行なり会社なりの社員採用の試験委員であったなら、どんな人物を採るか。私は、学力などにはあまり重きを置かぬ。それよりも、常識の偏頗《へんぱ》なく円満に発達したもの、人格の高く品性の高潔な人を、躊躇《ちゅうちょ》なく採用する。学問があっても、品性の下劣なものや、常識の程よく発達せぬものは、銀行、会社員としては、到底成功する資格がないと云ってよろしい。

常識の円満に発達していることは、特に銀行員などに必要である。銀行員として欠いてはならぬ一切の美徳は、円満なる常識の中に備わっているからである。

勤勉とか、努力とか、忠実とか、忍耐とか、その他一切の美徳は、常識の円満に発達した人には、必ず附随している。怠けものや、不忠実な人、意志の弱い人などは、常識に欠けているところがあるのは云うまでもない。が、どんなに常識があっても、また、どんなに学才があっても、人格の低い、品性の卑しい人は駄目である。

銀行員や、その他、常に大金を取扱わねばならぬ人が、万一、その金を私《わたくし》しようというような、悪い心が起ったらどうであろう。自分一人の破滅であるばかりでなく、銀行にも大損害を蒙《こうむ》らせることになる。

だから、銀行、会社で、金を扱う人を採用するときは、どんな場合でも、金を私しようというような心の少しも起らぬ人、万一そのような悪人の萌芽《きざし》があっても、断乎として制《おさ》え得る人でなければならぬ。

ただに、銀行、会社員ばかりでなく、今後の社会は、その業の何たるを問わず、学才があっても、品性の高潔な人でなければ使用しなくなる。学才よりも人格に重きをおくようになる。

銀行、会社員は、学問はあまり高くなくてもよろしい。学問のあることは結構だが、とかく学問に呑まれやすくなり、その上、気位ばかりが高くなって、実地が迂遠《うえん》になることを免れない。

波瀾《はらん》万丈の実社会は、ただ学校の教科書を鵜《う》呑みにしただけでは、わたって行けるものではない。

人生の一切は、時々刻々に進歩し、発展するものであるから、教科書の知識だけでは、これに追いついてゆけないことは勿論だ。

たとえば、いくら外国の経済学に精通しても、日本の経済界の実情を知らなかったら、その知識を活用することは出来ない。実世間から離れた学問では何にもならない。

だから、銀行、会社に職をおく人たちは、日中の勤務時間中は、全力を注いで努力すべきは勿論だが、帰宅後の余暇を利用して、実地の問題の研究を怠らぬだけの心掛けがなくてはならぬ。

しかるに、多くの銀行、会社員等は、余暇があれば、猥雑《わいざつ》な新聞の社会記事などに読み耽《ふけ》っているようである。新聞の社会記事は、活字になっていればこそ、人々は平気でこれを読み、何とも思っておらぬが、もしあれが活字でなく、絵画に表わしてあったら、何人も顔を赤らめずに見ることは出来まい。

将来、大なる成功を望む人は、こんな淫靡《いんび》な記事などを読む暇に、それぞれ、その職業に関連する活きた知識の吸収をはからねばならぬ。それは、将来、雄飛の根柢《こんてい》をなすものであることを知って貰いたい。

家庭の基礎は権威と情味

いつの世でも、家庭は、一切道徳の根源であって、家庭の有様は、ただちに社会道徳に反映するものである。健全なる国民をつくるのも家庭であれば、下劣なる人物の輩出するのも、ひとしく家庭である。

わが国の家族制度については、もとよりいろいろな議論もあろう。しかし、この家族制度が権威を失し、青年をして、信頼するに足らざるものと思わしめたのは、時代の推移によるであろうが、しかし、これには、家族そのものが、また多大の責任を負わなくてはならぬ。

世の、父となり、母となるものの第一の責任は、自分よりも優良なる子孫を後世に残すことである。

ここで、優良という言葉は、主として、人格を意味する。人格の向上した子孫は、さらに第二の優良なる子孫を生む。

健全なる国家は、かくして始めて、期待することができるのである。

およそ、世の中に、これほど厳粛なことはあるまい。夫婦の第一義はまさしくここに存する。子女を教育し、撫育《ぶいく》する資格のない男女が、一時の慾情に駆られて、漫然と同棲《どうせい》するがごときは、この点から考えても、不心得の甚だしきものと云わざるを得ない。

健全なる第二の国民を作るのは、あだかも、梨《なし》や林檎《りんご》を栽培するようなものである。肥料を施し、枝振りを直してやるのは、もとよりのこと、さらに、優秀なる果実を結ぶまでには、なかなか容易ならざる苦心を要するのである。

国家も、またその通りである。第二の国民たるべき青年の教育に関しては、よほど慎重なる注意を払わなくてはならぬ。

それには、先ず今日の荒廃した家庭から改造してかかる必要がある。人格なき教育と、人格なき家庭の感化は、むしろ百害あって一利なしである。

しかし、過去のことは、今さらいたし方がない。私は、国家のために、切に青年諸君の反省を促したい。

また、家庭を構成している世の父兄諸氏には、さらに、一層の反省を促したい。謂《いわ》ゆる家庭教育というものも、先ず、家庭に対する厳粛なる意義を自覚せる父兄にのみはじめて期待することが出来るのである。家庭教育の要求が徒《いたず》らに大にして、一向にその効果の挙がらないのは、今日の父兄に、この自覚のないためではないかと、私は考える。

人は、これを過渡期の現象という。それに一応の理由はあろう。しかしながら、過渡期の弊害を、次の時代にまで継続させると否とは、全く父兄の心掛け一つで定まることである。

それを、ただ漫然と、過渡期の弊害だからといって心を許すならば、諸君の子孫も、また過渡期の弊害のなかに沈んで、どうにも身動きのとれぬ状態となるに相違ない。それには、現代の教育を、根本的に改造することも急務に違いないが先ず家庭の意義を、厳粛に自覚して貰わねばならない。

この自覚さえ、はっきりしているならば、家庭は期せずして清浄となり、至誠国につくす青年は、その中から生れ出ずることができるのである。

先ず汝自身の家庭を顧みよ――、私は、こう叫ぶ。今日の父兄は、自らの子女達が、酒に親しみ、色に溺《おぼ》れるのを責める前に、しばらく冷静に、己れの家庭を顧みるがよい。権威なく、情味なく、単に他人の寄り合いにすぎないような家庭に、どうして高潔なる青年を求めることができよう。

真の意味における元気ある青年を有する家庭は栄え、しからざるものは亡ぶ。国家といえども、またこれと同じことである。

文明の消化と不消化

会社の宴会などに行ってみると、驚くことは、その席順が、ただサラリーの高《たか》によって定められていることだ。

若いものが上席に坐って傲然《ごうぜん》と構え、老人が末座に控えて小さくなっているなどということは、昔は見られなかったところだが、この頃では当りまえで、誰も怪しまぬようである。実に苦々しいことだが、これは畢竟《ひっきょう》長幼の序のあることを忘れたためである。

長を敬い、幼をいたわるという国民根本の精神が、家族制度を形成して、今日まで発達して来たことは、今さらいうまでもあるまい。

「忠臣は孝子の門に出ず」という語があるが、この長幼の序ということを尊ぶ国民の精神が、親に向っては孝となり、君に対しては忠となり、以て、わが国の誇るべき特色となって来たのである。

ところが、西洋の文明が、俄《にわか》に輸入された結果、この大なる誇りも、近来、甚だしく軽視されて来た。

わが国の文明は、ことごとく輸入されたものである。儒教でも仏教でも、皆そうであるが、しかし、一度《ひとたび》日本に輸入されて来ると、日本特有の儒教となり、仏教となって、調和が保たれているのである。というのは、昔の人は、外国の文明を消化し、同化する力があったからである。

ところが、この頃の、外国文化を輸入する人達には、それを消化する力も、同化する力もない。外国のものとさえ見れば、何んでもかんでも、無闇《むやみ》に取り込むという具合で、すこしも、わが国の特色というものを顧みようとしない。従って、そこに矛盾が起って、調和して行くことが出来なくなり、折角発達して来たわが国特有の徳風の上に、かの怖《おそ》るべき個人主義までも移し植えるような結果になるのである。

消化力のないものが、矢鱈《やたら》に、ものを食うほど危険なことはない。喰えば喰うほど、体をそこねてしまうのは、わかり切った話である。

今日の日本は、不消化病にかかっていながら、何でも珍らしいものと見さえすれば、すぐに手を出して喰べたがる傾向がある。このままにしておいたなら、健全な五体もついには遠からず衰弱してしまうであろう。世の識者に向って、一考を煩わさなければならぬ。

余が体験せる立身の道

学問の活用

自分が欧米あたりの所謂《いわゆる》大成者なる者の伝記を読んだり、また多年体験した事の上から考えてみると、それ等の人々はいずれかの職務に成功している。そうしてその職務に大成すると云うことは、人生において一番大切な事である。

政治家にせよ、学者にせよ、農商工業家にせよ、銀行家にせよ、弁護士《べんごし》にせよ、はたまた医士にせよ、その職業の何たるを問わず、各々その職務に成功し、後世に名を遺すと云うことは、人生の最も大切なる事である。従ってその尊重すべき職業の無いと云う事は、人間としての大なる恥辱であると謂《い》わねばならぬ。

しからば如何にしてその貴ぶべき職務に成功すべきかと云えば、先ず以て教育——学問を活用せねばならぬ。職務に成功するには、ただ教育を受けたと云うのみでは可《い》かぬ。学問を修め学術を蓄えたと云うのみでは、生活の用にはならぬ。

学問は古来幾多の先輩が啓発して集めたもので、ただ学問を学修したと云うのみでは、先輩が遺した図書にも及ばぬと云うことになる。学問はこれを使ってこそ、始めて、効用がある。その受けた教育を活用してこそ、始めてそこに大なる意義が生じて来るのである。職務に成功せんとするには、先ず以てその学問なりその教育なりを、その従事担当するところの職務の上に利用し、人生の上に活用すると云う堅き覚悟と強き信念とを有せねばならぬ。世間の実況を観るに、学問を利用せずして、反《かえっ》てその奴隷となる人が少くないようである。しかしてこれ実に職務に成功せざるゆえんの重大なる一原因である。

職務に同化すること

次に職務に成功せんとするには、平々凡々のようではあるが、正直でなければならぬ。正直が善いからと云って、正直を口実にしたり、あるいは売物にするようでは行かぬ。心の底から流れ出ずる誠心誠意の発露でなければならぬ。

職務に成功せんとするには、軽薄であっては可《い》かぬ。誠心誠意でなければならぬ。従って職務に対して忠実でなければならぬ。その職務に安んじて、忠実に渾身《こんしん》の精力を傾倒して努力奮闘せねばならぬ。職務に安んずると云うことは、決して小成に安んぜよと云う意味ではない。その環境に安んじ、その職務は運命によって授ったものと観念し、所謂天命に安んじて精神を籠《こ》め、誠心誠意を以てその職務に向って奮戦激闘しなければならぬ。ツマラヌ仕事などと思って、厭《い》や厭やながら従事するようでは到底成功するものではない。その職務と同化し、一生懸命に真剣になって奮闘努力するので、始めてそこに輝ける成功を望み得るのである。

しかるに日本の若い人々は、動《やや》もすれば安んずると云うことをしない。そこに行くと、西洋人中には感心な人々が少くない。私の友人でハリマンと云って、後に米国の鉄道王と謳《うた》われた成功者がある。その人は貧乏の家に生れて、小学校の教育もロクロク受けず、鉄道会社に入って最初は油注《あぶらつ》ぎをやっていたのであったが、そうした職務に従事している間にも忠実熱心に従事し、快活に人一倍奮闘していたので、それを上役の人に認められ、信用を得て抜擢《ばってき》せられ、遂に鉄道王とまで出世したのである。

多くの青年は、とかく筋肉労働を厭《いと》うて、成るべく楽な骨の折れない仕事のみを撰《え》り好みし、気に入らない仕事でも与えらるると、それを等閑に附する傾向のあるのは嘆ずべきである。

天命を知ること

人間は天命に安んじなければならぬ。その分に安んじ、その現に従事する職務に向って渾身の精力を傾倒して奮闘しなければならぬ。誠心誠意を以てその職務のために努力しなければならぬ。その時々の環境に応じて身を処し、世に対せねばならぬ。自分は昔、大塚窪町に一千五百坪の屋敷に住んでいたことがあった。ところがあのペルー銀山の失敗事件が突発したために、そこを引払って同町のすぐ裏長屋に移転したことがあった。当時家族の者は、モット離れた別の町内にでも引移ったらと言ったが、自分は平気であった。畢《ひっ》竟《きょう》天命に安んじているからである。

要するに誠心誠意と云うことが肝腎《かんじん》である。近来日本の社会において、失職者の多いのは憂うべき現象である。それについて日本の社会の一大欠点とも称すべきは、人を新たに雇う時、その人の常時の勤めぶりを一見証明すべき所謂証明書を有しておらぬ事である。西洋では雇人《やといにん》が主家を去る際、使い主はその雇人が雇われ中、ドウ云う勤めぶりをなしておったかと云う証明書を与える。そうしてその雇人はその証明書を持って新たに雇わるる家の人に観せるから、容易にその人の人物閲歴が明瞭《めいりょう》となるので便宜であり、従ってそうした証明書を得るために、その人は誠心誠意職務に従事することになるから、一挙両得と云うことになる。日本の職業紹介所においてもこの点についてモウ少し研究の歩を進めたらよいと思う。

こうした証明書は地位の高下を問わず、与えるようにしたらよいであろう。そうすれば現在のごとく、例えば小学校長の神聖なる職に在りながら生徒に対して如何《いかが》わしき行動を敢《あえ》てした者が、さらに異れる地方において平然再び小学校長の重き職についておると云うような不合理なる事が自然無くなるように想われる。

剛直と敬愛

そもそも始めから自分の仕事に軽薄であっては、人が信を置いてくれる気遣いはない。誠心誠意であって、始めて人が信を置く、取りも直さず自分を信用してくれることになる。今の若い人々は、この事を諒解して職務に忠実に励精し、以て人の信用を博するように心掛けねばならぬ。そうしてこの信用と云う事が、職務に成功する上において緊要なる一条件であることを忘れてはならぬ。

成功せんとする青年は、人から信用を獲ねばならぬ。人に対して悪感を抱かしむるようなことがあってはならぬ。人に悪感を抱かしめないように努むると云ったところで、それは決して人に媚び諂《へつら》えと云う意味ではない。人間は飽くまで剛直であると同時に、敬愛の念がなければならぬ。

剛直と敬愛とはあだかも車の両輪のごとく、はた鳥の双翼のごとく離るるべからざるものである。成功せんとする人は剛直は勿論であるが、同時に他に対して敬愛する念を持たねばならぬ。

信用とか声望とか人望と云ったような事は、自分から獲《う》べきものではなくして、人の与えたものである。その間に私心があっては、真の信用を博さるるものではない。無私無慾、ただそれ誠意誠心事に当り、人に尽してこそ、始めてそこに求めずして確固不抜の信用なり声望なり、はた人望なりが生れ出ずるのである。

自慢と借金

それから将来大いになすあらんとする青年の心得べき事は、自慢することを慎むと云う事である。血気盛りの年少気鋭の人々は、とかく自慢する癖のものである。

従来失敗した青年の跡についてみるに、その重因の一ツはその青年の心の底に慢心を生じ、自惚《うぬぼれ》心が起ったと云う事に帰する。自惚心は自己を欺《あざむ》き、人を欺き、結局、人に欺かるるに至るのである。蹉跌《さてつ》失敗するのはもとより当然である。くれぐれも慎み戒むべきは青年の慢心である。

また青年は人から物を借りるに、ことに金銭を借りる際には、その約束の期日を間違いなく確実に返還するようにせねばならぬ。前途に確実に返済する当てもないのに、一時凌《しの》ぎの苦しまぎれに借金するようなことをしては可《い》かぬ。個人でもはた会社でも、ことに事業でも起そうという人は、一時凌ぎに返金する目的もないのに借金をするということは、遂にその身を滅ぼし、会社を破綻《はたん》せしめ、事業を失敗に導く根源となるのであるから大いに注意せねばならぬ。将来大いに伸《のび》んとする若い人々は、確実な目的なしには絶対に金を借りては可かぬ。一時凌ぎの借金は蹉跌失敗の元であると云うことを忘れてはならぬ。

信念と忍耐

また古来その職務に対して成功した人々の事蹟《じせき》を観るに、そうした人々は心の裡《うち》に強き信念を有《も》っておる。苟《いやしく》も是なりと確信せば、千万人といえども吾《わ》れ行かんの強き信念を有しておる。

こうした強き信念がなければ、到底一業を終始一貫して成功の彼岸に到達することが出来ぬ。紛々たる人の毀誉褒貶《きよほうへん》を気にし、左視右顧《さしうこ》しておるようでは、目的を貫徹することが出来ぬ。自己の職務の上に強き信念を有し、百難を突破して勇往邁進《まいしん》するようでなくては可かぬ。

終りに必要なるは忍耐と云うことである。自分は幼少の時、祖母から堪忍の二字を忘れないようにと訓戒せられたものであった。人の一生の間には種々の波瀾《はらん》起伏があり、また職務を遂行する上において種々なる障碍《しょうがい》が湧起して来る。こうした障碍物を除去し、艱《かん》難《なん》辛苦に打ち克ち、浮沈盛衰に能く耐ゆるには、そこに忍耐力を要するのである。事を成就せんとするには堪忍の二字を忘れてはならぬ。

これを要するに職務に成功し業を成就せんとするには、先ず以て修めたる学問を活用せねばならぬ。正直であらねばならぬ。忠実であらねばならぬ。誠心誠意であらねばならぬ。その分に安んぜねばならぬ。剛直にして人に対して敬愛の念を有し、以て信用を博さねばならぬ。自惚心を起してはならぬ。確実の目的なしに借金してはならぬ。強き信念を有し、かつ不撓《ふとう》不屈の忍耐力を有せねばならぬ。こうした諸要件を具備した若き人々にして、始めて赫々《かくかく》たる成功の彼岸に到達し得るのである。

（大正十五年四月）

世を立て直す人

両極端を生む

厳格な家庭から立派な人格者が生れる——これはそうあるべき筈だ。昔の武士の家庭がそれである。近くは明治の偉人乃木〔希典《まれすけ》〕将軍のごとき、峻厳《しゅんげん》な家庭教育によって、あの尊敬すべき人格が錬成されたことを、誰が辞《いな》み得よう。

辞み得ないと同時に、われわれはまた、往々にしてその厳格な家庭から不良児が生れ出《いず》るという皮肉な事実をも認めざるを得ない。一体それはどうした事であろうか。ひとしく厳格である、だが一方は真の慈悲愛に基く厳格であり、他は形式的皮相的厳格であるという相違が、かくのごとく両極端を結果してしまったのだ。

畢竟《ひっきょう》、その根本精神の如何によって、「厳格」が、毒ともなり薬ともなるのだ。卑近な例を挙げてみよう。親が子供に小遣いを与える時、

「無駄遣いするな。金の使い途《みち》は明瞭にして一々帳簿に記《つ》けておけ」

と命じる。しかしてそれが正確に記帳されているのを見ては、我が子の教育は十分になされていると信ずるであろう。その点においては両家庭とも全然同一で、それは一見相似た如何にも厳格な家庭ではある。

ところが安心ならない。というのは、不良児の方は、記帳を胡麻化《ごまか》している。記帳を厳格にされる事を逆用して、無駄遣いや不正な使い途を隠して、いかにも尤《もっと》もらしい殊勝な金の使い方を、公々然と帳面でうたっているのだから堪らない。

「こうしてさえ置けば、親も信用するのだ。出納簿あるがために、公然と金が遣えて、結局この方が重宝さ」

なまじい出納簿を厳重に監督する事が、却って純真な子供をして不知不識《しらずしらず》虚偽の世界に導く事となる。「寇《あだ》に兵を藉《か》し、盗《とう》に糧を与える」とは、この事だ。

かかる結果に何から来るか？というと、親が形式的な、上《うわ》べばかりの教育を厳にして、その根本精神の厳格な教育を等閑にしているからだ。詰り、記帳よりも、記帳する意義を教え、偽りの記帳をすれば自ら恥とする記帳精神を養い、さらにもう一段深く、無駄遣いや不正な事に金銭を遣うことを自ら憎む心を涵養《かんよう》すべく厳格な教育をすることを怠っているからだ。

そういう上べだけの教育は真の教育ではない。親として慈愛が足りない。不良児を生むのも当然だと謂《い》わねばならぬのだ。

天台大師の言葉

しかし、それは子供にのみ限ったことではない。妻が家計簿を胡麻化《ごまか》し、会計係が帳面を瞞《くら》ます、堂々たる大会社、大銀行と称するものまでも、謂わゆる合法的に不正を働いて恬《てん》として恥じないなど、世上その例の多きに苦しむ。

歎《たん》ずべき時勢の欠陥だ。誤れる文化の生んだ現代病だ。

「こんな世の中は、根本的に立直さねばならない」

そういう識者の声を常に聞く。そして各方面に、そういう改革運動が起っている。結構な事であるが、しかしながらその多くは、子供の小遣帳を改良するほどの改革であり、運動であって、何等根本的核心に触るるところがないようだ。それでは真に世を立直す事など、思いも寄らない。

何事も心が元だ。心を正しくせねば、如何に国家社会の制度機関を改良しても、結局、不良児を生む厳格な家庭と同一轍《てつ》ではないか？

「仮に親従を現わし、実に譏謗《きぼう》を潜む」

と、私は口ずさむ。それは千余年の昔、天台大師が、今の世相と人心を道破した言葉である。顔に和親を現わして、心に譏《そし》りの刺を蔵す。表面に清廉潔白を標榜《ひょうぼう》して、蔭で不正不義を働く。こういうさもしい人心を、先ず正義の光明下に導き、何人も天地神明に誓って恥ずる事なき人格の持主たらしめねば、世はいつになっても立直す事は出来ないであろう。

我れ自らを顧みて

無論、それは大事業である。右から左へとすぐ実現すべき事ではない、と人は言うであろう。しかしながら断じて出来ない相談ではない。

私の信ずるところによれば、さしあたり国家社会を口にする人々、すなわち社会の先覚者たり先駆者となって世を指導する人々が、率先してその心になると共に私は先ず、「国を治め天下を平かにせんと欲する者は、先ずその家を斉《ととの》え、その身を修む」と、古《いにしえ》の哲人が喝破したことを考える。すなわち私は先ず吾等自らを顧みるべきことが必要である。

徒らに社会思想の悪化を、動揺を歎《なげ》くな、徒らに外面的な改革を、進化を説くな。一歩退いて先ず各人身を修め家を斉《ととの》えよ。我が身すら修まらず、我が家すら斉え得ずして、果して国家社会の運動に従うの資格があるか？

修身斉家が出来て後、余力ある者は社会運動に従うが善い。ことに婦人においては、最も大切な事だ。身修らず家斉わぬ婦人が、社会運動に携わるなどは、不届も甚だしい。これ社会の大いなる禍《わざわい》である。

修身斉家成って余力ある有為の人々が、率先躬行《きゅうこう》、社会を浄化し、一世を指導するならば、天下翕然《きゅうぜん》としてこれに則り、世は自然と立直って行くに相違ない。これがそもそもの根本問題だ。

本《もと》を忘れて末に老るな。表面の問題に汲々《きゅうきゅう》として、内面を深く顧る事を忘れるな。偉人を生む筈の厳格な家庭から却って不良児を生むように、社会問題、思想問題を指導せんとして、却って世道人心を毒するがごとき愚をなしてはならない。

（昭和四年六月）

名利の満足か心の満足か

出世の真目標は何か

瑞雲靉靆《ずいうんあいたい》たる新年をここに迎えて、若い人達はさらに気分を新たにし、輝く希望に充ち満ちて、赫々《かくかく》たる出世の大道に向って勇往邁進《まいしん》することであろうが、さて、その出発前において、予《あらかじ》め決定しておかねばならぬことは、出世の目標は如何と云うことである。目標というものがしっかり定《き》まっておらぬと飛んでもない方面に歩みを運んで、取り返しのつかぬような深入りをして、あたら一生を暗黒の裡に葬らなければならぬようになったり、あるいはまた途中で困難に遭遇して、忽《たちま》ち意気阻喪し、肝腎な出世の目的を達成せずに終ることが少なからずあるからである。

出世の目標は何であるか。そこには精神的方面と、物質的方面との二ツの異なる方面があるが、私は人間出世の目標を、飽くまで敬虔な精神的方面に置かなければならぬと信じている。

名利を達するということが、決して人間出世の目標でない。それでは決して心の満足、心の安定が得らるるものでない。名利を達することが、人間出世の目標であるとするならば、出世は人から与えられることになる。人から与えらるるとすれば、人の力に縋《すが》らなければならぬようになる。そうすれば自ら巧言令色、心にもない御世辞をいったり、阿諛《あゆ》したり、人の御機嫌を取るに、一生涯遑々《こうこう》として苦労せなければならぬことになるのみならず、揚句の果ては、諺のいわゆる鹿を追うの猟夫は山を見ずで、想わず、不合理な行為を敢てして、蹉跌《さてつ》失敗するに至るのである。

安心立命が肝腎

私の考えでは、出世というものは人から与えられるものではない。人に関わらず、自分が自分の純真の良心の指命を奉じて、この世の中に一身を処する上において得るところのものが、すなわち安心立命であり、それがすなわち出世である。従って出世というものは精神的なものであって、物質的なものではない。

勿論物質的に恵まれた方がよいか、欠いた方がよいかと云えば、欠かさぬ方がよいには相違ないが、しかしながら物質のみによって心の満足、心の安定が得らるるものでないことは事実である。

人間に最も貴いのは、精神の安静である。そうして、これは人から与えらるるものではなく、自分の修養によって達成せらるるのである。

人間は心の修養によって、精神の安静を得らるれば、不足もなければ、苦労もない。権勢に阿諛《あゆ》したり、富貴に志を屈する必要もなくなる。明鏡止水《めいきょうしすい》、心は常に淡として水のごとくあるから、自ら常時安心立命の霊地に立つことが出来る。

ここにおいてか、父母の恩に感謝し、社会の恩に感謝し、国家の恩に感激し、感謝報恩の念が、自然にこんこんとして心の底に湧いて来る。こうした精神的の安心立命の霊境に到達することが出来れば、すなわちそれが出世であり、出世の目標である。

これに反し、もし出世の眼目は、名利を達成することにありとすれば、人間は一生涯その名利のために奔走し、苦労しなければならぬことになる。その名利の慾というものは限りのないものであるから、苦労は従って絶えないからである。

またそうした物質的慾念のみに満溢《まんいつ》している人は、万事物質的方面のみに重心をおいておるから、自分が大恩を享《う》けた父母に対する報恩孝養の道さえ、誤るようなことをする。この種の人は、両親の心を安んずるには、ただ物質的満足を与えればよい、それが最大の親孝行の道であるがごとく誤解している。何ぞ知らん、両親に対する最大の孝養の道は、両親を安心せしむるということである。両親は決して物質的孝養のみでは満足するものでない。物質的慾望に駆らるる人は、万事この調子であるから遂に大節を誤るようになるのである。

こうして出世の目標を敬虔な精神的方面に置き、徒らに名利の奴隷とならず俯仰《ふぎょう》天地に愧《は》じない行動をなしておれば、何等の煩悶もなく、胸中常に輝いた希望を以て充ち満ち、そうして父母の恩、社会の恩、国家の恩に感激し、感謝し、これを小にしては父母に孝養し、これを大にしては国家社会に心からの奉仕を捧げることになるのである。

成敗利鈍は問題外

私は人間出世の目標は、安心立命の霊地に到達することがすなわちそれであるといったが、モウ少し具体的に述べれば、古人のいわゆる「我が真を全《まっと》うす」と云うことである。自己完成というのが近代の通用語になっているが、それよりも我が真を全うすという言葉の方が、一層適切なように想われる。

我が真を全うすとは平たくいえば、自分の天分を全うし、天命を完《まっと》うするということである。換言すれば天稟《てんぴん》の本質を錬磨鍛錬して、全き人格を築き上げて、天から授けられた使命を完うするということである。

人間には一方には天稟の才能があり他方には敬虔な天職がある。その天職に従事する時、省みて我が真を全うするため、自己を完成するために渾身《こんしん》の努力奮闘を捧げねばならぬ。そうしてその渾身の努力奮闘を捧げる時、常に忘れてならぬことは、正しき軌道を辿《たど》り、苟《いやしく》も正義の規準に背反するような行動をなしてはならぬことである。

こうして正しき道を踏み締めつつ全心全力を傾倒して、我が敬虔な天職に努力奮闘を捧げ、そうして自分が皇天から授けられた使命を果したと思う時、我が真を全うしたと感ずる時、そこに自分の心の底に限りなき満足の泉がこんこんとして湧く。いわゆる安心立命の霊地に到達したのである。すなわち人間出世の目的を貫徹したことになる。

素《もと》より成敗利鈍《せいばいりどん》は問うところではない。物質的成果は望むところでない。自分は自分の敬虔な天職を完うするために自分の天稟《てんぴん》の全才能を倒注し、最善の努力奮闘を捧げた。人事を尽して天命を待つ。自分は人力のあらん限りを尽した。この上は天の指図を待つのみである。こうなると成敗利鈍は人間の眼中にはなくなる。心は安定して、不動山のごとくなる。よし武運拙《つた》なくして物質的に失敗しても精神的には成功者である。精神的修養と鍛錬によってその人の真は全うされ、人格、人物は完成されたからである。ここにおいてか精神的安定を得、安心立命の霊境に到達することが出来て、出世の目的を貫徹したことになる。

光風霽月の襟度

私は繰返していう。人間出世の目標は、精神的であって、物質的ではないと。物質的欲望によって、人間は決して永久に心の満足を獲らるるものではない。彼の富豪が一夕千金《いっせきせんきん》を投じて盛宴を張り、歌妓《かぎ》を招いて飲む酒の味は、いわゆる、夕顔棚《だな》の下に涼み、一家団欒して夫婦仲よく、傾ける貧者一杯の酒の味に如《し》かぬのである。人間出世の目標を精神的におけば、自己の貧しきを厭わず、人の富みを羨《うらや》まない。富者も自ら省みて、社会奉仕をなし、こうして共存共栄、富者も貧者も共に手を携えて、社会国家のために敬虔な奉仕を捧ぐることが出来るようになる。

近く米国大統領フーヴァー氏と、英国首相マクドーナルド氏とが相会して、軍備の縮少について、意見の一致を見るに至ったと新聞紙上に報ぜられてあるのも、畢竟両氏とも人生を平和にし、幸福にしようという理想において、一致を見たという意味であろう、換言すれば軍備を何割に縮少するといった物質的見地よりは、むしろ世界に平和を来たし、人類の幸福を増進しようという敬虔な精神的理想において、一致を見るに至ったので、話がドンドン早く進行するに至ったのであろう。

むずかしい問題は、物質的見地からのみ、打算すると、容易に妥協点を見出し難いものであるが、精神的見地から話を進めて行くと、存外解決が早くつくものである。畢竟精神的見地から行くと、そこに不純の動機が除かれるから、光風霽月《せいげつ》のごとき公明の態度を以て臨むからであろう。

かつまた精神的道心から出た仕事と云うものは、物質的慾望から湧いた仕事に比して、遥かに生命が永い。釈迦でも、キリストでも、孔子でも、その説くところの教理は人類愛なる、敬虔な精神的道心から迸発《ほうはつ》しておるのであるから、千載不易《せんざいふえき》である。そうしてそれらの人々は、存命中は迫害虐待を受け、物質的には恵まれなかったがその人類愛に燃えた尊き精神は、永く永く感謝されている。これに反し、単に名利のみを目的とした人の事業は、その生命が極めて短い、槿花一朝《きんかいっちょう》の栄《えい》に過ぎない。

人間出世の目標を物質的方面に置いて、朝暮名利《あさくれみょうり》のために狂奔していることの不可なることが、察せらるるわけである。

確乎不抜な信念

しかしながら人間は強いようでも、弱いものである。人間出世の目標を精神的に置いても、あるいは物質的に恵まれず、あるいは事志と違うて蹉跌失敗したような場合には、勢い失望落胆するようなことがないとも云えない。

ゆえに人間は常平生から、予《あらかじ》めそういう場合に処する覚悟を定めて置かねばならぬ。それには、人間は平素から堅い信念をもっておらねばならぬ。

宗教的に神を信じ、仏を崇《あが》むるというのも、また信念を固むる一ツの方法である。神仏に帰依し、坐臥《ざが》進退、成敗利鈍《せいばいりどん》、悉《ことごと》くこれを神仏の偉力に帰依して、毫《ごう》も疑わぬというのも安心立命の有力なる方法である。いわゆる他力本願である。

しかしながら自力によって、またそうした霊境に到達することも出来る。自力本願である。信仰の極地に到達すれば、自分がすなわち仏様である。

普通人としては、他力本願が信念を固むる上において、最も捷径《はやみち》であろう。

その自力たると他力たるとを問わず、人間世に処する上において、鞏固《きょうこ》な信念をもつことが最も肝腎である。

天地に愧じない覚悟

ゆえに人間が波瀾重畳《はらんじゅうじょう》たる浮世に処するには、常平生から堅き信念を養成しておくことが必要である。そうして堅き信念を養成するには、やはり、正義の観念を持し、常に正しき道を踏み、俯仰天地に愧じないという覚悟が鞏固《きょうこ》でなければならぬ。正を踏んで懼《おそ》れざるところに、そこに始めて難関を突破し得る確乎不抜の信念が築かるるのである。

私は前途有為な若き人達が、めでたい新年の初頭に当って、人間出世の目標を誤るようなことなく、敬虔な精神的方面に目標を確持し、不撓《ふとう》不屈、堅き信念を以て、勇往邁進せんことを望むものである。

（昭和五年一月）

正しい道に立つ

正しい道

世間でよく、正しいとか正しくないとか、良いとか悪いとか云う。が本当に正しいといえるのは「神の教《おしえ》」だけである。いろいろな妄念にとらわれていては、本当に正しいことが判るものではない。

各自各様の立場から、いかにも正しいことのように、いろいろな主義や政策を担ぎ出す。それにまた共鳴者が出来て、一時口喧《やかま》しく持て囃《はや》されたりする。が、それらは皆泡沫《ほうまつ》のように、いつのまにか姿を消してしまう。静かに人生を観ると、その浮き沈みがよくわかる。

ただひとり千古万代を通じて変らないものは、「神の教」である。人間の心の中《うち》にも、その神の教はあるので、いろいろと浮き沈みしながらも、この世の中は、そんなにひどく堕落して行くものではない。窮すると「これじゃいけない」と反省して、誰が言わなくても、自然に正しい道に立ち直って行く。

私は「神の教」を、この世で、ただ一つの「正しい」ものであると思う。この「神の教」は、常に自修の心がけがなくては判るものでない。自省を怠らず、ひたすら己《おの》れの本分を尽して行く。これが処世の第一歩である。

人間は、存外弱いもので、環境の抑圧に動かされて、うかうかと、己れを欺き、人を欺き、遂には真心を忘失《ぼうしつ》して、向う見ずや、無鉄砲になるのである。

力で行かず自然に導く

己れの力が微々《びび》たるものであることを悟れば、処世百般の道は自ら開けてくる。

例えば、ここに、何か事を成そうとするとき、自分の得手勝手でこうしたいと思う。そして、「自分はこうする」と一途《いちず》に押し切ろうとするが、なかなか押し切れるものではない。押し切って自分の思う通りになったとしても、どこかに無理ができて、意外な結末になりがちである。

どんな場合でも、たとい自分の考えが正しく見える時でも、威圧や暴力で行わせることは、絶対に慎まなければいけない。これに関して思い出したが、面白い話がある。もうよほど以前の事だが、ある日、元特許局に書記を勤めていて文章もよく出来、ことに碁が強いという評判のあった広瀬という人が、久し振りに尋ねて来た。その時の話の中に、「私は碁打ですから決して無理なことを云いませぬ」といった。

「それはどういうわけか」と問うと、

「碁というものは一石でも無理をしては、結果は良くありません。囲碁には無理は禁物です」という。

私はこの話を聞いて、自分の修養のため、よい教訓を受けたと思い、これもやはり神の教で、無理はせぬものとの観念を一層深くした。

近頃、外国でもいろいろ経済政策を建てている。その政策の中には私の納得できるものも多い。が、その実行の時機と方法が難しいのである。例えば当業者を大勢集めて、「こう言うようにする」と命令しても、仮りにその命令が正しくて、多少の共鳴者があっても一般の状勢がそうなって行くのでなければ、いい果実は結び難いものである。

古語に「治をなすは多言に非ず、力行如何《りっこういかん》を顧《かえり》みるのみ」とあるが、甚だ要を得ている。

虚栄の心を去れ

次に、ほんとうの仕事をするには、先ず虚栄の心を捨てることである。虚栄の心ほど怖るべきものはない。「すべての不幸は虚栄の心から生ずる」といっても過言ではない。

　虚栄の心があっては、第一仕事のほんとうの意義がわからない。人間の天職を理解することが出来ない。どんな些細《ささい》な仕事でも疎《おろそ》かにしてはならぬ。元来仕事そのものに軽い重いはないものであるが、虚栄の心があっては、それが判らんのである。

　役所の隅で小使をしている人でも、その仕事は、かならず役所全体に関係しているから役所全体に通ずるくらいの心構えでなければ、満足に勤まるものではない。

　また、使う人使われる人、上に立つ人下に仕へる人、とよくいわれるが、使う人は使われる人の立場になり、使われる人は使う人の立場になるのでなければ、ほんとうの仕事が出来る筈はない。どんな事にも自ら味《あじわ》いがあるので、これを味えないのは、虚栄の心が妨げをするからである。

　また生活難ということをよく耳にする。が、そうした家庭をみると、その家庭の主婦に虚栄の心があったり、主人が分不相応な欲望を持っていたりして、節約ということに心掛けぬ場合が多い。また一つは新家庭を造るのに、始めに準備のない結婚から起る場合も多い。

　家庭から農村の話に移るのはおかしいが、この意味で農村救済対策も、なかなか難しいもので、救済事業だといって用もない道を拓《ひら》いたりするが、それに使う金は、その土地に落ちても、事業が終ると、拓いた道は生業の助けにならず、村は以前にも増して窮迫する例がしばしばある。

天災地変の場合は別であるが、本当に更生させるための救済対策はなかなか難しいことである。

農村に限らず、失業者の問題でも、無意味な救済はしてはならぬ。それは相手に間違った安心を与えるからである。

何事にも必要なのは親切気である。皆が親切気を以て助け合って行くことである。その源は虚栄の心を去ることにある。虚栄の心を去って仕事に当り、世を渡れば、それが神の教に叶《かな》うのである。

明日に対する心

今の世人は何を求めつつあるか。新しい年へ移るごとにそう思う。明治御維新以来六十年、この僅《わず》かな歳月の間に、西洋で何百年の時代を経て、求め得た尊い成果をこれまでにとり入れた我が国であるから、過ぎ去った昨日のことを忘れて、すぐさま明日のものにとりつこうとする意気は、もっとも千万か知れないけれども、今日と言うものが過去の累積の上に築かれるものだということさえ考えないようでは、あんまり忘れ過ぎる人情で、浮薄な習俗だと驚かずにおられない。

ことに我が国は、紀元二千五百有余年の光輝ある皇室尊崇の歴史をもつ国柄である。進歩しつつある世の中に、旧套《きゅうとう》を固執して暫《しばら》くでも立ち止るようなことは許されないけれども、自分の生みの国土を、念頭から忘れ去るようなことがあってはならぬ。

欧州大戦後世界各国がそうであるように、日本もまた新興の機運に際会し、何物かを摑《つか》もうとして焦燥し、ぐるぐる舞いをして来た。なお世界のどよめきにつれて動き、世界と共に悩むことは、時勢としてやむを得ないであろう。けれども、もう真似ごとの時代は過ぎた。すなわち文化住宅や洋服生活も、いつまでも借物でなく、その特長をしっくりと自分のものとし、新時代の日本の基調を、はっきりと打ち立てなければならぬ場合である。現在過渡時代にある社会相は、何という浅ましいものであろうか。ひびのはいった水甕《みずがめ》のように一つこつんと叩《たた》けば、忽《たちま》ち取返しのつかない混乱状態を現出するではないか。

すべての世の中が浮いている。ちょうどダンスでも踊っているようだ。ジャズだ、チャールストンだと、年甲斐もないような人達までが騒いでいる有様だ。全くもって堅実さが見られない。関東大震災の当時の、緊張した気分や覚悟は失せてしまったようである。その当時財力のある人も無い人も、みな焦土の上に立って同じバラック住い、世の中全体が勤倹力行に立脚して、新たなスタートを切ったあの雄々しい心持、物質的に受けた一大打撃と共に、精神的に蒙《こうむ》ったはげしい衝動は、それほど安っぽい感激ではなかった筈である。

それは、今日のような上ずった社会相を生み出す代償としては、あんまり高価な犠牲であった。なるほど、今日日本だけで動いているのではない。世界各国が独自の境地を求めて、ぐるぐる舞いをしているのに反して、日本は、あんまり真似ごとの多い、慌ただしさに、猫の目玉のようにぐるぐる舞いをしているのではなかろうか。それでは恐らく止まるところを知らないだろう。その上、日本では新らしいと思っていることが、英国などではもう二年も前に流行したことであったりするような滑稽さえある。

その真似ごとの慌ただしさ、落着きのない悩ましい日本の現状、こうした社会相は一体何によるのかといえば、人間の持前の物質意識と精神意識より起る、二つの慾の跋扈《ばっこ》するに乗じて、この二慾を正しく制御すべき肝腎な心の修養が足りないからである。

すべてにおいて、過渡時代の悩みにある日本国民は、何をもって明日に対する心としているのであろうか。我々は常に正しき、建設的な理想をもたねばならぬ。そしてどんな悩みの中にあっても、その理想への道を、一歩ずつたりとも貫き進む覚悟がなければならぬ。その理想を求めよ。精神的に空虚なその日暮し程恐ろしいものはないのである。

（昭和四年元旦）

現代青年早婚の弊

用意の出来ざる結婚の弊害

この頃、欧米には「用意の出来ない結婚」と云う言葉が流行しておるが、日本にも近来この弊の段々多くなることを認める。社会の生存競争が段々激しくなって、青年の独立生活の地位を得る時期が次第に遅くなる。しかるに人間はある一定の年齢に達すれば、誰しも結婚を要求する。そこで、未だ独立の生活は出来ないのに、早くも子供が出来る。どうとも生活する道が立たず、人の厄介になる。これを欧米では「用意の出来ない結婚」と云っている。

欧米で社会主義とか、いろいろな不平の団体や、不良の徒について調査したものを見るに、多くは「不用意の結婚者」がその本となり、あるいは多数を占めんとする傾きがある。日本の国家は、幸いに個人単位でなく、家族単位であるから、子供は産れたが養うことは出来ない、教育することは出来ないと云うものに対しては、親類縁者が互に助け合う習慣になっておるから、比較的に欧米ほど「不用意の結婚」の弊が社会に現われない。けれどもこれは個人の発展、社会の進歩の上に非常なる障碍《しょうがい》であることは争われぬ。自分の技倆《ぎりょう》や、経験や、修養を十分に積むことの出来ない中に、すでに一家の生計のために、頭脳を悩ます。遠大の希望はなくなって、目前の事にばかりあせる。ついには、間違った考えに身を沈むるに至る。これ拝金主義と、その病根は一つである。

これ最も下劣なる人間なり

肉体の慾望を満足することを、人生唯一の快楽として、外《ほか》に精神的快楽を追求する趣味を持たないものは、その人の地位や、技能の如何に拘らず、私はこれを最も下劣な身分のものだと思う。現金主義に流れて、ただ金を溜めるために齷齪《あくせく》する者や、あるいは不用意の結婚をして、人の厄介になる者は、皆肉体慾の外に高尚なる快楽の趣味を持たなかったことに原因しておる。その他、総ての罪悪は、皆ここから起る。私は今日の社会が、あまりに物質主義に流れ過ぎて、少しも精神の快楽を求むる風習のないことを見て甚だ危険に思うのである。

（明治四十四年）

私が体験した信仰心

私は幼少の時から、幸いにして一種の信念を養成することが出来た。それは私が四歳か五歳の頃――人の云うたことが、ようやく頭に入って記憶せらるる年頃の話であるが、皆から、「この子は仕合せ者だ々々」といわれたものである。そのわけは、身分が低いのに、偶然貴人に近寄ったとか、あるいは馬に蹴《け》られても、幸いに怪我をしなかったというようなことを指していったのであるが、とにかく、そうした仕合せ者だ仕合せ者だと皆からい囃《はや》されたことが、幼少の頭の裡に深く刻み込まれて、自分は仕合せ者であると思って、常に楽天的気分に満たされ、よし蹉跌しても、失敗しても、そんなに焦心苦慮せずに済むようになったのも、こうした事が一ツの動機となっておるように想われる。

それからまた、自分は十歳の時、寺に奉公に行ったものである。その寺には飯焚《めした》きがおったが、葬式があると、その男は死人を埋《うず》めるために、穴を掘った。すると、その穴からよく骨が出て来たものだ。その骨を野犬などが来て、荒しては悪いから、私は提灯を提げて穴掘りの番をしたものである。

そうした事が日々あるので、私は死人をあだかも自分の友達であり、かつ尊むべきもののように感ずるに至った。それで昼間暇でもあると、無縁の墓などを見廻って、苔《こけ》を落してやったり、雑草を取って掃除したり、あるいはまた樹から花を切って墓に供えたりして、独り心に楽しんだものであった。そうして、陽が落ちて暗くなった夜中に、葬式が来ると、あたかも兄弟が、親しい友達でも迎えるような温かい愉快な気分を以て対したのであった。

こうして敬虔な信仰心が、冥々《めいめい》の間に私の心の裡に培養せられ、それが一種の堅き信念となって将来成人するに従って、遭遇した幾多の変遷浮沈に対しても、存外平然としていることが出来るようになったのではないかと思う。

（昭和五年十二月）

仏像と私

風爽《さわ》やかなる朝《あした》、月清らかなる夕《ゆうべ》、私は独り観音像を目標として静思黙禱《もくとう》する。誠に心澄みわたり、さながら我が霊魂の肉体を離れて、宇宙の大生命と合したるかのごとく、実に何とも云えぬ良い心持になる。

しかしこうした朗らかな極楽菩提《ぼだい》の心と云うものは、勤行を丹精しなければ永く続くものではない。煩雑な俗事に携わり、様々な人に接していると、いつしか煩悩に囚《とら》われるようになる。私は多年信心と云うことには心を砕いて来た。しかし信仰とか修養とか云う事は、一念々これを努めても容易にこれで充分だと云うような境涯に至り得るものではない。そして、その信心にも長い間にはいろいろの階梯《かいてい》があり、深浅があるようである。

私は信心と云うことには、三つ四つ物心の附く頃から親しみを覚えて来た。これは祖母の感化があって、祖母は毎夜私を床の中に入れて置いては、仏前に座って、木魚《もくぎょ》を叩《たた》きながら観音経を誦読《しょうどく》され、それから家内安全、無事息災を称えるのが常であった。そして七つ八つになると、祖母は毎月十八日にはきっと私の手を引いて浅草の観音様へ参詣《さんけい》し、やはり安全息災と称えられた。だから信心と云うものは、神仏に向って自分または一家の安全息災を祈るものだと思ったのが始まりである。

長《ちょう》ずるに及んであるいは仏教を味い、あるいは耶蘇教を究め、その他先哲の訓《おし》えも出来るだけ研究してみた。しかしその間にはいろいろの疑問が起って来た。その重《おも》なるものは先ず人間の死後果して霊魂は不滅であるかどうかと云うことである。この疑問を解決するまでには、進んだり退いたり、これで良いと安心していても、何時しかまたぐらついて来る。そして古今の聖賢の説かれた言葉にも疑いを持ったりした。しかしそうしている間に、私はこれ等の聖賢の説いた道は、結局一つものだと云うことが解って来た。みなこれは現世の苦難を救うために説かれたもので、道はただ一つだ、信ずべき、歩むべき道はただ一つだということを考えるようになって来た。そして今日においては霊魂の不滅を信ずるようになって来た。

それからまた、昊して神や仏と云うものが存在しているか否かと云う疑問が湧いて来た。ある時は神仏の存在を肯定し、ある時はこれを否定する。そうして行きつ戻りつして、なかなか信じ切るまでには至らない。しかし畢竟するに、人間と云うものは弱いものである。人間以上のある偉大なる者によって、運命づけられているのであって、それ以上はどうにもならないと云うことを知るようになった。それが詰り、神と云い、仏と呼び、天と唱えるものである。しからば肉体を離れた霊と神仏との関係は、どうであるかと云う疑問が次に浮んだが、私はこれも人間個々の肉体を離れて、個々の霊が別個に存在するものではなくして、宇宙の大霊魂と合した一つのものだと思うようになった。

つまり神仏も霊なり、肉体に宿りおる我も霊なり、と信ずるようになった。

そこで私はこの偉大なる霊を目標として、仏像を信ずるようになった。なかんずく、私は祖母が観音の像を守り仏《がみ》として、身につけて離さなかったのを受け継いでいるので、それを特に霊の目標としているわけである。しかしそれも観音の形を拝むのではなく、信仰の道を忘れないための目標として拝むのである。

（昭和四年二月）

神の心・人の心

神の心

人心荒《すさ》み、道徳廃《すた》れて、人類の上に、永遠に闇《やみ》がかぶさってしまったように思われる時代がある。現在が、ちょうどその時代だ。しかし、私は信ずる。この状態はそういつまでも続きはしない。いつかまた、明るい世界になるであろうと。

ほんとうに「正しい」というものは、神の心より外にはない。神の心こそ、世界においてただ一つの「正しい」ものだ。人間にも、神の心はある。その心が人間のなかに輝き出す時、人はさながらに神となり、地上はこのままに一つの楽園となるであろうが、なかなかそうはゆかないのは、いろいろの我慾や煩悩が、その神の心を曇らしているからである。

しかし、この神の心が全然、人間のなかから消えてしまうものでない以上、人間は、そう限りなく堕落してゆくものではない。我慾、煩悩にのみ囚われていると、他を傷つけるばかりでなく、自分をもまた傷つける。結局自他共によい事がなくなるので、やがて「これじゃあ不可《いけ》ない」と気がつき、正しい道に立ち直ることになる。何人が教えなくても、自然、そういう事になるのである。

暗闇から明るみへ

今、かくまでに世界の人の心が荒んで来たというのも、畢竟、あの欧州大戦によって、結果された世界一般の経済難、生活難から来ているので、生活難という事は、何よりも人を不安ならしめ、その不安から自然人の心をも荒ましめるのである。

この頃は、一時から見ると、わが国の人心も、大分安定して来たようだが、これは経済難打開のための官民の施設が、だんだん、その効果をあらわして来たからである。昭和七(一九三二)年の三月、四月、五月頃などは、地方がどうなるか分らぬ、という警報が頻々《ひんぴん》と伝わり、農民が食うに困って、蓆旗《むしろばた》をひるがえす、などという噂《うわさ》が絶えず、陳情やら何やら、そういう過激な運動もしきりに行われて、前途は、全く暗闇のように思われていた。それが近ごろでは、そうした噂も運動も、ほとんどなくなり、世の中が、何となく明るくなって来た。その明るくなった――という気持、気持だけにしろ、それが大変いいので、この気持から本当に人心の安定が生れて来るのである。

婦人の道

今や、不景気打開のために、国民は上下をあげて努力しつつある。こういう際には、女性の力というものが大へんに役立つ。

昔は、女が男よりも一段下のものであるかのごとく見られていたが、それは明らかに間違いで、男に男の力があれば、女にも女の力がある。男と女とは、一つのものの半分ずつなのであるから、お互いに、それぞれの力を認め合い、尊敬し合わなければならない。

だが、男と女とでは、ある点では共通しているけれども、それぞれ天分を異にし、従って、それぞれ職能を異にするという事を忘れてはならない。一つのものの半分といってもお互いに補い合ってゆくところの相異なった半分ずつなのであるから、男ばかりを二人、あるいは女ばかりを二人合わせたところで、完全な一つにはならない。そうして、各々違っている天分が、互いにうまく調和し、各々違っている職能が互いにうまく働き合ってこそ、おのずから人生を明るくもし、楽しくもするのである。

男子が男子の道を守り、婦人が婦人の道を守って、それぞれ発達して行くところに、人生の進歩があるので、男女同等とは云い条、婦人はやはり婦人としての道を踏みはずさないで貰わないと困る。

苦しみを共に

年を取って、食物に対する好みも次第に変って来るにつれて、流石《さすが》の酒も、嫌いになってしまったのだが、煙草だけは、やはりどうしても止められなかった。

が――こんなことを、公に云うのはおかしいか知れないが、最近、私は、ひそかに心に誓うところがあった。去年、昭和八年度の予算をつくる時、各省から、ずいぶんいろいろな予算を要求された。どれを見ても、それぞれ立派に理由があるので是非出してやりたいのであったが、しかし、この上公債を増加することも出来ず、したがって、その要求の全部を容れる事は出来ない。要求は道理至極と思いながら、我慢してもらうよりほかは無い。

そこで、私は、他人様に辛抱してもらうには、先ず、自分から辛抱してかからねばならぬと考えた。そうだ、自分の一ばん辛い辛抱をしてみようと、こう思い立って、私は断然、煙草をやめることにした。その辛さは、最初の時の比ではなかった。食慾も減り、気分もわるくなった。辛い、とても辛い。が、今日では大分慣れて、そう我慢のできないようなことも無くなった。

今では、他人様に辛抱してもらっている代りの自分の辛抱を、どうやら貫くことが出来ると思って、喜んでいる。

魂のあらわれ

私は、仏像が好きなので、かなり沢山の仏像が私のところには集っている。中には、国宝にもなるというようなものもある。

私は、十歳ぐらいの時に、お寺へ奉公に行った事があるが、私の仏像好きはその頃からはじまった。また、私の祖母が、大へんに観音さまを信仰していて、毎晩、一緒に寝る時に、観音経をよんできかせてくれたりした事も、私の仏像恋いしさの原因になっているだろう。

同じ仏像といっても、時代によって、非常な差がある。天平時代から、鎌倉時代の初期ごろまでは、ほんとうに仏教を信じ、本当に仏さまに随喜渇仰している人間が作ったのでその頃の仏像は、対《むか》えば自然に頭のさがる品と威とをそなえている。足利時代以後になると、技術の方は進んで来ても、作者に信仰が薄くなっているので、仰げば跪《ひざまず》かずにはおられないような、魂の籠った作はなくなっている。現今《いま》のはなおさらの事だ。これは、勿論日本ばかりの現象ではない。外国でも宗教の盛んだった頃に描かれた宗教画だけが、敬虔さに満ちあふれ、見る人の襟《えり》を正さしめる。

つまり、この作者の心が、魂が、その作ったものの上にはっきりと現われるのである。

これは仏像ばかりの問題ではない。人間のすることは皆そうだ。魂の籠った仕事でなければ駄目である。

まごころ

私が、青年時代に最も感激したことが一つある。

御維新の前、ペルリ来朝の直後に、堀織部正《ほりおりべのしょう》という外国係りの幕府の役人が、その時分の外務大臣である外国奉行の、安藤対馬守に建白書を送って切腹したという事実がある。その建白書を感激のあまり、私は写しとっておいた事があるが、その書き出しに、「鳥のまさに死なんとするやその声かなし、人のまさに死なんとするやその云うことやよし、外国尹《いん》堀織部正、謹《つつ》しんで外国奉行安藤対馬守に白《もう》す」とあった。私は、人の真心は、ここにあるのだ、ということをその時、深く感じた。

一身を賭して、思うところの真実を語る――こんな立派なことがあろうか。一身を賭し魂を籠めて、云ったりしたりした事は、その事の善悪にかかわらず、強く人を撃つものだ。

支那人を軽蔑するな

満洲国問題も、まずどうやら目鼻がついて来たようだが、大切なのはこれからだ。独立国として世界に乗り出させた満洲国は、あくまでも独立国として対さねばならぬ。属国あつかいにしたり、あるいは征服した国のように振舞ったりしたら、満洲国の人心を得ることは出来ぬ。満洲の人心を得なければ、満洲を、わが国の藩屏《はんぺい》たらしめることは出来ぬわけだ。

わが国が、満洲問題で起《た》ったのは、決して慾得ずくからのことではない。偏《ひとえ》に、わが国家の存立のため、自衛のためである。

一小島国日本が、三千年来の謂わゆる金甌《きんおう》無欠のこの光栄ある国家を維持してゆくにはそれに対する脅威を除かねばならぬ。そのためには、国境に安全地帯を作ることが、是非必要なので、その最小限度の必要から、満洲に兵を動かしたのである。決して、これを慾得ずく、算盤《そろばん》ずくに考えてはならぬ。そんな考えは、ますます世界の疑惑を深くする事になるであろうから、つとめて、それを捨てなければならぬ。

日本人は、日清戦争以来、支那人を軽蔑《けいべつ》する風がある。日本人が、上下ともに支那人を馬鹿にするという一般的な気風——これが間違いのもとなのだ。

かつて、私が、上海の日本人の経営しているある商館へ行った時、その商館の大事なお華客《とくい》の、支那の紳士が訪れて来た。すると、受付の日本人のボーイが、

「チャンコロが来ました」

といって取り次いだ。私は、甚だ心外であった。いやしくも華客《とくい》の紳士ではないか。それを受付のボーイが「チャンコロ」と呼ぶとは！　また主人がそう呼ばせるとは！

この日本人の軽蔑が、とりわけ所謂《いわゆる》面子を重んずる支那人にとっては、まことに耐えられぬところなので、こんなことが排日の原因にもなり、延《ひ》いて、両国間の結んで解けぬ紛争の原因にもなっているのである。

日章旗に恥じず

私が、壮年時代、わが国の海外発展のためにやったペルー銀山経営は、惨憺《さんたん》たる失敗に終ってしまった。それは、この事に関係したある一人の人の過失のためだったが、私などは、この失敗のために全く収入の道も絶え、家も屋敷も失った上に、世間の人々からひどく誹謗《ひぼう》される事になった。しかし、まだ三十六、七歳という頃だったので、仕事に対する興味も盛んで、そんな事には、めげなかった。そして、外国人相手の仕事だったので、日本人としての恥を残すまいとして、一生懸命に後始末をした。

ペルーへ連れて行った鉱夫達は、何しろ明治二十二年頃の、まだ日秘条約なども結ばれず、どこにそんな国があるかという事すらも、判然《はっきり》していなかったような秘露《ペルー》へ出かけるほどの者共だったから、いずれも命知らずの荒くれ者だった。中には、秋田あたりの鉱山で人殺しをやったようなのもまじっていた。しかし、

「外国へ来て、日の丸の旗を汚すようなことをするな」

という風に訓戒すると、ちゃんとそれを守っていた。国内にいては分らぬがちであるけれども、外国へゆくと、日本人のいいところがはっきりわかる。

死生の境

ペルーの銀山では、私は、二度も三度も、命拾いをした。アンデス山へ登る時、右も左も谷の、馬の背のような道を、馬で辿った。先頭にいたペルー側の案内の技師が、ふいに馬を止めたので、すぐ後に従っていた山口という男も馬を止めようとした。ところが腹帯が弛《ゆる》んでいたために、落馬して数間《すうけん》下の谷底へ投げ落され、山口の後にいた私も、昏《くら》い谷へ落されてしまった。右の方は千仭《せんじん》の谷だったが、落ちたのは幸い比較的傾斜のゆるやかな左の方の谷だったので、大したことも無かったが、全くどうも危いところであった。

それから深い谷の上に、崖《がけ》から崖へ架けられた細い橋を渡った時も、全く命がけであっ

た。橋といっても、八寸角ばかりの木材を、一尺おきぐらいに並べてあるだけで、その下は、幾十丈と限り知られぬ谷底だ。案内の技師は、慣れているので平気で渡って行ったけれども、私にはちょっと足が出なかった。

しかし、愚図愚図していては、日本人の面目にかかわると思ったので、眼を真っすぐにして下を見ずに、渡りおえた。ある時はまた、馬もろとも、底知れぬ泥沼に沈みかけたこともあった。

考えてみると、私は、実に、いろいろな道を通って来た。私の運命は、生れ落ちるときから尋常ではなかったといえる。

地上楽園の夢

今は、ひまがあると、都塵《とじん》を葉山の別荘にさけて、おだやかな日には、うしろの山を散歩したりして、仕事の事を考えている。毎日毎日の疲労が、その夜その夜の眠りで恢復《かいふく》するると、今日もまだ働ける、と思っている。時には、何十万年か後かは知らないけれども、いつかは必ず、人間がみな神様になって、人類全体が一つの国民になり、——つまりは、人種とか国家とかの区別などを考えないようになって、この地上が楽園となる日の来ることを、じっと想ってみることもある。

私は、神様を信じている。私の神様というのは、日本の八百万《やおよろず》の神々をはじめ、釈迦も孔子も、また耶蘇も、すべてを含んだ神様である。人間、自分より上のものがないと、どうも自惚れていけない。自惚れが出ては、人間もおしまいである。神様を忘れると、人間が破滅するばかりである。

克己

道徳というものは書物の上で知ったり、口先だけで云うだけでは何等の権威がない。これを実践躬行《きゅうこう》してこそ、始めて価値がある。古人も

「記聞の学は師人たるに足らず」

と云っている。

心の中では「ああせねばならぬ、斯々《かくかく》にすべきものだ」と思っている事でも、とかく「論語読みの論語知らず」で行われ難いのが人間の弱点である。

我々が道徳を実践して人格を完成して行くためには、常に「我慾」を制し、己に克つ精神が是非必要である。

そして、完全なる人間という事に対しての社会の見解も古《いにしえ》と今とはよほど、異なって来ている。すなわち己の身を修めて、悪事をしないという消極的の態度では完全なる人間とは認められない。すなわち進んで社会公衆のために尽す人間でなければ完全なる人間とは云われない世の中となって来た。

古の善人、すなわち悪事をしない――消極的態度の人間は従来のごとく、宗教、道徳だけでも完成されたかも知れないが、「進んで善事をなす」「人を救う」と云う積極的な行動をなす人間になるためには、道徳、宗教に加うるに、どうしても経済的に余裕が伴う事が必要となって来た。

「人はパンのみに活きるものに非ず」

の聖賢の教には、千鈞《せんきん》の貴さがあるけれども、むしろ今日においては、

「衣食足って礼節を知る」

の至言の切実なる事をひしひしと感じる。吾人は道徳に志し、宗教に精進する事の必要は、勿論認めてはいるが、この経済的立場に目覚める事がなかったならば、遂には時代の要求する完全なる人間となる事が出来ない。

道徳を実践し、躬行する上においても己を制する事が必要である。しかしながら眼前の欲望に打ち克って勤労第一、経済安定を得て社会公衆のために貢献するためには、さらにさらに克己の精神を高唱して止まない。

「山中の賊は破り易し、心中の賊は破り難し」と云った王陽明の金言は、吾人の造次顚沛《てんぱい》忘るべからざる至言である。

（昭和三年）

尽人事而後楽天

人事を尽して而《しか》して後《のち》天を楽しむ――と訓《よ》む。

世の人が私を楽天家と謂い、自分自身でも過去を考えて見るとそう思う。しかし私の謂う楽天の意味は、徒《いたず》らに頼るべからざりしを頼りとし、その内にはどうにかなるであろうとか、あるいは棚からボタ餅式に幸運が落ちて来るのを漫然待っているとかいうような意味の楽天ではない。

私は考えるに、真実の楽天的境地というものは、人事を尽した後でなければ得られるものではない。されば事に当っては、先ずその事の正しきや否やを考え、正しいとの確信を得たならば、自己の全智全霊を傾倒して最善を尽す。正しきがゆえに何物にも畏れるところがない。また自己の全智全霊を打込んで努力するがゆえに、思い残すところはさらにない。しかして後はただ天の対《あた》うるところに任せるのみである。

すなわち事成ればもとより快、成らずともなお快《かい》たるを失わない。ここに至って初めて天を楽しむことが出来ると思う。

(昭和七年七月)

楽天の弁

人が楽天家というから、自分も楽天家を以て許しているが、どうして自分をさように習性付けたかと云えば、幼少の時から、知合いのおじさんやおばさん達が（世俗にいうおじさんおばさんにて伯父叔母にあらず）この子は仕合せ者よというその言葉が、耳に這入《はい》って深く幼時の脳裡に印象されておった。それがもととなって、如何なる場合でも所謂己《おのれ》を知って分《ぶん》に安《やす》んずるという心持が徹底的に働くようになり、それが自然に自己の性《しょう》を作ったものでないかと思われる。

分に安んずるという事は、徒《いたず》らに小我に安んずる事でも無ければまたどうかなるだろうと頼るべからざるものを頼って、苟《かりそ》めに安んずる事でも無い。要するに、自分の上に降りかかったある結果（この結果は因に対する果であり、また天の数でも有り得る）を自ら意識してなお心安かなるを得る事である。しかして心安らかなるためには余計な心配をせぬようにせねばならぬ。これがためには、不断に細大となく気を付けて、常に放心を戒める事が必要である。

放心とは平静を失い、浮気、油断、粗笨《ぞんざい》である。すなわち物の緻密《ちみつ》を欠き、琢磨《たくま》を欠き、選択をおろそかにする事である。不断に自分の行為に関係する事に対して細大の注意を払い琢磨し、励精し、選択しておれば、自然とそこに自己の歩むべき一つの途を発見する。その時、自己は一切の名利我慾を脱却して、静かに良心の発動によりてその道を判断せねばならぬ。かくてこの名利我慾なき良心の指図してくれるものが、すなわち自己の信念となるのである。

およそ右のごとき不断の細大の注意の下に良心が働き、これこそ真実である、公明である、中正であるという或る信念を摑《つか》み得た時、換言すれば、自己と自己の信との一致を自覚した時ぐらい、人間に渾身《こんしん》の勇気を奮い起さしむるものは無い。この信念を摑《つか》み得た時は、何者にも恐るるものもなければ、恨《うら》むものもなく、また怒るものもない。事成るも愉快であり、成らざるもまた愉快である。

ゆえに、自分は生涯の中に、幾多の艱難《かんなん》に遭い、他からは運の尽きたごとく認められる場合もあったが、自分では落胆せず、それを乗越え乗越え、起き上り起き上りして、自ら鞭撻《べんたつ》し、奮励して来た。それで外見は如何にも楽天家で、平々坦々の道を踏んで来たように見えたであろう。しかしこの楽天は、どうかなるだろう、とよい加減の楽観から来るものでは決して無いのである。

しかしながら、今に至って過去の事を考えてみると、あの時は自分ながら過ったと気付く事柄がある。そういう事柄を静かに顧み考えてみると、その時は、どうも多少の自惚《うぬぼれ》が伴っていて、純真な良心の発動で無かった事を、つくづくと悟るのである。

私の見た不思議な夢

わしは夢を見た——。

昨年三月一日の夜であったが、身は、いつか岩屋の洞窟の前に立っていた。奥の方があかるくて、そこには、一人の御僧が端厳《たんげん》な形で、禅定《ぜんじょう》に入っている。

「はてな」

すると耳元に、あれは、蓮恵《れんえ》上人だと云うささやきがあった。

蓮恵上人さまというのは、まだ聞いたことのない名前だがと思っていると、こはいかに何処からともなく、大蛇が現われ出で、巨《おお》きな口を開いて、パクリと、この上人を吞《の》んでしまった。

大蛇はやがて、千年の秘密をたたえているような大きな池の中へ、そのままどぶりと身を沈めた。わしは、どうなることだろうと、その池の面をじっと見つめていると、やがてこの大蛇がまた頭をもちあげた。

そして、巨きな口を開くと、今度はそこから雪のように真白な雲が、す——ッと吐き出された。層々《そうそう》また層々、雲はつづいて吐き出されたが、よく見ると、その雲の中から、燃えるような真紅の法衣をまとうた御僧が現われ出た。

「あッ！」

さっき呑まれた蓮恵上人だ。

ニッコリと笑いかけて、白雲の中に御姿を没してしまった。

わしは、そこで眼がさめた。

今まで、夢は見ても、こんなにハッキリと覚えているものはない。

どうも不思議だと思うて、蓮恵上人のはなしを、他に訊《たず》ねてみるが、そんな名僧知識はおらないと言うことである。しかし、歴史上の人物でないとしても、これには、何等かの啓示があるに相違ない。どういう次第であろうかと、実は自ら工夫し、自ら省察していたが、この頃になって、ようやく諒得出来るようになった。

洞窟に端坐《たんざ》しておられた上人は、吾々人間が、修養に志している姿である。しかしじゃ、吾々がただ心を練り神を養うというてもいかん。大苦難、大難事に出会わねばいかん。大蛇は、この苦難、苦患のルツボである。これに一旦のまれて、これに鍛冶《たんや》されて、さてそれから後にほんとうの、人間が出来上る。云うて見るならば「艱難汝を玉にす《かんなんなんじ》」という諺《ことわざ》がある。それに当てはまる。わしがまたそんな風に考えていた心持が、寓話《ぐうわ》の形をとって、夢の中に現われたものであろうと、こう信じておる。

（昭和七年八月）

「心」をとり逃すな

妄念の雲に支配される

最近の世相を、いろいろの方面から見て、いろいろのことが云える。しかし、私は、どの方面に対しても、一口に云えば、まことに気の毒でもあり、また情なくもある状態だと思っている。

何が情なくもあり、また気の毒でもあるかと云えば、人間には、通常「心」とも云い、あるいは「真」とも云うが――名は何と称《よ》ぼうとも、とにかく自然に備わっているものがある――それを現今《いま》の世の人々が、取り逃がしているからである。

昔から、よく恒心ということをいうが、この人間に自然に備わっている「心」あるいは「真」なるものは、少しも増減することのない、また変化することのないものである。

人は、年を取るに従い、またその環境によって、いろいろと智慧《ちえ》がついて来る。これは、眼で見、耳で聴き、鼻で嗅《か》ぎ、口で味い、体で触れて、すなわち五官によって認識するのであるが、その認識したものを支配する「心」あるいは「真」が、天から授けられているのである。

この「心」を、現今《いま》の人々が取り逃がしているために、五官の認識が、めいめいの体や意識を支配するようになっている。そして、五官を通じての認識のみがはたらくのは、妄念であって、信念ではないのである。

私はよく、都会の塵《ちり》をのがれて、葉山の別荘へゆくが、そこでは、真正面に、富士の山を望むことが出来る。が、しかし、富士は、いつでも同じということがない。

雲が一面に垂れ籠めたり、あるいは雨がふったり雪がふったりする時には、富士は見えない。また見えている時でも、雲の動きによって、その姿は、始終かわって見える。

しかしながら、一旦雲がすっかり霽《は》れわたり、空が澄みわたってみると、それまで雲の変化によって、いろいろの形をしていたものは、すべてなくなり、本来の富士の八面玲瓏《れいろう》たる姿が、現われて来る。

人間の「心」と云い、あるいは「真」というも、つまりは、この富士のようなものである。それを取り逃がし、五官のはたらきのみによって意識するのは、あたかも富士と自分との間を遮る雲によって、富士の真の姿を、見逃しているのと同じである。

私は、世の人々が、この妄念の雲によって支配されていると考えるので、気の毒にも感じ、情なくも思うのである。人は「心」を取り逃がしてはならない。

この世の中を楽土とするには

この世を、楽土にしようと思うならば、人々は妄念の雲を、除《と》り払いさえすればよい。とは云え、人間は、何と云っても、その五官をもって感ずる意識によって、誤られるものである。それはまた、生活が苦しくなるにつれて、ますます甚だしくもなるものである。生活の楽な世では、あたかも、本当の「心」を知り、迷妄の境を、さまよわなくなったように見えて、外から見たところは、いかにも朗かそうである。そして、宗教や道徳がかえりみられ、修養を怠らぬ人が、段々に殖えて行くのである。

しかし、一たび生活が困難になると、先ず第一に、修養をしていない人間が、忽ち弱くなって、妄念によって動くようになる。すなわち、慾の奴隷となり、慾に使われるようになり、それが次第に、社会全般に及んでゆくのである。

一体、人間というものは、生れつき天から賜わっているところの「真」からはなれず、それによって支配されていれば、例え己れは苦しくとも、まちがった道は歩かないものである。にも拘らず、まことに悲しくもあり、歎かわしくもある世相が生ずるというのは、人間、食物なしでは、生きてゆけぬからである。

いわゆる霞《かすみ》を吸って生きてゆけるような、悟りきっている人もあるかも知れない。しかし大多数の人間は、そんな真似は、もちろんできない。働けば食ってゆけるというようになるまでは、誰も皆安心しないのである。とにかく、世にある間は、働きさえすれば生活が出来、病気になったら、医薬の治療も受けられ、死んだら葬式もして貰える、という程度になれば、人間は、悪いことをする筈がない。

それが出来なくなるから「真」を取り逃がして、妄念のままに動くようになるのである。先ず、生活の道を得ること、これがやはり、この世を楽土にする第一条件でなければならぬ。

（昭和八年八月）

第三

金解禁を断行した浜口内閣閣僚。左より、財部彪海相、宇垣一成陸相、１人おいて幣原喜重郎外相、犬養毅、１人おいて高橋是清、浜口雄幸首相、若槻礼次郎、江木翼鉄道相。昭和４（1929）年撮影（上塚家所蔵資料／国士舘史資料室）

牛車と翼

この頃ある外字新聞を読んでいたら、興味ある一記事を見出した。その大体を云えばこうである。ある日その新聞の一記者が某ホテルに知人を訪ねて、そこの応接室に這入《はい》って行った。ところがそこにはすでに二人の先客があって、何事か頻《しき》りに議論を闘わしておる。聞くともなしに、その言うところに耳を傾けると、なかなかに含蓄のある面白い議論だ。

甲の人は、世の中はかくあらねばならぬと、途方もなき理想論に徹底して議論をしておる。これに反し、乙の人は世の中をありのままに透視して、所謂《いわゆる》現実の上から議論をしておる。甲の議論は急進主義（社会主義）で乙の議論は漸進主義である。甲の態度は勇《いさみ》の人らしく、乙はむしろ昔の人らしく見える。傍《そば》で聞いておると、甲の議論は如何にも元気よく堂々としているが、乙の議論は、習慣や経済の事実に基くものであるから、甲の理論のように精彩は無い。

さて、この二人は、熱心に議論を闘わしていたが、遂に乙が、

「君の議論（社会主義）は未だ発明せられていないのだ」

と言い出した。すると甲が、

「それは一体どういう意味か」

と反問した。乙が答えて曰うには、

「交通機関の発達していない大昔、旅をするには自分で歩くか、せいぜい牛車に乗って行くくらいであった。されば、旅する人は、心急がるる時や旅行の難儀など、空飛ぶ鳥を眺めては、アアあのように翼があって、そして自由に飛べたらなあ、と嘆息したに相違ない。今日絵や彫刻にある天女とか、神人、天馬のようなものは、これ等の徒歩や牛車に乗った旅人などの胸に画かれた理想の一片鱗《へんりん》とも云い得よう。しかるに、今日では嘗《かつ》て人々の胸に画かれてただの理想に過ぎなかった、空を飛ぶ飛行機が、現実のものとして用いられるようになった。理想はいつの時にか実現するであろう。しかしながら、人間がその考えを起してから実現までには、その間に幾百年幾千年の歳月が経過しておるのだ」

と。そこで甲が、

「それが俺の社会主義と何の関係があるか」

と嘴《くちばし》を入れた。すると乙が曰うには、

「君の謂《い》う社会主義は、この飛行機の場合に譬《たと》うれば、未だ牛車の中におって、ああ翼が欲しいと望んでおる時代の程度で、未だ実現の方法すなわち空飛ぶ機械は発明されていないのだ。人間の考えは自由である。しかし考えたことがすぐ実行出来ると思うのは、ちょうど飛行機の完成を俟《ま》たずに、空を飛ばんとするのと同一である」と、甲乙両者の議論は、なかなかに尽きそうにもなかった——と述べてあった。

これは、某記者の創作した一つの寓話に過ぎなかったかも知れない。しかしながら、所謂急進主義者を諷《ふう》し得て極めて妙であって自ら微苦笑を禁じ得ない。それにつけてもここに面白い話がある。

夢を追うもの

欧州大戦中、米国で軍費調達のため所謂自由公債すなわち文明の自由を保護するための戦争に要する公債なるものを発行した事があった。この発行に当って政府は普通の場合のごとく、国内の銀行団に引受けしむる事なく、直接一般国民に向って売出した。ところがその結果は非常な好成績で、忽《たちま》ちの内に全部を売り尽してしまった。

どうしてかような好成績を挙げる事が出来たかと云えば、それは自由公債の主旨が、最も徹底的に国民の間に宣伝せられたからである。すなわち同公債の発行と共に政府は自ら陣頭に立って、これが宣伝に努めたのみならず、実業家は実業家で、経験、力量、財産の三拍子揃《そろ》った人々が先達となって盛んにこれを紹介し、宗教家は教会において、教育家は学校において、政治家は政談演説において、各全力を挙げて勧誘したので、遂には自由公債を持たねば肩身が狭いようになってしまった。つまりこの準備、この努力が、自由公債の発行に当り、大なる成功をもたらしたものという事が出来る。

これに反し、何の準備なしに実行した結果大いに失敗したのは禁酒令である。およそ一国が法律を制定する以上は、これを徹底的に実行せしめなければ法律の威信も、国家の権威も無くなつてしまう。

初め米国において禁酒令の論議せらるるや、禁酒という事は良い事であると、坊さんも婦人も大いに賛成し、いよいよ禁酒令が成立した。しかるに発令後の状況を聞くに、なかなかその実行は出来ていない。海からも陸からも、各方面から盛んに密輸入が行われ、ほとんど収拾が付かず、政府はこれを防ぐため、俄《にわか》に吏員を増すやら、沢山の警備船を使用するに至れる等のため、幾千万という莫大《ばくだい》な費用を使っておる。それでもなお取締の役人共を買収して、大規模の密輸入を図っておる者もあるという事である。

これは、事柄がよいからと云って、未だ十分の用意が出来ていないのに、すぐに実行したからである。総《すべ》ての政策は単に夢想だけではいかぬ。それを行うについて、十分の準備が出来た上でなければ実行すべきでない。夢を追う事と実務とを混同する時は、国家社会に大なる害毒を流す事となる。

（昭和四年九月）

政党政治は行き詰ったかと問われたに対し

政党政治は行き詰ったというものもあるが、それは、中央及び地方の政治上の堕落して来た有様に呆《あき》れて、如何にも政党員と称する人々の中《うち》責任観念の乏しいことからして、最早政党政治が行き詰ったと速断するのであろう。やはり永い眼で見れば今日のところ政党政治の外に求めることは出来まい。

もとより世界各国の政治を見ても、これまでのところ政党政治は平凡な政治で最善の政治を求めることは出来ないが、また最悪の政治も出来ない。今の政党政治がよしたいからと言って、俄《にわか》に責任制を捨てて、超然内閣風の政治をやればよかろうなどと考えるのは時代錯誤ではないか。

近頃、中間内閣がどうの、挙国一致内閣がどうのという話もきくが、さて成立したところで果して政治の運用が滞《とどこお》りなく出来るかどうか、頗《すこぶ》る疑問である。勿論《もちろん》、非常の場合には非常のことはある。例えば外国との戦争の場合のごときこれである。要は今日の制度を生かすにある。今日見るがごとき弊害を生じたのは、要するに国民の政治的自覚が足りないからだ。

イタリー風の独裁政治を、日本にも実現したらばという風に考える人もあるそうだが、しかし政治は必ずしも外形の問題ではない、人物の問題である。政治家が真に国家の大責任を背負って立ち、犠牲的大努力を敢てするようになれば、日本の政治界だって必ずしも生気を取かえさぬでもあるまい。真に責任ある政党政治もこれから次ぎ次ぎに現れてくるであろう。

（昭和三年十一月）

我が国体と民本主義

米国大統領ウィルソン氏が米国が戦争に参加した時に、戦争の目的を声明して、世界の政治は民本主義でなければならぬと云うことを唱え、その後露国の革命などあって、それらのために我が国の一部の人の間には、国民の思想上に容易ならざる影響を及ぼすこととして心配し、識者の間にもまた政府においても余程この国民の思想の変化と云うことについては、将来に懸念を懐いて来たように思われる。民本主義と云うと一般に共和政治を意味するように考える者があるが、これは大なる誤りにて、今日ウィルソン氏の唱えるところも決して共和政治にあらざれば民本主義を行えぬと云うような理窟《りくつ》を考えてはいない。

アメリカの共和国に発達したる政治経済の建設規格を悉《ことごと》くそのまま世界に実現せねばならぬと云う主張では決してないのである。ただいずれの国でも国民として独立しておる以上、国の大小強弱を問わず、一様に独立権と云うものを他国はこれを尊重しなければならぬのである。

またその国の政体の帝制であろうが、王制であろうが、共和制であろうが、その政治は民意によって行われる政治でなければならぬ。しかして政府は道義を基礎として国を治めなければならぬ。もし政体の如何《いかん》を問わず、政治が民意によって行われず、ただ少数の政権を取っておる人の意の儘《まま》に政治する国は、動《やや》もするとその国民の意志に反して己れの慾望を逞《たくましゅ》うせんがために、詰《つま》り道義を棄てて武力を基礎とし、小国を併呑《へいどん》するとか、弱国を併呑すると云うような野心を起して人生の惨禍を来《きた》し、詰りドイツのごときものになる。もしも民意によってドイツの国民は決して殺戮《さつりく》を好むわけでもないからして、かような戦争もなかったのであろうが、僅《わず》かな政権を握っておる人達の野心を行うのに便利な政治の仕方であったから、道義を基礎とせずして偏《ひとえ》に武力を基礎として、今日の文明を破壊するような大戦を起すに至ったのではあるまいか。

根本は、いずれの国でも民意によって政治の行われる国なれば、尊重すると云う意味である。必ずしもその国の万般の形式に重きを置くわけではない。

しかるに、我が国は三千年来民意を本意として皇道と云うものが行われておったのである。今日アメリカを始めその他の国の国士なり、政治家なり、世界の平和と云うことを確保するために唱導する、民本本位と云うものは、我が国においては三千年来すでに行い来つたところのものであって、決して新たなることではないのである。

我が国の皇道《こうどう》と云うものを国体の根源から研究して見たならば、畏《かしこ》くも天子におかせられては、常に民の心を以て御自分の心とせられ、民の苦楽を以て、御自分の苦楽御同様に思召さるるのであって、民の本とするの政治であるのである。

すなわちこれが今日言う真の民本主義の政治である。ゆえに国民はこの国体に基いた思想を涵養《かんよう》して行くなれば、決して危険思想なんと云うことは起るべき筈のものでない。しかるに、我が国民中にはこれを閑却してしまって、総て西洋の事は新で、かつ我が国の学ぶべきお手本であると心得、何事にあれ、外国の事を採用すると云う念慮が強いものだから、従って社会政策とか云うような、新しい言葉が現われて来るのである。

国体の違う外国の流行に因《とら》われて、やや周章狼狽《ろうばい》すると云うような気分があるが、為政者・識者においては、この点は大いに鑑《かんが》みなければならないことであると思う。何も国体の違う西洋において唱えらるるところの言葉や、政策をただちに我が国に翻訳して採用するの必要はないのである。

我が国は、世界無比と云う三千年来伝わって来たこの国体を基礎とし、人智の進歩に応じて我が国は我が国で特殊の政策を立てて行かねばならぬ、全然土台の違う外国のことをそのまま翻訳的に用いると云うことはよろしくないと思う。

（大正七年二月）

時局と酒と煙草

近来、世間の人々の金銭の使い方が荒くなったために物価が騰貴《とうき》する。それゆえに、この人達の懐に在る金を使わせないようになんらかの方法によってこれを吸収し、そうして通貨の膨脹を防がなければならぬと云うような説をなす者があるように聞く。が世の中の事は兎角《とかく》矛盾が多いので、一般社会の金廻りがよいと云う時において、彼等が第一にその金を多く費すのは酒と煙草である。近来紙巻煙草のごとくなったこと及び酒の値段が高いと云うのは、詰り一般社会の人達の金使いが多くなったと云う影響であると認めることが出来るだろうと思う。

しかるに一方においては、酒も煙草も政府歳入の主たる位地を占めておるものであるから、大蔵省としてはなるべく酒造税の増加することを欲し、また煙草専売の多く上ることを希望して止まぬ。ゆえに大蔵省には醸造試験所があって酒の造り方の改良を奨励し、また煙草専売局の方でも、いろいろと需用者の嗜好《しこう》に適するように絶えず工夫して、少しでも多く売りかつ利益を挙げんことに努力しておる。これがすなわち世の中の矛盾と云うことである。何故かと云うと前にも云うたごとく、一般社会の人は、金が這入れば先ず第一に酒と煙草のために費やす者が多い。しかるにこの酒と煙草より生ずる収入を、政府は財政の上において大いに頼みとしておる、しかして一方においてはそれを買わないことを希望すると云うことは矛盾することになるのである。

それと同時に、政府及び民間でも唱えるごとく、将来、職工及び労働者の健康及びその仕事に対する能率を進めんとすれば、勢い酒を飲むことと、煙草を喫《の》むことを奨励せずに、却ってこれを抑えて行く政策を執ることが必要である。教育上、その他の手段を尽してこれを抑えて行く政策を執ることが必要である。これらはすでにアメリカのある州においても行われておるが、日本においてもあるいは教育上、あるいは道徳上の知識の進んだ時においては、地方地方において禁酒令とか、禁煙令とか云うような令の成立が多くなって、酒を飲み、煙草を喫《の》む者が段々少なくなるようなことが将来ないとも期し難い。

もしそうなれば、国民の保健上には結構な話であるが、諸国の歳入すなわち財源と云う側から云うと、収入が減少することになるのであるから、この酒造税や、煙草専売局の利益を以て、永く歳入の主なるものとして頼むことは出来ないものではあるまいか。この意味を以て今日からそれぞれ研究し、健全にして確実なる財源を調べて、これに代るべきものを作って行かなければならぬ。

現に今日果して論者の云うがごとく、下の社会層の懐金《ふところきん》の使い方が荒いと云うならば、先ず第一は一番無益に使う酒と煙草の費用より抑えて行かねばならぬ、またこれを抑えるにはどうすればよいかといえば、酒の税を高くして酒を容易に飲めないようにするとか、また煙草の定価を高くして行って、容易に喫《す》えないようにして行くと云うような政策を用いなければなるまい。そうすると、政府歳入に減少を来たす、この点はよほど研究を要する問題であるから、この事については今日より充分研究して行かなければならぬことであると思う。

（大正六年九月）

事業と人物について

大正九年三月の恐慌と称せらるるものは欧州大戦の反動であって、これは決して我が国のみに止《とど》まるものでない。全世界の現象である。およそ大戦中は第一には軍需品、次いで日常生活品がその質を問わず、価格に頓着なく、ひたすら量を目的として購買されたから、これを目標として事業も起れば、また大いに儲《もう》かりもした。しかしかくのごときはもとより永遠の基礎を持った堅実な事業ではなかった。

しかるに戦前、欧州の有力な経済学者が大戦を不可能と考えまた万一戦争が勃発《ぼっぱつ》しても、三ケ月乃至《ないし》六ケ月以上の継続不可能を唱えたに拘らず、四年の久しきにわたったので世人はこの状態に馴《な》れてしまった。

そこで一度休戦となった時、戦争はまだまだ続くだろうとの見込みを以て、戦時を目標に事業を経営しておる者も多かったのである。

それがヴェルサイユの媾和《こうわ》会議でいよいよ平和が恢復《かいふく》し、軍需品の需要はバッタリと止んだ。その後仏国、ロシアその他の救済事業のため多少の物資は要ったが、戦争中のような好景気はどこにも見られなくなった。

全世界は戦前同様、良品と廉価を要求した。ここにおいて我が国のごとく粗製濫造《そせいらんぞう》で利益を得、なんら堅実な基礎の上に事業を築かなかったものが、忽《たちま》ち打撃を受けたのは当然である。しかしてこの反動の及ぶところは全世界である。独り我が国のみのごとくいう人あらばそれは誤りである。

関東大震災の打撃はそれは我が国のみの事であった。その打撃は頗《すこぶ》る大きかったに相違ないが、外国では原因はこれと異っても、それくらいの打撃を地方的に蒙《こうむ》った例は少なくない。独り我が国がこれくらいの打撃に堪えられぬと云うわけはない。ただ当時の善後策は今から顧みれば、市民の負担力に不相応な復興計画であった憾《うら》みはある。それがため今日の苦痛が比較的大きいのであろうと思う。

また一昨年の金融恐慌はどうかと云うと、これは決して、突然にやって来たものではない。元来我が国の金融業には欠陥がある。それが根本的に改善されぬ限り、どうしても、一度は来なければならぬように運命づけられていたものだと云えよう。すなわち我が国では未だ預金者である国民も、金を預る銀行業者も、自己の利益のみに急で真に堅実な投資に目覚めていないのである。金融業は主として資本を取扱う一種の公共的機関である。資本とは国富すなわち一国の生産力増加のため使用される金である、しかるに我が国の金融業者は正当の資本の用途に重きを置かず、専ら担保や金利の事ばかり考える風がある。これでは堅実な国家の生産力を伸張させるよりは、却って投機思惑の風潮を助長するものである。

この弊が積り積っていつかは、破綻《はたん》を来《きた》さねばならぬ状態に押し詰っていた。単に一人や二人のなせる業ではない、恐らくあの大火事と製品の煙は、冬の議会中からすでに見える人には見えていたのであるまいか。それをひたすら押しかくそうとしたが、遂にあんなことになってしまったのである。それはちょうど消防の備えの不充分な火事のようなものであった。消防の設備が日頃から充分であったら、大事には立ち至らなかったろうが、もともと我が国の金融業に大きな欠陥があったから、ああ云うことになったのであると思う。

幸い大騒ぎも漸次鎮静したが、その根本的原因は充分除去されてはいない。人間は苦労しなければ気が附かない、欧州各国はそれぞれ事情は違っても我が国以上の苦痛を嘗《な》めておる。その苦痛がより大なるだけ覚醒するところも、より速かであるように見える。我が国ではまだ覚醒が充分とは云われぬ。数度の経済界の打撃により嘗めさせられた苦痛によって、我が国民にさらに目醒めるところがあってよいと思う。

それでも戦前に比すれば我が経済力は著しく増大している。それは主として中小の農工商の勤勉努力の賜《たまもの》である。しかし欧米各国の経済力はさらに一段の発展を遂げているのを見れば、我が国では今後の農工商が中小以下の者と手を携えて、共存共栄の道に精進することが何よりも肝要であると云わねばならぬ。

（昭和四年三月）

経済難局に処するの道

ここ数年間世界各国は未曽有《みぞう》の経済的大不況に襲われ、一歩誤れば経済組織の根本から覆《くつがえ》されるほどの難局に逢着《ほうちゃく》したのである。各国共この経済不況打開についてはあらゆる手段を講じ努力を払って来たため幸いに、最近一年ぐらいに至ってやや安定しかけて来たように見受けられるが、なお根本的建直りまでには前途幾多の難関が横たわりその打開の容易ならざるを思わしむるのである。かくのごとく、今回の世界経済界の大不況は深刻なものであったが、我が国もその例に洩《も》れず非常なる難局に遭遇したのである。幸いにして我が国は朝野の努力によって各国に比し早くこの難局から脱出して経済再建の途に上り得たのは邦家のため誠に慶賀に堪えぬところである。

周知のごとく我が国が各国に比し早く経済難局から脱出し得たのは、輸出貿易の躍進と、通貨の適正なる供給ということに負うところが多い。すなわち我が輸出貿易の活況は昭和六年十二月の金輸出再禁止以後のことに属するが、金輸出再禁止政策が目ざすところは右のごとく一は輸出貿易の進展に機会を与えること、同時に二は国内に適正量の通貨を供給し生産と消費との間の失われた均衡を恢復《かいふく》せしめ以て両者の連絡、調節を円滑ならしめんとすることにあった。

すなわち今回の経済不況は人類の生活に必要なる物資の欠乏に基くものでないことは明かであって、むしろ供給過剰のため物価が暴落し生産設備は大部分休止するというところにあった。換言すれば生産と消費との間に均衡を失したところにその原因があったのである。ゆえにその対策としては両者の均衡を得せしむることで、これは適正量の通貨供給に俟《ま》つ外はなかったのである。金輸出再禁止は当時の為替事情から当然執るべき政策であったが一面右のごとき国内政策を執る上にも是非決行せざるを得なかったのである。金輸出再禁止以後の我が国の財政経済状態に触れることは、善悪ともに私の執り来った政策を語ることになるので、あまり好ましくないが、とにかくここに一言しよう。

金輸出再禁止以来の国内的経済工作は如何にして支障なく適正量の通貨供給を行うかということに力を注いで来たのである。これには種々の工作が必要であったが、先ず低金利政策をとることがその基礎的工作であったのである。これは産業振興の見地から当然とるべき処置であったが、すでに金の輸出を禁止し、国内正貨保有量を遥かに超えて多量の通貨を供給せんとする方策を樹てた以上、我が対外為替の下落は当然のことであった。従って資本の海外逃避の風が見え、さらに低金利を徹底せしめんとすれば資本逃避の傾向がますます助長されるのは経済法則上免れ難いところであった。そこで先ずその防止方法として資本逃避防止法や為替管理法を制定し、十分この方面の工作を行い、しかる後低金利政策を進めることにしたのである。

その第一歩が昭和七年十月の郵便貯金の利下げであった。すなわち当時郵便貯金の利子は年四分二厘であったがこれを一挙三分に引下げた。しかしそれだけでは未だ不充分であったのでさらに預金部資金の利子を引下げ、以て一般金利低下の趨勢《すうせい》を促進せしめたのである。幸いに政府のこの積極的低金利政策に対しては、日本銀行はじめ民間銀行も政府の意のあるところを諒解《りょうかい》し、協力してこれを助け、今日の低金利時代を馴致《じゅんち》し得たのである。

もとより今回のごとき深刻なる経済恐慌に対しては、その根柢《こんてい》が深いだけ、単なる低金利政策のみがその唯一なる不況対策ではあり得ないのである。欧州大戦以前の経済現象では多く金利の高低によって経済界の不況は支配されたが、現在のごとき複雑にして、しかも通商の自由が失われた時代は、その経済的病根を除去せんとするには、幾多の手段を必要とするのである。しかしなお低金利政策は不況対策症法としては最も有効なる手段である。

すなわちこれによって事業経営者の負担を減じ、やがては経済界を恢復に導く原因となるが、さらにこの純経済的役割以外に、社会的に重大なる意義を有するものと信じている。すなわち資本が、経済発達の上に必要欠くべからざることはいうまでもないことであるが、この資本も労力と相俟って初めてその力を発揮するもので、生産界に必要なる順位からいえば、むしろ労力が第一で、資本は第二位にあるべきはずのものである。ゆえに、労力に対する報酬は、資本に対する分配額よりも有利の地位に置いてしかるべきものだと確信している。すなわち「人の働きの値打」をあげることが経済政策の根本主義だと思っている。またこれを経済法則に照して見ると、物の値打だとか、資本の値打のみを上げて「人の働きの値打」をそのままに置いては、購買力は減退し不景気を誘発する結果にもなる。

今度の世界不況の原因も、多分に、そういうところから発足していることは否み難いのである。また直接産業に従事している人々の報酬と、過去における蓄積に対する報酬とは、同様に見ることは出来ない。すなわち直接生産に従事する人々の報酬を厚くすることは、人の労務を重しとするゆえんであって、坐して衣食するより働くに如かずという観念を、社会人心に扶植することが肝要で、この社会通念が濃厚になって初めて労資の協調が達成せらるるものである。

この風潮を促進せしむるためにとるべき経済政策こそ低金利政策である。ゆえに私は低金利政策の遂行は、ひとり事業経営者の負担を軽減して、不況時に際し経済界を恢復に導く方策のみならず、実に労資の円満なる和合を促進せしむるものと信じている。この意味からも、なお低利政策を進めたいと思っている。しかしこれは経済界の実情、金融界の事情等を検討して、実際に適応するように遂行すべきことが主で為政者はこの点に常に留意すべきことはいうまでもない。

我が国の最近の輸出貿易は誠に目覚ましき躍進を示し、このため我が国が各国に比し、早く世界的不況から脱出し得た大きな原因となっていることは前回に述べた。国際的に通商の自由が失われ、欧米諸国の貿易が連年縮小の一路を辿《たど》っている際、我が商品のみが独り目覚ましき躍進を示していることに対しては、諸外国中には、その競争に耐えかねて種々の防止策を講じ、不当なる圧迫手段をさえ加えんとするものも決して少くない。これは我が国の経済的実力に対する誤解から発足するもので、近年の我が輸出貿易の異常なる発展が、単に為替安や労銀安のみに基くものでないことは、少しく我が経済界の実情を検討すればすぐに諒解し得るところである。

我が国が世界平和を希望し、これが維持のため、多年各国と協力して多大の貢献をなし来ったことは、ここに多言を要しない。また世界通商においては、平和的に経済的発展を期し、常に人類福祉の増進を念願としておることは、過去数十年来の歴史が雄弁に立証しているところである。

しかるにも拘らず良質廉価なる我が輸出品に対し、正当なる評価を下そうとせず、ただちに我が国民生活の程度が極めて低く、労銀が甚しく低廉であるということに原因を帰して、他に重大なる理由のあることを見ようとしないのは、誠に、不当なる見解といわねばならぬ。他の理由とは、すなわち、我が国民が世界に比類なく勤勉なことである。いくら為替安であろうが廉価であろうが、輸出品が劣悪であれば、今日のごとき邦品の海外進出は到底望まれるものではない。刻苦精励、工夫を凝らし生産設備を改善し、研究に研究を重ねて今日の結果を招来したのであって、このたゆまざる永き努力の上に、徐々に躍進の素地が築かれて来たのである。

最近に至って諸外国人中にも、我が国民の真価を知り、経済力に対し正当なる認識を持つようになったことは、当然とはいえ誠に喜ばしいことである。

しかし翻って世界各国の経済状態を見るに、失われた通商の自由は容易に恢復《かいふく》されそうにもない。否各国は各自国の経済を守るため、自給自足政策によって国をたてて行こうとしている。外国品が良質廉価であるからといって、無暗《むやみ》に輸入してはその国は購買力以上に金を費すことになる。これが続けば、その国は失業者も殖え、国家衰亡の原因となるのである。そこで高率関税政策をとるとか、割当制度をとって、外国品を排斥することになるのである。各国の政治家は決してこれを喜んでやっているのではあるまいが、かような手段をとらなければ自国が立ち行かなくなるから、やむを得ずそういう自衛手段をとるのである。こうして世界各国は相互に他国品を排斥し合う結果、ここにブロック的経済封鎖主義が経済政策の基礎をなすようになって来たのである。今日は正にその時代で、人類の福祉増進の上からも、世界平和の上からも、これは誠に遺憾なる現象といわねばならぬが、この事実はどうすることも出来ない。

ゆえに我が国としても今日輸出貿易が盛んだからといって、決して楽観は許されぬ。またこれに過重に依頼して、経済政策の基調をここにのみ置くわけには行かぬのである。もとより各国と協力して現状打破に努むべきであるが、同時に、いつでもこの国際的変調時代に備うるだけの準備を怠ってはならぬ。すなわち現在のように世界的に経済封鎖政策がとられる場合においては、一国の経済を立ち行かしめ、さらにその繁栄策を図ろうとすれば、何よりも国内の購買力を涵養《かんよう》して行くことが肝要である。この点については、私は機会ある毎《ごと》に私見を述べているが、どうしても農村振興策をとり、農村の購買力の増進を計らねばならぬと信じている。

すなわち、我が国は英国などと違い、農村人には全人口の半数を占めているので、農家経済の消長が国民経済に及ぼす影響は極めて大である。かくのごとき事情にあるので、農村経済の行き詰りは所詮《しょせん》我が国民経済の行き詰りとなるのである。ところが不幸にして近年農村経済は、一時経済界大不況の影響と農村経済の特殊事情とによって非常に窮迫し、特に昨年は春繭暴落と各地災害の頻発によって、非常な大打撃を受けたのである。これがため、政府は臨時議会を開会してその救済策を講じ、農村経済復興の一助たらしめたのである。

また先年斎藤内閣時代に着手した時局匡救《きょうきゅう》事業も、米価の公定価格制定もこの趣旨に外ならなかったのである。

もとより現時の経済的非常難局に処して行くにはこれだけで足るものではない。日満両国が緊張なる経済協調を保ち、さらに時代に適応するように、各般にわたる病根を検討して根本的な経済建設策を考究して行くことが刻下の急務なるはいうまでもない。

しかしつらつら世界の現状を見るに、各国が現在のごとき封鎖主義的な経済政策に没頭し、国際的に通商自由が失われていては、結局は各国とも経済的繁栄を招来することは困難であって、いつまでもその桎梏《しっこく》のなかに苦しまざるを得ないのである。世界経済不況の原因は種々あろうが、その根源をただせば、欧州大戦当時に生じた戦債問題に帰するところが極めて多い。

すなわち欧州各国は米国に対する戦債支払いのため巨額の資金を支払わねばならぬが、その支払方法としては、物資によるのがもっとも合理的でかつ容易な手段であった。しかるに米国は戦後国内対策のため各国に率先して高率関税を設け、物資の輸入を阻止したので、欧州各国は、ドイツより受取る賠償金によって辛うじて支払い続けて来たのである。しかるにかくのごときことは永続し得るものでなく、遂に今日では戦債は不払い状態となり、債権国たる米国も、債務国たる欧州各国もこれに悩んでいる。この間に欧州各国の国際関係は複雑化し、自給自足主義の高調となり、関税戦となって金の争奪が行われ、この金の偏在はさらに経済封鎖主義を助長して、世界は挙げて深刻なる不況の深淵に陥ったのである。実に戦債問題は世界経済の癌といっても過言ではない。

現に現下の世界不況を打開し、各国間の排外的経済政策を是正するには、どうしても、世界経済の指導的地位を占むる米国が自発的に戦債問題の合理的解決に乗出して、初めてその暁光を望み得るのである。このことは米国現政府当局もすでに気づき、〔コーデル・〕ハル国務長官のごときは、自由通商の昔に還《かえ》さざれば、世界もまた米国も経済的苦境から解放され得ないという意見を持っているようである。実に戦債問題の解決は、国際貿易を円満に発達せしめ、関税の障壁を正当に調節し、国際為替相場を安定せしめ、以て世界平和を招来せしむるための先決問題であって、一日も早く関係各国はこれが実現に協調的態度に出ずべきである。

しかして我が国は苟《いやし》くも国際経済の難局打開のためにする企てに対しては、衷心よりこれが達成に協力する用意を有するものである。

世界経済不況の根本的打開策は、今も述べたように国際的通商の一大障碍《しょうがい》をなす戦債問題を合理的に解決することにあるが、これは容易な業でなく、一朝一夕《いっちょういっせき》にその実現を期するはもとより困難である。ゆえに各国は眼前の急に追われ、所謂非常時的な種々な財政経済政策がとられているのである。

しかし、どんな政策にせよ経済政策というものは、今日やったことがその効果が明日に現れるものではない。ところが一般の国民はただちに効力が現れねば承知しない。米国の現大統領ルーズヴェルト君は、一昨年三月大統領就任以来非常な勇気と決断を以て経済難局の克服に当っているが、その病根が深いだけ、あれほど大掛りの政策もまだその効果が挙がっているとはいえない。

これに対してはすでに早くより非難の声があるが、前にもいうように、経済的の施設は一朝一夕にその効果を望めるものではない。少くとも二年ぐらい経たなくては真の効果は挙げ得ないのである。私のやったことをいうのは可笑《おか》しいようだが、昭和六年暮の金輸出再禁止以来とって来た政策の効果というものが現れて来たのはようやく昭和八年の下半期頃からであった。しかし国際的にも国内的にもこういうむずかしい時世では個々の問題について目安は定めて置いても、一定不変の政策を押し進めて行くことの出来ない場合が起り得るのである。

例えば去る臨時議会で喧《やかま》しく論じられた赤字公債漸減方針、公債消化力問題、増税問題等にしても私としてはこういう風にやって行かねばいかぬという方針はもっているが、これを具体的に現す場合には身動きもならぬように、一概にこうと定《き》めるわけには行かない。これらについては議会でもしばしば言明したことであるがここにさらに再言してその真意を伝えて置きたいと思う。

赤字公債の発行額を少くし財政の基礎を鞏固《きょうこ》ならしむることは誰しも望むところで、誰人《どなた》が大蔵大臣になってもこれを念願としないものはあるまい。ただこういう時世であるのでいつどんなことが起らぬとも限らぬので、漸減計画を樹ててもその通りやれるかやれぬかは分らない。すなわち予算編成に当っては、勿論《もちろん》公債発行を減少せしむるよう努力しなければならぬが、しかしそれ以上国家に必要なる政策を遂行するため歳出が増加するという場合は、単に財政的見地のみに立籠っているわけには行かないのである。今のごとき時世にあって、将来に対しハッキリした見透しをつけることはなかなか困難で、従って遺憾ながら確固たる財政計画も樹て得ないのである。

公債の消化力如何は我が国の財政経済に非常に関係を持つものである。公債漸減が必要なこともここから来るのであって、もし消化力が非常に減退したとすれば、悪性インフレを誘致して、国民経済上誠に由々しき問題と言わねばならぬ。現在の公債発行政策は政府の発行したものを一応日銀に全部引受けしめ、日銀はその買入希望者に売るようにしているのである。その政策は私が始めたことで、実に責任の重いことと考えている。それで日銀を通じて行っている公債の売買については、慎重に調査し買入申込者に対してはよく調べて、正しい道において公債を持つというものでなければ売らないことにしている。そのくらい堅実にやっているのである。今後その消化力の限度がどの程度あるか、数字を以て明確に示すことは出来ぬが、国民の貯蓄も増えているのでまだ相当余力があると思う。こういう状態であるので、悪性インフレが近き将来に起るなどとは考えられぬ。また現在の物価内容から見ても、通貨が相当出ても悪性インフレは起らないと信じている。

なお右の諸問題の外、さらに重要なる問題としては、国防と財政とを如何にして調和せしめるかという大問題がある。これを国策として決定せぬ以上、財政計画も赤字政策も樹ち得ないのである。一昨年秋の斎藤内閣時代における関係五相会議はそれが目的であった。今後もそれらについては十分考えて行かなくてはならぬと思う。これが決まれば自然国防費の問題も解決し得らるるのである。

要するに現代は各方面にわたり、誠に多難な時代で、これが打開には堅き決心を持って当らなければならぬのである。経済界にのみ限って見るならば、我が国は幸いにして経済的再建の途にあるが、未だ不況克服に数歩を進めたに過ぎず、前途なお幾多の難関が横わり、真の経済建設は今後のことに属している。しかも、国際経済は混沌《こんとん》たる状態にあるゆえに、この難局に当っては真に大国民たる襟度を持し、事に当って狼狽せず、協心戮力《りくりょく》我が国の経済発達に力を尽すと共に、世界経済の恢復に貢献するところがなければならぬと信ずるものである。

（昭和十年一月）

緊縮政策と金解禁

所謂緊縮政策について

緊縮という問題を論ずるに当っては、先ず国の経済と個人経済との区別を明かにせねばならぬ。

例えばここに一年五万円の生活をする余力のある人が、倹約して三万円を以て生活し、あと二万円はこれを貯蓄する事とすれば、その人の個人経済は、毎年それだけ蓄財が増えて行って誠に結構な事であるが、これを国の経済の上から見る時は、その倹約によって、これまでその人が消費しておった二万円だけは、どこかに物資の需要が減るわけであって、国家の生産力はそれだけ低下する事となる。ゆえに国の経済より見れば、五万円の生活をする余裕ある人には、それだけの生活をして貰った方がよいのである。

さらに一層砕けて言うならば、仮にある人が待合へ行って、芸者を招《よ》んだり、贅沢《ぜいたく》な料理を食べたりして二千円を費消したとする。これは風紀道徳の上から云えば、そうした使い方をして貰いたくは無いけれども、仮に使ったとして、この使われた金はどういう風に散《ちら》ばって行くかというのに、料理代となった部分は料理人等の給料の一部分となり、また料理に使われた魚類、肉類、野菜類、調味品等の代価及びそれ等の運搬費並びに商人の稼ぎ料として支払われる。この分は、すなわちそれだけ、農業者、漁業者その他の生産業者の懐を潤すものである。しかしてこれらの代金を受取たる農業者や、漁業者、商人等は、それを以て各自の衣食住その他の費用に充てる。それから芸者代として支払われた金は、その一部は芸者の手に渡って、食料、納税、衣服、化粧品、その他の代償として支出せられる。すなわち今この人が待合へ行くことを止めて、二千円を節約したとすれば、この人個人にとっては二千円の貯蓄が出来、銀行の預金が増えるであろうが、その金の効果は二千円を出でない。

しかるに、この人が待合で使ったとすれば、その金は転々して、農、工、商、漁業者等の手に移り、それがまた諸般産業の上に、二十倍にも、三十倍にもなって働く。ゆえに、個人経済から云えば、二千円の節約をする事は、その人にとって、誠に結構であるが、国の経済から云えば、同一の金が二十倍にも三十倍にもなって働くのであるから、むしろその方が望ましいわけである。ここが個人経済と、国の経済との異《ことな》っておるところである。

以上は、もとより極端な例を挙げたに過ぎない。かく言えばとて、私は待合行きを奨励する次第では決して無い。ことにそれだけの余裕なきものが、借金までして浪費する事は、無論よく無い事である。ただ私がここに待合の例証を取ったのは、世に最も浪費なりと称せられている、この待合遊びについてさえも、これを個人経済から見る時と、国の経済から見る時とは、大変な相異がある事を明かにしたまでである。

言うまでも無く、如何なる人の生活にも、無駄という事は、最も悪い事である。これは個人経済から云えば、物を粗末にする事である。倹約という事も詮《せん》じ詰れば、物を粗末にしないと云う事に過ぎない。しかしながら、如何に倹約がよいからと云って、今日産業の力を減退させるような手段を取る事は好ましからぬ事だ。もとより財政上緊縮を要するという事はあるが、その場合には、なるべく政府の新たなる支出を出来るだけ控目にする事が主眼で無くてはならぬ。すでに取かかった仕事まで中止するという事は考えものだ。

先だっても、永田町を通って見たら、帝国議事堂の鉄骨が、ガランとして秋空の上に突立っている。そうして仕事は中途半端で停止せられ、構内は寂として山寺のようである。霞ケ関でも先頃までは内務省の庁舎の基礎工事が進んでおり、桜田門では警視庁の建物がこれも鉄骨の組立てを終っていたようだ。ところが四、五日前に通って見ると、この方にも人の子一人おらず、閑古鳥も鳴かぬ有様である。

これらはすでに取掛って、現に進行中の仕事である。これを止めるとか中止するとかいうには十分に事の軽重を計り、国の経済の上から考えて決せねばならぬ。その性質をも考えず、天引同様に中止する事は、あまりに急激で、そこに必ず無理が出て来る。その無理はすなわち、不景気と失業者となって現れ出ずるのである。

現に、帝国議事堂、内務省庁舎、警視庁の例を見ても、これらの工事を止めたために、第一に請負人が職を失う。またこれに従事せる事務員、技術者、労働者及び工事の材料の生産者、その材料を取次ぐ商人等の総ては、節約または繰延べられたるだけ職を失うのである。これらの人々が職を失う事は、やがて購買力の減少となり、かような事が至る所に続出すれば、それに直接関係なき生産業者も、将来における商品の需要の減退を慮《おもんばか》って、自分の現在雇傭せる労働者を解雇して、生産量を減少するようになる。その結果は、一般の一大不景気を招来するに至るのである。かくのごとき事は国家経済の上から、よほど考慮を要する事柄である。

金解禁の準備は自主的なるべし

近ごろ世間で唱えておるところを聞くと、所謂緊縮節約は金解禁のためである、と云っている。それは先ずよいとして、この金解禁についても、我が国民は、もっと慎重に考えるの必要がある。やれ対米為替が上ったから、やれ英米の金利が下ったから、金解禁に好都合になったと、有頂天になっている者もあるが、それは少し早計でないかと考える。もとより今日金解禁をなすについては、外国市場の金利や為替相場等の影響も考慮せねばならぬが、もっと、大事な事は、これを自主的にきめる事である。
しかして自主的の準備とは、我が国の国際貸借の関係において、支払いの立場に立たぬよう、国内の産業、海運その他の事業の基礎を確立する事である。この基礎が出来て初めて解禁という事が行われ得るので、その準備なく、徒らに為替相場や、外国市場の金利の低下を頼りとして、外国の御蔭で解禁せんとするがごときは、国家永遠の利害を考えぬ謬見《びゅうけん》と云わねばならぬ。

（昭和四年十一月）

一時の反動景気に酔うな

金再禁止の必要

所謂世界の不況は、一面において欧州戦後世界各国における生産技術の一大進歩に伴い、製造工業品、農産物等の生産額は非常に増加するに至りました。しかるにその反面にここ数年の間世界各国は競って金本位制復活に力《つと》むると同時にデフレーション政策を遂行しましたがため、増大したる物資の供給と、これを消化すべき購買力との間に権衡を失し、ために物価の激落を来し、あらゆる生産事業は非常に窮境に陥り、失業者続出して、遂に世界を通じてほとんど収拾すべからざる状況に陥ったのであります。

勿論我が国の経済界もこの範疇《はんちゅう》を脱することが出来ず、経済界の不況は日に月に深刻を加え何種の事業を営む者も、その生産費さえ償うこと能《あた》わず、作れば損、売ればまた損と云う有様でありました。かくのごとき状勢では国民経済の発展は望み得ないばかりでなく、国家社会の前途実に寒心に耐えないところでありまして、およそ正しく働く人々に対し、正しき報酬の保証せらるるような世相を作り出すことが、政治経済上最も肝要であると思うのであります。

現内閣は組閣と同時に、金の輸出を禁止したのでありますが、これは一昨年の金解禁後予想外に多額なる正貨の流出あり、ことに昨秋英国の兌換《だかん》停止以来その勢い急激を告ぐるに至りましたが、前内閣においては、極力規定の方針を継続せんと務めたるその結果、我が国の金利はいよいよ高騰し、金融梗塞《こうそく》して産業界の圧迫は一層甚だしきに至るべきは明かであり、この上国民に大なる苦悩を強うることは、断じて不可でありますばかりでなく、金兌換制度を維持せんがため、あらゆる一切の犠牲を国民に忍ばしめんとするは、本末を顚倒するものであります。しかのみならず、如何に努力を継ぐとも、内外の大勢は金輸出禁止必須の情勢に在ること明かとなるに至りましたので、政府は現下の国民経済対策として、最も肝要妥当の処置なりと信じ、禁止を断行したのであります。

金再禁止と景気

世間には、金輸出をさえ禁止すれば、ただちに好景気到来するものと速断せるものも無いではありませんが、左様に簡単には参りません。なるほど、これがために為替は低落し、対内的に物価昂騰《こうとう》し、対外的には却って低落いたしますので、国内産業を刺戟《しげき》し、外国貿易の上にも好果を齎《もたら》すもののごとくでありますが、国民が今後緊張したる精神を以て、奮励事に当らなければ、将来の好結果は、俄に到来するものではありません。

ことに一時の反動景気に酔うがごときは、最も禁物とせねばならぬところでありまして、飽くまで着実穏健なる方針を以て事に当らねばならないと思います。すなわち、今後は漸次働く者が働き易き時代に移ることとせねばなりません。それには人々の働きを尊重せねばなりません。これ経済発展の第一条件であります。しかしながら、折角のその働きを浪費せざること、すなわち無駄を省くと云う事もまた国民の十分注意を払わねばならぬ点であると思います。

これは要するに、昨年末に至るまでの我が経済界は古人がかつて、四時零落三分減、万物蹉跌過半凋、と咏《えい》じたるごとき有様でありました。

今や年の新たなる時に、所謂陽春布徳沢と云う風に進めたいと思います。そして果して左様に進むや否やは、国民諸君の覚悟の如何に由るものであります。

小売業者はツラストを組織せよ

今回の財界のパニックが各方面にも影響を与えたことは言うまでもないが、ことに中以下の商工業者が、資金難で苦しんでいるというのは事実である。如何にして商工業者を救うべきかというような事を、自分に持ちかけて来る向きもかなりあるが、これらの質問に対して皆が一致団結するより他に道はないと答えているのである。

例えば東京において大資本を持つデパートメントに対し、小売商人がどうしたら対抗出来るかという事の名案が出来れば、この問題の解決もつくわけである。すなわち大商人《だいしょうにん》と小《しょう》商人らがどうしたら対立出来るかという事が、解決出来ればよいのである。仮に東京市内の一区に五十軒の呉服商があるとする、その五十軒が団結して合同組織をとればよい。この中には信用の無い商人もあろう、また一軒の商人では銀行が取引してくれないということもあろうが、これらの店が団結して資本を合同すれば、品物の購入にも簡単で安く仕入れられるであろうし、銀行の融通もつくと云うことになるであろう。店舗は別々になっていても資本さえ合同すればよい。この五十軒のうち前述のごとく信用のない店があって合同の仲間入りが出来ぬとすれば、それは自然淘汰作用で整理されてしまうことになれば誠に結構であろう。

日本において小売商の多いと云う説も尤《もっと》もであるが、しかし、人には市民の生活と同時に区民として、町民としての生活が必要であるからデパートメントの必要な事は勿論であるが、小売商の必要もまた絶対的のものである。

米国に最初ツラストの起ったのは、小商人が資本を合同して大商人に当ったのである。しかるにツラストが大事業にも行わるるに至り、利益の壟断《ろうだん》となったので、ルーズヴェルト氏が、ツラスト征伐をやったのである。

欧米先進国に較《くら》べると日本の商工組織は甚だしく遅れている。ゆえに今度のパニックによって、お互が困難するようなことになったのも、一面から見れば自業自得である。

ニューヨークやロンドン等には個人単独で店を開いている所は一軒もあるまい。親族か兄弟かもしくは同業者が合同して、堅い資本で堅実に営業するという有様になっている。日本のようにチリヂリバラバラになっておるのは世界中どこにもあまり見られぬであろう。支那人などもナカナカ合同するのである。

東京で銀座通りの商店を眺めた時、合同資本による商店というものが、一軒も存在していないであろう。甚だ心細いものである。一個人経営の小商人は結局今度のようなパニックに遭遇すれば、資金は大商人の方に偏在してしまって小商人はお互に苦しまねばならぬことになる。ゆえに現在の財界事情において、また将来我が国工業の発達を期する上において、小商工業者は思い切って団結し、事業の基礎を確立する必要があると思う。これが現在の資金難から、中以下の商工業者を救う唯一の道であると信じている。こんな話は、決して新しいものではなく、すでに各国において実現されていることであり、また日本においても資本の合同化される傾向に進みつつあるのである。しかし一般商工業者の間には、旧習を固持して団結を喜ばぬ者が多いのを遺憾とする。現在の資金難から事業不振に苦しむ小商工業者はこの機会に大同団結して、窮地を脱する道を講ずることが、何よりも重要なことではあるまいか。

（昭和六年七月）

欧州大戦の渦中にありて

今回のヨーロッパにおける大戦乱〔第一次世界大戦〕の起りし以来、世の中にはこの戦争を以て畢竟《ひっきょう》英独の戦争なりと謂《い》うものもある。この事は外国の新聞雑誌の記事等にもしばしば見たことであるが、これはどうも適中したわけと思われる。なるほどこのヨーロッパの戦争の起った近因については様々な事がある。また交戦国は互にこの平和を破った責任を相手方に嫁《か》するような議論を主張して、政府より世間に報告を明かにして出しているが、それらを離れてこれを社会的及び経済的見地より研究して見たならば、這回《しゃかい》の戦争は、全く英国とドイツの国民的財力の発展に伴う相互の競争的軋轢《あつれき》が遠因をなしておるものであって、今度の戦いを仮りに避くることの出来なかった事であったかも知れない。

往時英仏の国民と云うものは互に双敵《そうてき》の如き思いをなして来た。その時代には英独は国民の感情においてはあるいは親善することが出来るかも知れないが、英仏の国民の感情の融和して親交を厚くすると云うことは、困難のことと考えられたが、その後に至りことに日露戦争の前後においてエドワード皇帝がこの英仏の国民の間に感情の阻害していることを窺知《きち》して、両国の友情を温めることについて非常に努力された。ことに政府の当局のみならずあるいは市会議員とかあるいは実業家の団体とか言うようなものが互に相往来しその度毎《ごと》に歓迎など盛んにする事に両国官民が最も努めた。その努力のみにより全体の両国民の感情が融和して今日のごとくほとんど同盟国となるような結果を生ずると云うことは、上流者の努力のみではかくのごとき結果を得るわけに行かないのである。

もとよりその努力の著しいことは云うまでもないけれども、扨《さて》これを経済的に観察して見ると曩《さき》の英仏両国の双敵観をなしておった時代と云うものは、英仏両国の殖民地について互に勢力を争うと云う事実があった。その後仏国は殖民地政策については英国のごとく成功するものがなく、かつその国民は人口において英国と異なりあまり増加の勢いがないのであったため、殖民政策と云うものについて、人口も他に移植せねばならぬと云う程の、繁殖力が無いのであるから、自ら殖民地政策なるものを控目《ひかえめ》とし鋭鋒《えいほう》を収めしかして専《もっぱ》ら勤勉なる農民の働きにより生ずる富の余力を、同盟国たるロシアまたはその隣邦のベルギー、スウィッツランドとか云う国の事業、もしくは政府に貸付けるようになった。

ここにおいて国民財力の働きにおいては英国の国民的財力の活動と衝突する場合がようやく無くなって来た。

これに反しドイツはどうであるかと云うと、英国が殖民地政策の発展に伴い世界の商権を握らんとする時代に進出し、しかも同時に製造工業においては世界に超越した一大地位を占めたがゆえに、自由貿易を称《とな》え専らこの殖民地によって原料を需《もと》め、これに加工して以て商品を世界の市場に供給すると云うことに努めている際に、ドイツは英国に対しては後進国であるとは云え、英国の経済政策とは反対に保護政策を取り、また英国の個人主義、すなわち個人の自由権利の発達を専一とするに反し、国家統一主義の政策を執り、しかして年々人口の大いに増加するにも拘らず、その溢《あふ》れたるごとき人口をその他に移すがごとき、所謂我が国において云うところの移民政策を採らずして、増加して行く人口を内に蓄えその働く結果たる製産品を、海外に売捌《うりさば》くところの市場を世界中に開拓することに努めた。

そこで後進国たる聯邦がここに国家統一的殖産工業及び海外貿易政策を実行し、加うるに諸種の科学を奨励応用し、すなわち国民統一主義を総ての政策方針としてドイツの商業が世界に発達せんことに力《つと》めて来た、その結果当然の結果として勢い英国の商業利益と海外において衝突せざるを得ない地位に立つことになって来たのである。

しかのみならず十余年この方と云うものは前々よりドイツの国民資力の増進するに従い、また世界の未開国、半開国に対して、その富源を開発し大いに殖産工業を興すために、国民的資本の活動が開始されて来た。最近においては少なくとも毎年五、六億のドイツ資本を海外に投資すると云う勢いをなして、ますますこれが力は個人的でなく、国家的組織すなわち国家を統一するの組織を以て発展し、その発展に伴いドイツは自国の勢力を維持するために、海陸軍の軍備拡張を行い来《きた》った。

かかる最近の十余年と云うものは、英国もただ商業専門と云う位地から、もう一歩進んで英国の資本活動を世界的に専らにすると云う時代まで進んで来たので、所謂商売上の競争のみならず国民的資本の活動において英独の二国は世界到る処において、競争衝突の状態を醸して来た。先ず米国のごときは、今度のヨーロッパの戦争のために軍需品の供給等によって、あたかも資本国となるがごとき勢を今日までなして来たが、このヨーロッパの開戦前においては、米国は外に向って、英仏のごとく資本的活動をなすと云う地位には進まなかったのである。

今後は米国の国民がその資本を働かせると云う地位に進むことは疑い容れる余地がない。しかし米国としては先ず中央アメリカ、南米に向って専ら資本的活動を努むることになるであろう。未だ英独のごとく世界的到る所の国民的資本の活動をすると云う地位には俄《にわ》かに進まないと思う。

今日の米国は斯々《かくかく》であるとすると今後の世界における国民的財力の活動よりして、英仏二箇国を主力と認めざるを得ないから、この両国の国民的資本の海外活動と云うものは、従来武力を以て他国を征服したと云うのと手段は大いに違うが、結果においてその国民の勢力範囲内に世界の大部分を抱擁すると云うのとなんら異ならない。詰り、ドイツと英国とが経済的手段によって、世界を抱擁する時代となったのであるから、ここに両国が衝突することになったのである。

それゆえ仮令《たとえ》昨年において外交上の手段によって一時戦乱を避け得たにせよ、この世界抱擁力の衝突が起ると云うことは、どうしても免れなかったことのように思われる。

かような形勢であるから、この戦争の終局後の世界大勢はどうなるであろうか、これは大いに考究を要する問題である。なるほど戦争が済んで平和に克復する以上は、英国では内政において種々な困難を生じ、ドイツにおいても種々な困難を生ずるであろう。

しかしながらこの新現象すなわち統一されたる国民的資本の活動が、世界的にますます発展すると云う傾向は無くならない。却って現世紀において、その発達を盛んにすると云う時期に這入《はい》ったものと思われる。次に戦後の結果は勝敗が無くして済むか、聯合軍かドイツかのある一方が、勝利者の位地に立つか、これは今より予め断定するわけには行かないが、戦争が如何に終局するにせよ、この経済上の新現象の発展は、やはり戦争前の状態を継続して、ますます資本の活動競争は激しくなるばかりである。

ここにおいて今後の世界は英独米の国民的資本の活動が、世界を抱擁する大なる力となって互に競争をするであろう。ただ米国は今やパンアメリカニズムで南米との二大洲を以て米国人の米国なりとして大いに努むるであろうから、東洋方面に対しては未だ、英独のごとくにその活動の勢いを激しくすることはあるまいと思われるのである。

かく観じ来ると我が国は大いに将来に対し、熟考せねばならぬことがある、すなわちそれはこの財力の活動の競争以外にまた人種的差別の離散に力のある人種的競争なるものが在る。

この人種的競争から云えば、アジアはアジアなりと云うこととならなければならぬ。東洋はアジア人の東洋なりと云うことにならなければならぬ、この人種的団結の力と云うのも、今後大なる活動をなすに違いない。さりながら、この人種的結合の力とは経済上財力の利害関係の力とどの方が優勢であるかと云えば、経済的関係は人種的関係の力以上に超越してまた優勢である、ゆえに財力の活動の衝突は、偶々《たまたま》同人相食《あいは》むの結果をも生ずる事になることは歴史的にもこれを実証している。しかしながらこの人種的の差別と財力の国民的活動と云うことはいずれをも軽視し難い問題で、双方重大な事柄として将来の事を考うることが肝要である。

我が国のごときは東洋において、すなわちアジア人種中最も世界に対し代表的の卓越した地位を占めた国民である。もし我が国なかりせば東洋人と云うものは、白人種の麾下《きか》にいつまでも頭が上らない人種視せられるであろう。今日我が国が競争の激しい世界に冠然立って東洋を代表し一等国とか強国とかの位置を占めているからこそ畢竟《ひっきょう》白人種と同等の位地に在るのだ。

して観れば我が国は当然このアジア人種代表的国民として、その彼等の及ばざるところは先導して善しきに誘い、かくして世界に現出する財力の抱擁力に対抗し、独立の力を養実して東洋に立つ事を要するの国柄であると云わねばならぬ。我が国は、実に今日においてこれが基礎を作り、国是を定めて大いにこれに処するの方針を総て確立し、以て挙国一致の意図を持して邁進せねばならぬ時期に当面しているのである。

しかるにもしこの期に方《あた》り官民共この点に覚醒することなく、徒らにただ在朝者は己れの政権に恋着するに汲々《きゅうきゅう》乎《か》とし、在野者はただ時の政府の攻撃非難のみに終始し、実業家は時の政府に信頼し以て私利を図るにのみ没頭するがごとき、今日の状態で進んで行っては、彼の英米のごとき個人主義的発展を望んで、反対に英米のごとき効果を収めずしてその弊害のみを受くるがごとき結果となりては、折角東洋における抱擁力の大勢力となるべき国柄でありながら、却《かえっ》て他の抱擁力の一分子となって存在するに終る運命に立ち至らんとも限らぬ。ここにおいて官民一致能く時勢の流れを達観して、国家将来に貢献を怠らぬよう努めなければならぬ。

（大正四年十一月）

第四

左から高橋是清、田中義一、若槻礼次郎。若槻内閣総辞職後、田中内閣成立前後。昭和２（1927）年４月撮影（本文58ページ、270ページ参照。共同通信社提供）

殖産興業の恩人を憶う

観音様と国家

私が農商務省に入ったのは、明治十四（一八八一）年の頃だったと思う。商標保護と発明保護、この二つが官制によって、農商務省の所管事務となった。人が無いというので、私が予《かね》てそういう事を取調べて主張していたものだから、それを知っている友人が推薦をしたものとみえ、文部省から農商務省へ転任になったのである。それから専らその方に関係して、それらの法律も出来上ることになった。

その頃、前田正名《まえだまさな》君が農商務省で書記官をしておられたが、非常に精神家で、殖産興業の計画を熱心に立てておられた。話には聞いていたが、私はまだ前田君に会う機会がなかった。何でも明治十六年の末だったと思う、前田君が私に会いたいという伝言があって、省内で初めて会ってみた。その時、親しく前田という人の誠実な精神家であることを感じたが、段々話をしてみると、自分に学ぶべきところが少くないので、大いに敬服したわけであった。

なかんずく、一番感じたのは、前田君の国家観念であった。それまで私の考えでは、これは言葉には言い表わし難いが、まア喩《たと》えてみれば、観音様の信者が観音様へ参詣《さんけい》するとして、自分が参詣する信者ならば、国家は観音様だというように、国家というものは、大切なもので、かつ己れの恃《たの》むべき最上のものだとは思っていた。

すなわち、国家と自分とちょうど観音様と信者のように、離れているもののような心持で、国家を理解しておったのだが、前田君と二日ばかり続けて話をしている間に、どうも自分の今までの国家観念が浅薄であったということに気がついた。

国家というものは、自分と離れて別にあるものではない。国家に対して、自己というもののあるべき筈はない。自己と国家とは一つものである。観音様と信者とは、一体になってこそ真正《ほんと》の信仰である。国家もこれと同じことである。こういう風に、私は考えるようになった。

こんなわけで、私は先輩として前田君に余程私淑し、常に尊敬しておった。

馬を廃して鹿を置き

大蔵大臣は松方〔正義〕さんであったが、明治二十三年には国会が開けるから、それまでに十分財政の整理をしておかなければならぬというので、諸官省とも努めて政費の節約を図ることになった。ところがこれがどうも実行が出来ない。そこで松方さんが、諸官省の経費を二年とか三年とか据置《すえお》くということを主張して、そういうことになった。そうなると、初めて皆が節約をして金を剰《あま》し、その剰した金をまた大いに何か計画して用いるという考えが起った。

何故据置きになった金を剰すかというと、それまでは取った経費を、これだけ余ったといって大蔵省に届けると、今度作る予算の時、それだけのものを減らされてしまう。それゆえ金が剰れば、年度末になると、これを旅費などに使う。

この時分は、官吏が旅行するのを、一つの特別手当を貰うくらいに考えておった。また、必要もない倉を建てたりして、とにかく無理に金を使ってしまうという風だった。

前田君が農商務省の改革をするという事について面白い話がある。あれはもう年をとって役に立たぬとか、あれは能力がないからと云っても、局長等はこれを罷免することは人情において忍びないから、なかなか断行が出来ない。そこで前田君が各局に向って、不用の者は皆自分の所へ廻《まわ》して寄越せと云ってやった。そしてそういう役に立たぬという人達を集めてここに第四課というものを置いた。その人数が何でも五、六十人も集った。

その時分には何でも節約だというので、農商務省には馬車もあれば馬もいたのだが、そんなものを皆廃してしまったが、そこで狂句が出た。

農商務省、馬を廃してしかを置き

しかは四課といったものだ。ところが、この五、六十人の課員が、前田君の精神に感奮して、朝は暗い内に提灯をつけて家を出で、役所の門の開かない前から待っているし、夜は暮れてからでなくては帰らぬという有様で、この役に立たぬと認められた人間達を使って非常な能率を挙げた。使いようによっては、役に立たぬ人間も役に立つということを、前田君が実地に示してくれたわけだ。

興業意見書の編纂

前田君はこれらの人達を使って何をしたかというと、殖産興業の国策を樹《た》てるというので、まず興業意見書というものを作ることになった。前田君が先ず私に話したのは、ざっとこんな事だった。

「二十三年には議会が開ける。如何なる者が議員になって出て来るかというと、いずれ代言人かあるいは新聞の記者諸君か、そう云う人が多く出て来るだろう。こういう人は、我が国の殖産興業の実際の事に知識経験のない人達だから、まずそういう人に我が国の状態を知らせなければならぬ。法律規則はそもそも末で、富国強兵というものは殖産興業によらなければならぬ。その広汎《こうはん》な意味における、殖産興業の今日の日本の状態はどうであるか、これをよく知らせなければならぬ。それにはまた現在こういう疾患《わずらい》もあるが、その原因は何か、すなわち旧藩時代から各藩で殖産興業に手を尽した、それを参考とし、それから今日の日本の病気はこういうところにある。これを治すのにどうしたらよいか。それにはやはり過去を参考とし、併せて欧米諸国のこれに関する実際の施設と効果とを参考にして、取調べなければならぬ。一口に言えば、日本の富国強兵の本は、政治も必要であるが、より以上に必要なのは産業の組織でなければならぬ」

こういう意味で調べた。その時分、農商務省内に小さな家があって前田君はそこへ寝泊りをして、この興業意見書というものの編纂《へんさん》に掛った。私もお手伝いをしておったが、その他にもいろいろな事を互《たがい》に研究をし、互に論難をしたものだった。そんなわけで、私も一緒に泊り込むことが多かった。

この興業意見書は、明治十七年の末だったかに出来た。上野に博覧会があった当時でね。西郷〔従道《つぐみち》〕さんなどいう偉い人達が卿だった。農商務省では品川弥二郎《しながわやじろう》さんが農商務大輔、この人が前田君にすっかり委《まか》してやらせた。品川子爵も非常な精神家であった。

この興業意見書は三十巻という大部なものだったが、これは各府県の勧業課というものを置き、そこで各府県の産業を調べ、また農商務省からも視察官を出して、十分に調べた上、現状はこうだ、この病を治すにはこうしなければならぬ、新たに起す仕事はこうすべきだと、地方地方によってこれを調べ上げ、そして毎年この興業意見書を訂正加除して行くということで、議会の開けるまでに出すというわけだったんだ。

私立農商務省の失敗

ところが、明治十八年の暮に、官制の大改革があって、その時に初めて農商務大臣というものが出来た。それで不幸にして、大臣の代ると共に前田君も非職になり、興業意見書もそれきりになった。

今でもあれを読めば、現在に処して非常に有益な参考であることは、何人《なんぴと》も否定することは出来なかろうと思う。もしそれが最初の考え通り行ったならば、我が国の産業がどの方面で新たな事業が起り、どういうものが有望であるか、どういう所に培わねばならぬかと云う事が、年々明らかに判って行くわけなのだ。それが実行出来なかったと云うのは、今でも私は遺憾だと思っておる。時々以前のことを思出して、実にあれは日本のために不幸だったと常に遺憾に思っている。

とにかく、前田という人は、偉い人で、今ある陶器組合でも、織物組合でも、製紙組合でも、組合というものを拵《こしら》えたのはあの人だ。あの人が晩年に誤解されるようになったのは、政府は当てにならぬ、私立農商務省をたてるという考えを起したのが因《もと》である。私立農商務省をたてるには金が要るというので、あの人は自分で仕事をして金を儲《もう》けるということの出来ない人なのだが、それをやったので、世間の誤解を招いた。それで朋友などにも多少迷惑をかけた。

しかしあの人は、前に言った通り、国家と自己とを一つ物に考えた人で、私腹を肥やすなどいう事は思わない。国家本位の精神家であったが、やる事皆失敗した。もう少し冷静に初めから考えてやったらよかったろうが、どうも熱情家で、そこが少しあの人の欠点だった。

地均《じなら》しをせずに建てる

私がよく根本根本ということを言って、原〔敬〕内閣の時代にも、「君はいつも根本とか国家とかいう事ばかり言う」と云われたけれども、それがちょうど、農商務省で前田君に会った時に感じた私の考えから、始終ずっと進んで来よる。それで何か一つ計画を立てるのでも、根本はどうかということを私はいつも考える。これを行った結果がどうなる、病の根本はどうであると云う風に、根本から考えて行く。そしてこれを行うについて、国家はどうなるという事を考える。だから、今ちょっと事柄が起った、どうこれを処置したらいいかという場合、一時的のことは考えない。起れば起った原因から調べて行かねばならぬ。

これが前田君の興業意見書を作る時から、ずっと養われて来た考えだ。だから今日の世間の多くの人の意見と、私の意見とは合わない事が多い。

殖産興業の発達にしたところが、資本と労働とばかりではいかない。その動機、すなわち根本たる精神が大切だ。所謂国家精神でやらなければならぬ。しかるに今日は言う事は立派である。計画はいろいろ巧みにやる人があるけれども、精神というものが流れておらぬからどうもその時々の目前の出来事のみを眺めて、根本を見ない。謂わば地形を固めずに家を建てるような事が多い。ますますそうなって来ている。

私は興業意見書の編纂を手伝って、主として前田君の依頼で工芸教育の方面を調べた。それが興業意見書の初めに載った。そうすると、森〔有礼〕文部大臣から、「どうも農商務省は、一体政府の仕事を総べて農商務省の定めた方針でやれと云うが、それでは困る。教育だけは文部省に委してくれ。それだけは省いてくれろ」

そういう抗議が出て、これは省いたがね。役人の心理状態でも何でも、今日とは全《まる》で違っている。

前田正名男頌徳記念碑の前に立ちて

維時大正十四年四月十五日、故男爵前田正名翁頌徳記念ノ碑成リ茲《ここ》ニ其《その》除幕式行ハル。翁ト相知リテ四十年、肝胆相照《かんたんあいて》ラシ、終始提撕渝《ていせいかわ》ルコトナカリシ、親友ノ一人トシテ、余ノ感慨殊ニ深キモノアリ。

顧レハ明治十六年、翁農商務省ニ入リ、産業立国ノ基礎ヲ確立センカ為《た》メ、興業意見ノ編纂ニ着手セントスルヤ、余亦《また》当時同省吏員タリ、初メテ翁ト相接シ其抱負ヲ聴テヨリ、超凡ノ卓越ト、憂国ノ至誠トニ敬服シ、爾来深ク相交ハリ、直接ニ間接ニ翁ノ事業ニ微力ヲ添ユ、彼《か》ノ興業意見ノ調査ニ於《おい》テ、又時世ヲ慨シテ著述出版セル「所見」ノ編纂ニ於テ、余常ニ其労ヲ分チ、翁ノ志ヲ助ケタリ、後チ余ハ他ノ方面ノ業務ニ移リ、身心共ニ忙ハシク、翁ハ又東西奔馳《ほんち》、専ラ実業団体ノ組織ニ従ヒ、傍ラ其活動ノ資ヲ造ランガ為メ、農林ノ事業ヲ起シ、其行動ヲ同フスル能ハザリシモ、而カモ私交曽テ絶ユルコトナク、其晩年ニ至ルマデ、往来ヲ欠キタルコトナカリシ、若《も》シ夫《そ》レ、翁在世ノ功業ニ至テハ、其事績ノ偉大ナル、世人皆克《よ》ク之《これ》ヲ知ル、余又何ゾ茲ニ之ヲ説クノ要アランヤ。

翁資性廉直、名利ヲ念《おも》ハズ、廟堂翁ヲ迎ヘントスルモ、辞シテ登ラズ、自ラ布衣《ほい》ノ宰相ヲ以テ任ジ、専ラ産業立国ノ要ヲ提唱シ、一意報国ノ赤誠ヲ披瀝セリ、今ニシテ翁在世中ノ言説ヲ回想スレバ、常ニ時勢ノ趨向ヲ達観シ、人ヲシテ屢々《しばしば》先見ノ明ニ服セシメタルモノ、其例少カラズ、亦稀ニ観《み》ルノ偉人タリシヲ知ルベキナリ、而シテ其晩年ニ迨《およ》ブヤ、事多クハ志ト違ヒ、世運亦翁ニ利アラズ、余等私カニ翁ノ為メニ之ヲ悲ミタルモ翁嘗《かつ》テ世ヲ恨ミズ、人ヲ咎メズ、只管《ひたすら》済世ノ策ヲ講ジ、齢七十ヲ超ヘテ猶《なお》壮者ノ如ク、八タビ海外ニ航シテ画策之レ努メタリ、大正十年ノ秋、各地遊説ノ途次、偶々《たまたま》病ヲ獲テ復《ま》タ起ツ能ハザルニ至ルヤ、枕頭《ちんとう》、好シ、妻児ノ厚キ看護アリシニセヨ、二十年前王侯宰相ノ如ク、世人ノ崇仰ヲ受ケ、威信天下ニ重カリシ盛時ヲ憶ヘバ、羈窓寂寥ノ夕べ、其感果シテ如何ゾヤ、此際世時、唯纔《わずか》ニ遺族ト友人トヲ慰メタルモノ、朝廷翁ノ功ヲ録シ、男爵ヲ賜ヒ位勲ヲ陞叙《しょうじょ》セラレタルノ一事アルノミ。

　翁逝テ四年、知友翁ヲ徳トスルモノ胥《あい》謀リ、碑ヲ建テ、以テ其思慕ノ情ヲ表セントス、余亦与《か》カル焉、而シテ今日親シク其除幕ノ式ニ臨ミ、其結構ヲ見ルニ、碑石建設ノ場所ト云ヒ、除幕挙式ノ日ヲ今月今日ト定メタル等、総ベテ是レ、五二会其他実業団体発会式ノ当時ニ縁ミタルモノ、委員諸氏苦心注意ノ存スル処、殊ニ其碑石ノ形状、翁ノ雄大ナル気概ヲ象徴スベク、就中《なかんずく》翁ガ刎頸《ふんけい》ノ友、富岡鉄斎老画伯ヲシテ、翁ガ行脚の写像ヲ碑面ニ画カシメタルガ如《ごと》キ、在天ノ霊若シ之ヲ知ルアラバ、其位置、其形状、碑面ト共ニ皆我意ヲ得タリトシテ、友人知己ノ至情ヲ感受スベキヲ思ハシム。

嗚呼翁ガ晩年不振ノ状ヲ悲ミ、同情ノ涙ニ咽ビタルモノ、今此千載不朽ノ大碑石ニ依リテ、其偉功ヲ後世ニ録セラレタルヲ知ラバ、誰カ遺徳ノ甚大ナルニ歎服《たんぷく》セザルモノアランヤ。

嗚呼前田正名翁、前田正名翁、遺友高橋是清虔《つつし》ミテ碑前ニ跼シ、追慕禁ゼズ、感激ノ涙滂沱トシテ、茲ニ此感懐ヲ述フ、英霊笑ツテ之ヲ首肯スルヤ否ヤ。

大正十四年四月十五日

特許局の大建物

私は農商務省では工務局の商標登録所と発明専売所、この二所長を兼ねておったのだが外国の取調べに行くというので、十八年の秋に出掛けて十九年の末に帰った。そこで初めて商標条令、特許条令、意匠条令という三条令を作って法律を通過させ、それから築地に特許局を建てた。当時の役所としては非常に大きなものだったが、陸奥〔宗光〕さんが農商務大臣の時に、特許局にこんな大きなものが要るかと云うて、農商務省に取られてしまった。今の商工省のある所だ。

この特許局を建てるについて面白い話がある。私が明治十九年一月二日に帰って来た時に杉山〔栄蔵〕という会計局長が新橋ステーションに迎えに来て、

「すぐこれから農商務省に来い」

と云うので、家へも寄らずに農商務省に行った。何だと訊《き》くと、

「実は各局の所管の地所を売った金が八万円ある、それを各局長は、皆分割して、めいめいに使うと云う。特許局はもと工務局の分れたものだから、工務局と特許局で二万円、あとを農務局と山林局などの各局で分ける。もと工務局には地所がなかったので、従って工務局と特許局の方は割合が少いわけだ。とに角君が帰るというから、君の意見を聞こうと思って、そのままになっている。君の考えはどうか」

というのである。

「八万円の金を各局で分割して使うと云ったって、碌《ろく》なものには使えない。それより俺が使ってやる」

「何にするんだ」

「何としても、ここに特許局を建てなければならぬ」

そこで段々調べて、室の数や広さなどを私が書いて、これを工部省御雇の建築技師の〔ジョサイア・〕コンドル氏に設計させてみると、どうしても十二万円要る。四万円足りない。ちょうど黒田〔清隆〕さんが農商務大臣の時で、あの先生は一向そんな事には頓着しない。黒田さんに

「この仕事をすると、これだけ金が要ります」

に喜ばれてね。

と云うと、黒田さんは

「私はそれは責任は持てません」

と云って、係合ってくれない。そこで大蔵大臣の松方さんの所へ行って話をすると、非常に喜ばれてね。

「いや、そういう仕事に金を使って貰うならばよろしい。八万円を分割して使わずに、特許局の建築財源にすると云うなら、あとの不足の四万円は大蔵省で出してやる」

こういうことで、あれが出来たようなわけだ。

松方さんの功績

松方さんも偉い人だった。不換紙幣の始末をして、今日の金貨本位にしたのは、松方さんが支那から取った償金を本にしてやられたのだ。馬関で李鴻章《りこうしょう》と談判をした時には、松方さんは現職でなかったが、財政経済の事については常に、陛下の御信任があったし、自分もそれを以て国家に貢献すると云うことであったから、償金を取るに当って支那の両《テール》を以て銀で取っては、銀の相場は変動があって当てにならぬ、どうしても金貨本位にしなければならぬと云う頭があったので、これを当時の相場の磅《ポンド》に換算して英国で受取り、すぐそれをイングランド銀行へ預けた。この三億円という借金でもって金貨制度を布《し》いたのである。

明治十年の薩摩の騒動〔西南戦争〕の時、印刷局で無闇《むやみ》に紙幣を造って濫発したものだが、それが不換紙幣になってしまった。その不換紙幣をとにかく、値のあるごとくし、一円紙幣には一円の値あるところまで立直したのは、松方さんの功績である。

一体、明治の初めは、日本は金貨本位で、所謂《いわゆる》金四分を以て一円としたものなんです。それで士族に渡した公債を金禄公債証書と云うたわけなんだ。ところが段々輸入超過で以て、外国へ金を取られてしまって、残るものは銀になって来た。それで実際は銀貨本位になっちゃった。そのまた銀の準備が足りなくなって不換紙幣になったのだが、これをずっと立直されたのが松方さんである。

この時、金銀の値から行くと、金四分だった一円が金二分になった。ちょうど半分になった。それで昔の金禄公債は、値が半分にされたと同じことになった。しかし金禄公債は金四分を以て一円とするという事であったなどという権利上からこれを主張する人は、日本にはなかった。この時ちょうど金貨本位になったのだ。昔の二十円の金貨が四十円の値になった。それで新規に出来た十円は、元の十円金貨の半分の分量になってしまった。ちょうどいい時だったのです。

金貨を使った豊川良平

金貨の出来た時に、今思い出したんだが面白い話がある。豊川良平《とよかわりょうへい》〔三菱合資会社副支配人〕が曰《い》うに、

「いよいよ今度は金貨本位になったんだが、これはイギリスの様に、国民が紙幣に換えずに不断金貨を使うようにせねばいかん。というのは、国家に一朝事のあった時には、民間に流通している金を引揚げればいい。ただ日本銀行にのみ準備金があって、国民の懐《ふところ》中に金が無いというのは、一朝国家に事があった時に困る。だから今から紙幣に換えずに金貨を使うという事を奨励しなければならぬ」

こういう議論でね、自分から日本銀行へ紙幣を持って行っては金貨に換え、これを方々で使ったものだ。

「それは誠に結構な話のようだが、金貨を通用させれば、金《コスト》は摩滅する。何もわざわざ摩滅させる必要はないではないか。それに紙幣に馴《な》れている国民が、重い金貨を持って歩くなどというのは容易に行われないぞ」

私がそう云うと、君達から先達になってやらなければならぬ事だと云うのでね。豊川はその後暫《しばら》くそれをやっていたが、さすが弱っちゃった。田舎などへ行くと、金貨では通

用しないと云うんだ。やはり紙幣《さつ》でなければ人が取ってくれないと云うので豊川も遂に、断念してしまった。

故安田善次郎翁追悼の挨拶

（大正十五年九月、五週年忌追遠会にて）

過日私が葉山に避暑中のことでした。結城〔豊太郎〕君から手紙で、毎月前総長の命日には、追悼会を催しておるが、九月廿八日すなわち今日は五週年忌に相当するゆえ、現総長の御希望として私に何か話をして貰いたい。かつ集まる方々は、安田家系統の経営に従事しておる諸君であると申越されました。

私は故人と久しい間の交りでありましたから、悦《よろこ》んでそれを肯《うべの》うたのです。そしてここに参会して、諸君と共に故翁を追懐するの機会を与えられたことを、多大の喜びを以て、感謝するのであります。

しかし私は元来の話し下手でありますし、それのみならず、御承知のごとく、近来引退して、世間の交際からも遠ざかり、また政治や経済を談ずることは、なるべく避けておるのですから、お話を致すにも有益な材料の持合せもないのです。それゆえ、なんら取柄のある纏《まと》まったお話は出来ないのでただ座談的に下手な茶呑話《ちゃのみばなし》をするに過ぎませんから、定めし御聴きにくいことと存じますが、その思召《おぼしめし》で暫く御辛棒を願います。

前総長は松翁ともまた勤倹翁とも称しておられましたが翁の伝記はすでに刊行されておりまして、今私が蛇足を添ゆべきことは何にもないのですが、私が翁と相識の間柄になったのは、明治二十四年、今の日本銀行の新築時代でありました。当時翁は日本銀行重役の一人でそうして建築の監督を兼務され、また技術部長としては翁の下に辰野〔金吾〕博士が任ぜられていて私はその下に事務所支配人を命ぜられて、専ら会計及び雑務を取扱ったのです。

私が日本銀行の建築所へ這入ったのは彼のペルー銀山の失敗後で、川田〔小一郎〕総裁が私を再び世の中に、ことに私の希望を容れて、実業界に紹介して、出してやると云う、全く任侠《にんきょう》な厚意を以て世話をされ、先以て建築所に雇用されることになったので、ちょうど建築の地形《じがた》が済んで、第一階の石積工事に掛っていた時でありました。

この時偶然にも川田総裁と建築所との間に意思の齟齬《そご》が起ったのです。それは、当時川田総裁が病気勝《がち》で、銀行に出勤されることが稀《まれ》であったゆえでもありましょうが、大《だい》なる行違《ゆきちが》いが出来たのです。私が就職して調べて見ると、工事の捗《はかど》り方が予定よりすでに一年数ケ月も後れておるから、辰野博士に尋ねたところ（同君は明治四、五年頃唐津の英語学校で自分の弟子であった）それは二階以上の工事において取返すのである。初めの設計は建物全部が石造であったが、過般の岐阜の地震に鑑みて、二階以上を煉瓦《れんが》にすることにしたから、工事の果取《はかどり》も早くなるわけで、また上に進む程重量を軽くするため、穴明《あなあき》煉瓦を使用することにして、それも特別に注文して造らせ、昨今急いで納入さしておるくらいだから、工程の後れたことは心配に及ばぬと云うことでありました。私も説明を聴いてなるほどと合点が行ったのです。それから幾日かを過ぎて、私は建築所の報告旁《かたがた》川田総裁を病床に尋ねましたところ、その時総裁は自分の在職期限中に新館に銀行を移転したいのだが、工事が後れそうだと云うことを聞くが、どうかと問われました。そこで私は自分も予定表と実地とを比べて見て、工程があまりに後れておるから、辰野博士に尋ねたところ、二階以上を煉瓦にするから、最初の設計の石造と違って工事の進み方も早くなり、二階以上に取掛ってから、これまでに後れた工程は十分取戻すことが出来るゆえ、心配に及ばぬと云うていましたと、答えたところ、総裁はやや驚きかつ憤りの気色で、誰が二階以上を煉瓦にすることを許したか、工事の大概のことは技師に任して置くが、自分は株主総会におて全部石造にすると云うて、承認を得ておるのだ云々。これを聴いて私は意外の思いをしたのです。石造を煉瓦造に変更することは、元より総裁の承諾が得てあるものとのみ信じていたのです。何にしろ面倒な事が起ったと思い、これはなお能く取調べてから申上ることに致したいと云うて、早々引返して、先ず辰野君にこの事を話すと同君も色を失し、自分は監督に話したから監督が総裁の承認を得ておることと思っていた。それは大変だと云うので、早速監督の出席を促して、三人で相談してみると、安田翁は大切な工事の変更であるから、無論辰野博士から総裁に学問上の理由を述べて、同意を得られた後、自分に話があったことと思い、そのうち総裁が銀行へ出勤されたら、食堂で序《ついで》に他の重役にも、話して置くくらいの考えでいたのだと云うことである。いろいろ相談の末、とにかく最前の設計通り全部石造にせねばなるまい、それには年限はどうなるかと云うと、辰野君は如何に急いでも予定より一年あまりは後れる、かつ経費も二十七、八万円増加せねばならぬと云う事になった。そこでこの事を総裁に話して諒解《りょうかい》を得ねばならない。辰野博士が往くがよいとか、いや、監督でなければ、総裁の諒解を得ることはむつかしいとか云うて、話し合った末、監督の云わるるには、自分が直接総裁にこの事を話すのは、最後已《や》むを得ざる時のことであるから、とて、私に向て御苦労ながら、君が我々両人に代って往って、先ず散々小言を聴かされた上で、どうにか承諾《と》を得るように骨折って来て貰いたいと云うことでありました。私は翌朝、川田総裁を訪い建築所幹部の相談した始末を陳べたところ、総裁は前日に増して、憤られ、岐阜の地震に鑑み勝手に煉瓦造に変更せんとしたのだが、元来地震の力はどのくらいが最高極度であると云うことが、学者仲間に分っておるのか、震動力の、極度が知られていて、それに対して煉瓦にすれば大丈夫だと云うことならば、考慮の仕様もあるが、その事を辰野に聞いてくれ、また最初の設計のごとくにすれば建築が一年あまり延びる、かつ経費も、二十八万円増加すると、今さら左様な事を申出るとは何事だ、そう云うことでは、自分は株主に対して申しわけがない。もはや建築のことは構わぬから、皆なで勝手にせよと、頗《すこぶ》る不機嫌でありました。そこで私は御怒りは御尤《ごもっと》もだが、我々が総裁の満足されない建物を勝手に造ったとあっては申しわけがないのですから、何とか工夫もありましょうから、あまり御立腹にならぬよう、かつまた御病気の障りになってもよくありません、と申したら、総裁もそうそう私に向って立腹しても仕方がないので、仕舞には雑談して笑って別れたのです。

私は途中でもいろいろ考えつつ建築所に戻り、先ず辰野君に、総裁に面談した一部始終を報告し、そして私の考案を述べてみたのです。

第一に、煉瓦の上に薄い石を貼り着けることにしては、どうかと問いましたら、辰野君は暫く考えていたが、それは出来ないことはない。それには、石と石の合目《あわせめ》を鉄で繋《つな》ぎ、石と煉瓦をセメントで固着すれば、丈夫なことは確かであるが、しかし、それで総裁が承知するだろうかと、懸念するゆえ、私は総裁も建物の外観が石造であれば、中の真は煉瓦であっても異議はあるまいと思うと、答えたるに、辰野君は、それで済めば誠に結構だ、かつそうなれば建築の期限も予定通りに竣工させることが出来ると附言しました。

第二に、それで経費の点はどうなるかと尋ねましたら、先ず六、七万円の増額で済むつもりだと答えました。

第三は、これまで大倉組に工事を受負わせ、そして大倉組は、四人の石工親方に下受けをさしておるのだが、今後は大倉組の手を離れて、事務所において直接四人の親方と個々別々に契約し、四角方面の建物だから四人の親方に一方面ずつ受負わする事にしたいと思うが異存はないかと尋ねたるに、辰野君もこれは工事契約を定むる技術部の権力を事務所に移すことになるので、やや考えていたが、終にそれがよかろうと云うて承知しました。

第四には、従来欠点の大なるものは、石材受負人（深川の服部）の納入する石材が、建築所の現場で差当り入用のものは来ずに、一ケ月も後で使用するものが先に来ると云うようなことで、技手や石積職工が空しく手を明けておることがしばしばある。これは畢竟《つまり》石材を切出す山元で、自分らの仕事の都合を主として操業するから生ずる弊である。ゆえに今後は事務所より山元へ適当の人を派出し、技術部は、毎日この出張員に向って、入用の石材を、順序正しく、期日を定めて、注文することとし、山元では、事務所の出張員の指図に従って、切出すこととすれば、この弊を除くことが出来ると思うから、石材納入者との契約を改正することを、技術部より事務所に一任されたいと申したところ、辰野君はこれも承知してくれました。

よって翌日辰野君と両人で右の四項目について監督へ申出たところ、安田翁も全部同意されましたから、私は右の案を携えて川田総裁に陳述しましたところ、それは良い考えだ。石の貼付けとは妙なところに気が付いた、しかし石の厚さは何程かと尋ねられましたゆえ、辰野博士の考えではおよそ三寸の厚さで、鉄で繋《つな》ぎ、石と煉瓦をセメントで固着すれば、石と煉瓦は一体を成して堅牢《けんろう》になり、地震で剝《は》がれるような恐れはないと申しました。またかくすれば建築も予定の期限に竣工し、経費も六、七万円の増加で済むと云うことですから、これで承認を与えられたい。そしてここに一つ私がさらに御願したいのは、一万円ばかり私に自由に使わして戴きたいのですと申したら、総裁不審な顔して、何にするのかと尋ねられた。そこで私はこれまで大倉組に受負わせ、大倉組はまた石工の親方に下受けをさしているため、石工が賃銀の値上げを親方に請求すると、四名の親方は互に相談してそれを大倉組に要求する、大倉組がこれを拒めば仕事を休む、あたかも同盟罷工を企て、脅迫するがごとき態度を示す。左様な事情からして工事が後れがちになっているので、大倉組もこれには挺摺《てこず》っている様子です。しかも花岡石《みかげいし》を刻む石工は、これまで東京にいないので、皆な大阪から連れて来ているのであるから、随分気儘《きまま》を申立る事があるようである。そこで今度は工事手後れを理由として大倉組との約束を解き、事務所が直接に石工の親方と契約を結び、四人の親方に建物の一方面ずつを受負わせ、期日に後れた者よりは一日五百円の割で罰金を取り、期日前に仕上た者にはやはり一日五百円の割で賞与金を出すと云う事に致したい、さすれば四人の親方は従来のごとく共同行為を取らず、互に競争心を起して必ず工事が捗《はかど》ると考えたので、その賞与金のため一万円計り自由に使わして戴きたいのであると述べたところ、総裁は手を打て悦び、金はそう云う風に使わねばいけない、よろしい、そう云う使いかたなら許すとて、大変な御機嫌で、遂にこの行掛《いきさつ》もこれで片付いたのです。

右の方法を実行してから工事は捗ったのですが、私はそれより数ケ月を経て日本銀行の正社員に採用され、同時に西部支店を開始するため、支店長として馬関に移住する事になりました。

かような事情があったため、翁と私とは始めよりただ一の支配人としての交際に止《とど》まらず、自然個人としこの親交が生じたのであります。その後私は正金銀行に入り、または日本銀行に入り、または内閣に入りまして、職務には大分変化がありましたが、その間、故翁との交誼はなんら変りなく持続していたのであります。そして私が最も遺憾と思うのは、諸君も御同感でしょうが、晩年の安田翁の抱負や精神の在るところが、多く世間で知られずして、却って誤解に被《おお》われていたことであります。それは、一つには翁は非常な、勝気の性分でしたから、それがため、思わぬところに、多く敵を作ったと云う事にも由《よ》るかと思われます。

翁は決してただ家に財宝を積むことを以て終生の目的とされたのではありません。その持って生れた非凡な才能を十分に発揮して大資本を作り、その資力を以て、他人のまた特に持って生れた技能才幹を達成せしむるために、これに向って力を添えんと欲したのであります。そして翁にその志のあった事は、私が翁から相談を受けた二、三の事実を述べても明かであります。

その一は、翁が我が邦の資本を支那大陸に移植して、彼我両国経済の共同発展を計らんとせられたことであります。それは明治四十年頃でありました。上海に銀資本の銀行を起す計画を立て、私に相談がありました。私は先ず日本の金貨資本を銀に替えるについては、金銀相場の変動により、資本に損失の生じた場合如何にせらるるやと尋ねましたところ、それは現時の有様では日本は資金が余って確実に運用せば、四、五分の利廻りに過ぎない。支那では少くとも一割を下るようなことはないから、利廻りの差益を以て金銀市価変動の危険に備えたら十分と思うと答えられました。そこで私は正金銀行の経験を話し、金銀相場の動揺はなかなか一割ぐらいのものではない。一ケ年を通じて見ると二、三割の変動がある。ゆえにもし銀資本の銀行を起すなら、やはり香上《カオシヤン》銀行が行っておるように、資本金については円と両《テール》との相場をある一定のものに定め、毎期決算の時資本金勘定は、市場金銀相場の影響を受けざる事にして、そして全体の保険として毎期利益の中から、相当積立金をして行くような方法を取らねばなるまいと思わる。しかるに日本の法律がかくのごとき特別の計算法を許すや否、御研究の必要があろうと申したところ、翁はこれはよい事を承った。自分は金銀の相場が左様に烈《はげ》しいものとは思っていなかった。さらに能く考えましょう。いい、いい、しかし何とかして支那には仕事をしてみたい気がしてならないと云われました。その後翁は支那にも旅行され、あるいは支那の紡績工場を譲受る事を試みられ、また天津居留地の不動産に投資された事を聞きました。かつ当時支那の大政治家で、かつ鉱山の所有者であった有名な張之洞《ちょうしどう》氏と事業を起したいと云うような考えも持っておられたことを聞いております。

次ぎには、盛隆銀行の事であります。これは始め我が陸軍官権の力を以て、日支合弁事業の嚆矢《こうし》として設立されたもので、その経営は専ら日本人の手に握り、支那側はただ重役の名を与えられていたくらいのものですが、支那側になんらの手落もなく、全く日本人の貸方や、借手が良くなかったために、破産の状態になったのです。その時今の郵船会社の社長である白仁《しらに》〔武《たけし》〕君が大連民政長官であって、この銀行の事について非常に心配され、この銀行は日本政府がほとんど強制的に、支那人に株を持たせて起した第一着の日支合弁《ごうべん》事業であるのに、今これを破産さしては、日本政府の威信にも関わり、他に合弁事業を起さんとする者のため、障害ともなるから、民政庁においても十分に補助を与えて立直したいと思うから、しかるべき人物に話をして貰いたいと云う事でありました。そこで私は安田翁が支那で仕事をしてみたいと云う考えを持っておられることを知っていましたから、この問題を翁に持出して見たのです。かつ附言して、日支間の取引に双方不便とするところは、両国貨幣本位を異にする点である。ことに満洲は当時総て小銀貨取引であり、そして小銀貨の相場はロンドンの銀塊相場によって左右されるのではなく、全く日支人が代金の受払いをする時機において、ロンドンの銀相場に頓着なく、上下する有様である。それは日本商人が、支那で仕入れた品物の代価を払う時機が来ると、小銀貨相場は必ず上る。

また日本商人が、支那人に売込んだ商品の代価を受取る時機が来ると、小銀貨は必ず下る。と申すのは日本商人が満洲で受取った代金を、内地に廻送するには、先ずその小銀貨を以て錻《カイ》に替え、上海を経て送金せねばならぬ状態であるからである。かつ受払いの時機と云っても、必ず一定したものでなく、いつでも、多額の受払いがある時になれば、ただちに地方的に相場が動くのである。例えば陵陽《りょうよう》においては支那の銭荘《チェンチャン》が十数軒もあって、日々商取引の模様を探知し、商人の中間に在って、巧みに小銀貨相場の利を壟断《ろうだん》しているのである。もっとも三井物産その他資力ある商人は、小銀貨の安い時に買入れ置き、これを正金銀行に抵当に入れて利息を払うても、受払いの時、小銀貨相場の変動の不利を、避ける事を心掛けているが、資力の少ない商人はその真似が出来ないので、常に難儀をしている。ゆえにもし盛隆銀行を引受けられたなら、この点について、商取引上の妨害を除く工夫が緊要ならん、と申したところ、翁はよく話を聴いておられたが、ただちに大要を了解されて、これは大分面白い仕事だ。しかしそれに適当な人を得ることが容易でない。誰か人があるのですかと尋ねられたから、自分には全くない、貴君の目鏡で選ぶより外ないと申したら、なおよく考慮すると云う事で、その日は別れました。数日を経て翁の云われるに、自分にただ独り適当なりと認むる人がある、それは原田虎太郎である。彼にも相談したが、いよいよ引受るなら、自から彼の地に在勤して充分に行ってみると申しています。もっとも善三郎は切《しき》りに断われと申していますが、しかしどうも仕事が面白いようだし、かつ民政庁でも、それ程に力を添えると云うなら、一つ行ってみましょう。私も白仁長官に会うて話を聴きもし、また意見も陳べましょう。原田にもよく満洲の事情を話してくれと云う事で、遂にその後各方面の話が纏《まとま》って、原田君が渡満されて、盛隆銀行の立直しを行ったのです。そして原田君は取締役の支那人を使って、支那の銭荘と取引を始め、遂に各銭荘の親銀行のごとき地位を占め、小銀貨相場はほとんど盛隆銀行の方針に因て、定まるようにして、激変の弊を除きまた支那人間《かん》にも信用を博して、大いに成功されたのでした。しかるに原田君は三年余りも満洲に滞在し、大分長くなり、かつ銀行の業務も安心の出来るようになったし、また最初総長との約束の期限も来ているから、是非内地に返して貰いたいと、切なる希望があったので、翁もそれを許したのです。しかるにその後時勢の変遷やその他の事情のため銀行は悲況に陥ち、今では大分安田家の御迷惑になっておりますが、前申した通り、元は私が翁に御勧めしたのであります。

翁が金融業において、非凡な才能の所有者であったことは、私は早くより、窺い知って、敬服していたのであります、それは明治三十年に私が正金銀行の海外支店廻りをして、帰朝した時、一日翁を安田銀行に訪い、翁の事務室で、海外視察談をして、多少翁の参考になることもあらんと思い、ロンドンの大銀行が支店の業務を監督して、かれこれ金繰の都合を計っておる、手段方法等について、説述したところ、翁は真面目に聴いておられたが、軈《やが》て話が済むと、翁の机の前の棚から、数冊の日本綴《つづ》りの帳面を取り出して、私に見せなながら云われるに、私も大分諸方に安田系統の銀行や支店を持つようになってみると、今御話のごとき管理方法の必要を感じて、御覧の通り棚には十数冊の帳面があるが、これは誰にも見せないで、皆自分で各銀行及び支店の、日々の金の移動及び貸借等を記入したものである、中には変な事まで書込んでありますが、かようにして毎日それぞれへ送金または回収等出入の指図をしておるのです云々。私はロンドン大銀行の経営ぶりを調べて、多少新知識を獲《え》たつもりでいたところ、何んぞ図らん、翁は銀行経営の原理を、自からの経験に由って発見して、我が国の事情に考えてその主義の大要を実行しておられたのでありまず。

また翁が他人の器量を見抜いてその仕事を助けたことは、多々ありますが、とりわけ雨《あめ》宮《みや》〔敬次郎〕氏の事業を扶《たす》けた事や、浅野〔総一郎〕君の事業に手伝われた事は最も能く知られている事です。

また先年紙器会社の事で原田君を以て私に相談がありました、それはもはや継続して行く見込みがないから、破産させるより外ないと思うが一体どう云うものだろうと云うことであった。これは当時私が大蔵大臣であり、かつ紙器会社と興業銀行との関係もあったため、相談された事だと、後で思いましたが、しかし、私は安田翁が紙器会社に関係しておる事はこの時始めて聞いたのです。しかもその金高も大分巨額である。私は原田君に向って云うに、この紙器と云うものは米国では初めは微々たるもので、合衆国で消費する箱類のようやく二割ぐらいしか使用されなかったが、年々に需用が殖えて十年後には、消費される箱類全部の八割を、紙器が占むるようになったと云うことを聴いておるが、日本でも将来発展の見込みある仕事には相違ないと思う、かつ国の森林制度から考えても、もし我が国の箱類が、米国のごとく紙器に替るようになれば、国益も少なからざる次第である、今日会社を破産させれば、事業も共に亡び、またすでに注込んだ金は永久に戻らない、もし今日までの事は全損《まるぞん》と諦めて、今より新たにこの事業を起す覚悟で、適当に経営したなら、あるいは旧資本を生かすことになるかも知れない、要は経営者に適材の人物を選ぶにあるから、一つ再考せられてはどうかと、話したところ、その後翁も事業そのものの有望なる事を認め、以来資本の融通をなしまた世話もして今日に及んでおると云う事を聴いております。

たしか大正九年の末か十年の始め頃だと記憶しますが、ある日宅へ見えていろいろ話された事の中に、自分は浅野と両人して、京浜運河開掘の計画を立てて、東京市へ出願した事がある。その時の市長は阪谷〔芳郎〕さんであったが、その事業は市自から行《や》るつもりであるから、民間に許可は出来ないと謂われて、断わられたが、それ以来今日に至っても市では許可しない。自分はこの運河が出来れば京浜間の荷物運送の費用と海上の危険が少くなって余程物価に好影響を来たすと、考えたのである。自分等の出願した当時は三千五百万円で、工事が出来、埋立地も出来て、決して、算盤《そろばん》の採れぬ仕事ではないと確信したのである、今なおその考えは変らない。かつ引続き世間で云う東京の港も必要な事業である。いずれ東京市か国が行《や》る事と思うが如何にもまだ決心がない。ついては自分は市の事業でやるならやると早く着手して貰いたい、今日では迚《とて》も三千五百万円では出来ないと思うから、自分はただ素志を貫くためまた東京市を促すため、その費用の中へ二千万円を寄附し、そのあとは年々少くも五十万円ぐらいずつ寄附する余裕が自分の手許の私財で出来る積りである。よってこの行為を実行するため数人の委員を作りて、それに任したいと思うから、君は一つその委員長となりてこの事を遂行して貰いたいと云う話であった。私はその挙は甚だ美にしてかつ壮とするに足る、しかし自分は左様な仕事に責任を持つことは、不得手である。ことに現在奉職中の身分であるから、それは他にしかるべき人を御選びになりたいと答えて袂《わか》れたのですが、これを以て見ても翁は大なる経済的の眼を以て普通人の実行し得ざる事を自からなさんとした、その志のあることが明瞭《めいりょう》であります。

もとより翁が世話をされた仕事が、皆成功して目的を達したとは申されませぬ。時勢の変化や、当事者の不注意、その他いろいろな妨げで、悲況に陥ったものも少くないと思いますが、しかしそれがまた一面において、翁の尋常ならざる志の所有者であった事を物語っておるのであります。

およそ新たに起す仕事には相当危険の伴わざるものはないのであります。私はかつてロンドンの「ロード、ロスチャイルド」から聴かされた事がありまして、安田翁にもその話をした事があるのです。

　ロスチャイルド卿の云わるるに、自分は世間から金持と見られかつ金を儲ける者と見られておる、しかして自分でもまたその通りであると思っておる。さて金持となるとなかなか人の知らない苦労もありまた世の中のために尽すべき義務もある。いずれの国家でも大切なものは国民の生活である。そして国民の生活に最も大切なものは産業である。しかるに産業の事たるや、仕事の創設には、失敗と云う危険が伴うておるものである。そしてこの危険は普通の人の負担し難きものである。しかるに金持はその収得する利益の中、多少消え失せても差支ないほどの余裕がある、すなわちこの余裕の資力を以て、先ず新たな製造事業なり、鉱山の試掘なりをして、幸いに目的が達せられたなら、ここに始めて株式組織を作るなりして、一般の人々に利益を分つのである。もし目的が外ずれた時は、金持が損失するのみで、世間の人々に迷惑は掛けないのである。これが自分のごとき金持だ、世のため尽す義務と心得ておると云うことでありました。

　我が国では今日では大分変ったようにも聴きますが、安田翁の全盛の時代、すなわち今から十五、六年前までは、資本家にして「ロスチャイルド」卿の云われたごとき心掛けの人は、甚だ稀《ま》れであったようです。資本を投じてその仕事が甘《うま》く行けば、大概これを己れに独占して、一般に利益を分つことはせず、却って小資力者の仕事までも併呑《へいどん》すると云う風が行われていたのであります。従って資本家の経営に属する銀行は一般の預金を己れの事業に使用する弊もなかったのです。しかるに安田翁はこれぞと云う己れ独有の事業を持たずに、その吸収した預金は広く産業界に融通する事を以て念とせられたのです。

私がかつて大蔵大臣在職中、大銀行家の貸出方についてしばしば世間の実業家の苦情を聞かされましたが、極端に云う人は今日、本当に資金を実業界に散布しておる者は安田だけだと云う人もありました。これらの事象を考えてみますと翁の心掛けと「ロスチャイルド」卿の心掛けと髣髴《ほうふつ》たるものがあったと思われます。

また世間の噂には、翁の悪口を云う者も、沢山ありましたが、私は未だかつて翁が虚言を云ったとか、人を騙《だ》ましたとか云う悪口は一度も耳にしたことがありません、蓋《けだ》し翁は正直を以て成功の本として、おられたと思われます。

人生を観るに、人は職業に成功すると云うほど大切な事はないようです。そして職業に成功するのが、人類生存の基準であると申して過言でなかろうと思うのです。されば人として職業のないほど、恥かしいことはないのであります。

古《いにし》えより後世に名を伝えられておる、内外の先輩諸士の、事蹟《じせき》を見るに、その人々はいずれも職業に成功したのであると云い得るようです。そして職業なりまたは職務に成功する根元は何かと申せば、一言にして云えば、正直と云う事であると申して、誤りないようです。されば総て人の言語動作は、その人の誠心誠意すなわち正直の発露であらねばならぬのです。そしてこの心を以て万事を几帳面《きちょうめん》に折目正しく取り行わねばならぬのであります。ゆえに自分の従事しておる仕事が如何に卑近な事であっても、また如何に簡単な事であっても、それに心の真を籠めて、忠実に取扱わねばならぬのであります。しかるに若い人の中には動《やや》もすると、仕事をしながら、詰らない事をしているのだと、自から己れの仕事を軽蔑して、掛ることがありますが、さような心掛けでは職業に成功する事は出来ないので、己れの仕事に向っては本気を出して、飽くまでも大切に取り行ってこそ、他人が先ず、己れの仕事に、信を置いてくれるので、そして、それが軈《やが》て己れの信用を築き上る事になるのであります。

　これについて面白い訓話があります。先達て友人から聞いたのですが、今その道筋の大要を摘んで申せば、ある時故井上公が客をされ、余興に前の〔三遊亭〕円朝を呼び、一席の話をさした時の話に、ある三味線の名人がいて、久しく病床に在って、自分の命が旦夕《たんせき》に迫れるを知って、暇乞《いとまごい》のため、重立《おもだち》たる弟子共を病室に集め、自から床に坐って三味線を取寄せ、弟子共に向って云うに、この三味線は最も大切に秘蔵しておるのだが、銘は獅子と云うのである。しかしてこの銘はある貴き御方様より戴いたので、その意味《いわれ》は、獅子と云う獣は鼠一疋《ぴき》に向って打掛る時も、また虎のごとき猛獣に向って打掛る時も、渾身《こんしん》の力を込めて掛るのである。鼠だからと云うて決して軽蔑して掛らない。三味線を引くのも、これと同様に、聴手が素人であろうが、玄人であろうが、それに心を置かずして、三味線を手にした以上は、渾身の勢力を出して引かねばならぬと、教訓して、それから三味線を引始めたが、聴いている者をして三味線が師匠であったか、師匠が三味線であったかと思わするまでに、感動したと云う事であります。

故安田翁の平生を窺い見るに、事に臨んで少しも軽浮する事なく、飽くまで渾身の力を用いて処断された事は、浅野君などからも、しばしば実際談を聴いているのですが、その趣は、内外偉人の心掛けと、自から軌を一にしておるものがあったと思います。

私は今日の追遠会に故翁を追懐して下手な俳句を口遊《くちずさ》びましたから、ここに恥を御披露して、話を結ぼうと思います。

○翁が平常質素勤倹を躬行された事を憶うて

△勤倹の徳の光りや松の月

○翁が蓄積を弘く産業界に散布されたことを憶うて

△民財や勤倹翁の花かたみ

○翁が植付た事業の整理時代に入り第二世総長の下に昌《さか》え行くを見て

△植置きし千草穂に出で咲匂ふ

○翁が草葉の影より安田家の事業の発展を嬉しく眺めおられると憶うて

△色々の花咲く野辺の野守哉

○今夕諸君と同席した感想

△八千草の色も香もある追遠会

長時間御聴き戴いた御礼を申します。

昭和二年の金融恐慌を憶う

大混乱の財界

あの時のことを思い出すと、実に感慨無量だ。昭和二年三月十五日に「あかじ銀行」が休業し、その波動が八方に拡《ひろが》って、毎日各地に銀行の休業、破綻《はたん》が続出し、財界の不安は日増しに加わって行ったが、四月に入るとその第一日から鈴木商店の整理が伝えられ、株式市場株が一斉に崩落した。

それに一方においては支那問題がますます紛糾して、中部方面においては各所に動乱が起り四月四日には南京の日本租界において支那暴民の大掠奪《りゃくだつ》が行われ、北京においても支那官憲がロシアの大使館に侵入して家宅捜索をなすなど、支那事態の重大を伝えて、諸株はいよいよ低落する一方であった。

かくて四月八日に至り神戸の六十五銀行が休業し、鈴木商店の業態が危険を報ぜられ、神戸を中心として関西金融界の不安が著しく拡大し、コール市場は事実上閉鎖せらるるに至ったのである。鈴木商店の危険が伝えられ、六十五銀行が休業したということは、これと最も関係の深い台湾銀行に対する危懼《きぐ》の念を一層に強からしめ、当時すでに緩慢なる取付けを受けつつあったものが、ここに至っていよいよ急激なる取付けを受けた。ことに同行に対して巨額のコールを貸付けている銀行は、相前後して回収を始めたので、台湾銀行は非常の窮地に陥りもはや支払停止をなす外に方法がなくなってしまった。

そこで時の若槻内閣は、日本銀行をして台湾銀行に対し、二億円の金を貸出させ、これがためにもし、日本銀行に欠損を生じた場合は、政府がそれを補償しようという案を立て緊急勅令を以てこれを発布しようと企て、四月十四日該案を枢密院審査委員会に付議したが、同会は満場一致を以てこれを否決した。それでも政府は本会議において飽くまで本案の通過を図ったけれども、その努力は遂に水泡に帰し、内閣は責《せめ》を負うて辞職した次第である。

そして台湾救済の緊急勅令案が不成立に終ると同時に、同銀行の内地及び海外支店は一斉に閉鎖の止《や》むなきに至り、これが財界に非常のショックを与えて、十八日に至ると日本銀行の貸出しは空前の激増を示して八億八千万円に達し、これを前日の五億八千万円に比し、僅《わず》か一日にして約三億九千万円を増加したのである。十九日に至ると全国金融界の動揺はさらに甚だしく、各地の銀行が相次いで休業するもの多く、対米為替も四十八ドル八分の三に低落し、財界の不安はいやが上にも加わり行くばかりであった。

この混乱の最中、四月十九日午前十一時に組閣の大命が田中〔義一〕男に降下した次第である。田中男は大命を拝して宮中から退出するとその足ですぐに私を訪ね大蔵大臣として入閣してくれといった。

私は当時すでに七十四歳で、大正十四年以来政界を隠退し、閑雲野鶴《かんうんやかく》の身であったけれども、当時の財界は非常なる危殆に瀕《ひん》していたのみならず、同時に我が国の海外における財界信用もほとんど全く失墜し、外国の諸銀行が日本の銀行との取引を拒絶して来るような状態にあったので、私はすでに老齢でもあり、また当時は病後の衰弱がまだ回復していなかったけれどもこの国家の不幸を坐視するに忍びないという気になり三、四十日間という約束で就任を許諾した次第である。私の見込みでは三、四十日で一通り財界の安定策を立つることが出来ると考えたからだ。

親任式の行われた四月二十日の午後六時半は、式後ただちに総理大臣官邸で最初の閣議が開かれ、私が自宅に帰ったのは夜の九時頃であったが、私は自宅に帰るとすぐ日本銀行総裁、同副総裁及び大蔵次官を招致し、すでに数日前から緩漫なる取付けを受けていた十五銀行の救済問題について意見を徴した。それから日本銀行をして二十一日の午前三時まで非常貸出しを敢行するよう交渉し、かくて各銀行の手元準備の充実に努めた。

ところが二十一日午前二時半、十五銀行休業の報が一度《ひとたび》伝わると、不安に脅えた預金者達は二十一日の明るのを待って怒濤《どとう》のごとく各銀行に押し寄せ、東京、大阪、名古屋、京都、神戸等の大都市においては勿論《もちろん》、地方の各市邑《しゆう》に至るまで、三百人、五百人、千人という多数の預金者が銀行の窓口に殺到して取付けを始め、ここに全国的の大恐慌を現出するに至ったのである。

日本銀行の恐慌対策

日本銀行はこの恐慌状態に応ずるため二十一日も非常貸出をつづけ、この日一日の貸出高は六億一百万円に上り、貸出総額は十六億六千四百万円、兌換券発行高は二十三億一千万円で、前日に比し六億三千九百万円を増加した。

元来、日本銀行の貸出金は平常二億五千万円前後であって、一番多い時でも四億七、八二万円を超えない。少い時は一億二、三千万円のところを上下しているのである。それが二十一日にはただ一日の間に六億円を突破し、総額十六億六千万円、すなわち平常の七倍以上に激増したのである。また兌換券の発行高も平常は十億円内外であったが、二十一日に一日で発行した分だけでも六億三千万円で、総額は一躍して二十三億一千万円の巨額に達したのだ。実に空前の発行高である。

かように急激に増加したものだから、日本銀行では兌換券が不足となり、金庫の中に仕舞い込んであった破損札まで市中に出したがそれでもなお足らぬので、俄《にわか》に五円十円札と二百円札とを急造することになった。右の数字並びに事実が示すがごとく、昭和二年四月二十一日の財界は、前古未曽有《みぞう》の混乱状態に陥らんとしていたのである（編者曰く、高橋翁は当時すでに前総理大臣で田中首相より先輩であったけれども、この危機を救わんがためにこの一大蔵大臣としての入閣を承諾したわけである）。

間髪を容れずモラトリアムの断行

二十一日には午前十時から夜に入るまで、打《ぶ》っ通し閣議が続けられたが、午前十一時頃だったと思う、私は各方面から集まる情報に基いて、二つの応急処置を取ることを決意し午後の閣議にこれを諮《はか》って、各閣僚の同意を得た。それは（一）緊急勅令を以て二十一日間の支払猶予令、すなわちモラトリアムを全国に布《し》くこと、（二）臨時議会を召集して、台湾金融機関の救済及び財界安定に関する法案に対し協賛を求むること、この二つであった。

ところが、モラトリアムの緊急勅令発布の手続を踏むには、如何に急いでも二十二日一杯はかかる、発令は二十三日と見なければならぬ。そこでこの二日間応急処置を講じなければ危険だと考え、閣議決定と同時に私は三井の池田〔成彬《しげあき》〕、三菱の串田《くしだ》〔万蔵《まんぞう》〕両君を招き、モラトリアム実施の準備行為として、民間各銀行は二十二、二十三の両日自発的に休業して貰いたいと相談した。両君はこれを諒承《りょうしょう》してただちに銀行団にその意を伝え、私の希望通り実行することに決定した次第である。

そこで一刻も速かに国民に安心させるために声明書を発表することになった。すなわち「政府は今朝来各方面の報告を徴し慎重考究の上、財界安定のため徹底的救済の方策を取ることに決定しその手続に着手せり」というのである。

右の応急処置は疾風迅雷的に決定し、間髪を容れるの余地もなくとり行ったわけだ。一方、東京銀行集会所及び手形交換所聯合委員会は、二十一日午前十一時半頃、臨時委員会を開いて金融動乱に対する応急対策について協議した結果、この場合、各市中銀行の連盟に困難なる事情あり、ただ日銀の徹底的援助を待つのみ、しかしこれを行うとすれば日銀の損失を補償せざるべからず、それがためには議会の召集または緊急勅令の発布によるの外《ほか》道なしと決定し、池田串田両君がこの決議文を携えて日銀の市来、土方正副総裁と共に、私を訪問して陳情せらるるところがあったが、内閣ではその時すでに補償案を決定し、その法文を練っていたところであった。

その夜十一時ごろ対策案が出来上ったので、私は総理官邸からただちに倉富《くらとみ》〔勇三郎《ゆうざぶろう》〕枢密院議長を訪問して、あす緊急勅令案が枢密院に御諮詢《しじゅん》になる手筈であるが、ついては事態の急なるに鑑み、一刻も速かに議事を終了し、財界の不安を一掃せられたいと述べ、一方、平沼〔騏一郎《きいちろう》〕副議長には前田〔米蔵《よねぞう》〕法制局長官が行って諒解を求めたという事だった。

かくて私が自宅に帰って床についたのは午前二時過ぎで、翌二十二日には早朝五時に起き、八時には官邸に出勤したという有様。老齢でことに病後ではあり、家人達は頗《すこぶ》る心配したが、人間は精神が緊張している時には、割合いに疲れぬものだ。それで私の健康は大丈夫だったが、折悪しく総理大臣が俄に発熱して一週間ばかり引籠《ひきこも》ることになったので、私は総理大臣の代理までしなければならぬことになり、午前九時に赤坂離宮に参内し、財界救済の応急策としてモラトリアム施行のやむべからざる旨を上奏し御裁可を経た。

そこでただちに枢密院に御諮詢となったが、枢密院側とは予《かね》て打合せが出来ていたから、枢密院では早手廻しに精査委員会を召集して御諮詢案の廻って来るのを待ち構えていたという有様で、午前十時半頃から委員会を開き、十一時五十分頃全会一致を以て可決した。

次いで午後二時半から宮中東溜の間で、天皇陛下親臨の下に本会議を開き「憲法第八条第一項による私法上の支払延期及び手形の保存行為の期間延長に関する緊急勅令案」を付議し、満場一致可決確定した次第である。

死を賭す苦闘幾日

全国銀行二日間の休業、モラトリアムの緊急勅令、臨時議会召集この三大事を疾風迅雷的に断行したが、私は、その結果に対して確心を有していたけれども、しかしこれは非常な大仕事であった。というのは、先ず全国銀行二日間の休業であるが、これは二十二日、二十三日と休業し、二十四日は日曜日であったから結局三日間の休業となったわけで、大小となく総ての銀行をたとい三日とはいえ、全国という広い範囲において全然休業せしめたということは、世界の歴史にも恐らく稀有《けう》の事であろう。しかも三日間の休業後、二十五日に至って再び店が開かれた場合に、二十一日のごとき取付け騒ぎが再現しないかどうか、これは神様以外に断言し得るものはない。

もし二十五日に至って、二十一日と同じような恐怖状態を繰り返すならば、内閣は成立後五日にしてその責を負わなければならぬ。すなわちこのサイコロの動き如何によって財界の安否も内閣の運命も定まるのだ。そこで私はこの三日間にあらゆる努力を尽して対応の策を講じた。

先ず日本銀行に交渉して、従来取引を許していた銀行以外の銀行に対しても資金の融通をなさしめ、担保物の評価に関して寛大の方針を取るようにした。

そして二十四日は休日にも拘らず非常貸出を続け、また正金銀行の方でもその海外支店に命じて、預金者や債権者の取付けに応ずべき十分なる資金を準備せしめた。その結果、内地の各銀行は云うに及ばず、海外における支店も悉《ことごと》く再開の準備を整えた次第である。銀行の準備が出来たということが知れ渡れば、取付け騒ぎは自然に止《や》むわけで、それに三日間の休業は却って人心を冷静に帰らしむる余裕を与え、不安気分が大いに減じたのは幸いであった。

それでもまだ十分安心は出来なかったが、いよいよ二十五日の朝になって、上塚〔司〕秘書官に命じて市中銀行を巡視せしめてみると、各銀行はいずれも早朝から店を開いて綺《き》麗《れい》に掃除し、カウンターの内に山のごとく紙幣を積み重ねて、どれだけでも取付けに応ずる威勢を示しており、甚だ平穏だという報告があり、警視庁あたりの報告も同様で、先ず胸を撫《な》で下ろした次第だ。当日東京市内では一、二の銀行に取付けがあっただけで、中には開店前にわざわざ数十万円の札束を運び込んで預け入れた人もあったということで、東京市中は全く平穏裡に二十五日を終った。

全国各地方からも頻々と電報が来たが、二十一日の陰惨な電報とは打って変り、いずれも平穏を報ずるものばかりであった。のみならず、二十一日に預金を引出した連中は、その処置に困って一流銀行に持ち込むという有様で、一流銀行の預金者の殺到と変ったのである。

感激に満つ議場

かくて銀行休業の非常手段は予期以上の好結果を収め得た。先ず第一の難関を通過し得たわけである。次に第二の難関を通過しなければならぬ。それは臨時議会だ。当時政府の与党たる政友会は百六十名で、憲政会と政友本党の合同による新党倶楽部は二百三十二名の多数であって、なかなか楽観は許されなかったのである。しかし私は尽忠報国の至誠の前には敵《かな》わないと信じていた。臨時議会は五月三日を以て召集され同八日まで開かれたのであるが、四日は開院式で議事が開かれたのは五日以後四日間に過ぎない。しかもその四日間はほとんど全部が衆議院の委員会に費され、最終日たる八日午後四時二十分にやっと委員会を通過したという有様だ。この四日間の応酬で私は随分疲れが出た。

二塚（秘書官）がともかく一応医者に診《み》て貰ったがよかろうと勧めたけれども、医者に診て貰えば静養しろというに定《き》まっている。しかし議場で死ぬとしても静養してはおられない身分であるから、医者に診て貰う必要はないといってとうとう頑張り通した。

議案がやっと衆議院本会議を通過して、貴族院に廻付《かいふ》されたのは最終日の午後六時頃であった。午後十二時に会期満了となるのであるから、貴族院の審議時間は僅か六時間に過ぎない。それで会期を延長するのがむしろ当然であったかも知れぬが、私は一日も早く財界救済法案を決定して、人心の安定を図らねばならぬと考えたので赤誠を披瀝《ひれき》して貴族院の諒解を求めた次第であるが、午後七時半頃から委員会が開かれ、九時半になってもなお質問が続出して、いつ果つべしとも見当が付かない。困ったことだといらいらしていると阪谷男が俄かに謹厳な態度で起立し「私は本案に対して絶対に賛意を表するものである」と賛成演説をなした。

イヤこの時は実に嬉《うれ》しかった。それで十時二十分ごろ委員会を通過し、本会議で可決確定したのが十一時半頃。それから慣例によって貴衆両院の幹部室にお礼廻りを済し、自宅に引上げたのは午前一時半頃であった。実にこの日の貴族院ほど緊張した、そして感激に満ちた光景は、私の経験中稀《まれ》に見たところで、私は非常に満足であった。帰途自動車の中から皎々《こうこう》たる月を眺めた時には実に何ともいえない、のびのびした安らかな気持だったことを覚えている。かくて第二の難関を切り抜けたわけである。

第三の難関

第二の難関も無事に切り抜けたが、しかしまた第三の難関が残っていた。それはモラトリアムの結果如何である。

戦争の場合とか天災地変の際に当って、銀行預金ばかりでなく、一般支払いの延期をなすことは往々その例を見るところで、近くは世界大戦争当時の欧州諸国、関東大震災当時の我が国においても被害地方にこれを実施したのであるが、しかしながら単に銀行の取付けがあるということのために、私法上の一般債務の支払いを延期する法令を発布したことは、啻《ただ》に我が国においてのみならず世界においてもその例を見ないところである。

再混乱に備う

すなわちこの支払い猶予令の要領は、昭和二年四月二十二日以前に発生し同日より同年五月十二日までの間において、支払いを要すべく私法上の金銭債務としての債務者については二十一日間その支払いを延期するというのであって、五月十二日に支払い延期の期限は満了するのであるが、もしこの時に各種の債務、ことにコールに対する取付けが行われたならば、我が財界は再び結滞を生じ、折角安定しかかったものがまた混乱に陥る危険がある。

そこで期限満了後の処理について十分の注意を払い、対策を考慮していたが、幸いにしてコールに関しては期限満了前に談合が整ったので、五月十二日が到来しても財界にショックを与えず、なんらの破綻も見ないで、無事に第三の難関を通過し得た。かくのごとくにして、さしもに混乱を極めた財界もここに初めて安定の緒に着き、閉店中の台湾銀行各支店も一斉に蓋《ふた》を開けることとなったので、私は、六月二日にお暇を願って野に下った次第である。

この事件の教訓

以上、私が難局に当った経験の一つを話したが、国民があの財界大混乱当時を時々思い出すことも、決して無駄ではないと思う。事業家も、銀行家も、政治家も、当時の轍《てつ》を踏まぬよう十分戒心して貰いたい。

今日は国家非常時といわれ、ことに財政、外交に関し困難の問題が多いが、歴史を見ると三十年戦争の後にも、ナポレオン戦争の後にも、また最近の世界大戦争の後にも、大戦乱の後にはいつでも各国の政治家が平和維持の方策を苦心考究するの例であるが、従来彼ら西洋人のなし来ったところは、専ら勢力の均衡を主とし、武備を柱としての平和工作であったから、それがために却って再び戦争を誘発した。武備を柱とした平和は一時的のものであって、決して永久的のものでないということは、過去の経験によりて明白である。永久の平和は各国民が互に信頼するということによりてのみ求め得られると思う。

例えば一家の生活を見てもその通りで、一家和合ということは、一家族が互に信頼するということから起る。信頼があってこそ、出来ることだ。また経済界においても工業、銀行、商業など各種当業者の間に相互の信頼があり、資本家と労働者の間にも、同様信頼があってこそ、繁栄を見ることが出来るのである。

松方公と金本位制

私の生涯中最も愉快であった話をしろというのか？　一身上の愉快だった話などをしても下らない。……それでは国家のため私が愉快に感じたことの一つを話してみよう。それは松方さんが金本位制を創定《そうてい》されたことである。

日本では明治の初めには金本位制を採用し、金の目方四分を一円として五円、十円、二十円の金貨を造ったが、この正貨が貿易の関係でほとんど外国に流出し、さらに明治十年の西南役があって、純然たる不換紙幣国になってしまった。それで横浜、神戸などの開港場ではメキシコ・ドルが使用され、政府でもこのメキシコ・ドルに倣《なら》って一円銀貨を鋳造し、自然に銀貨通貨国となった。ところが日本銀行の兌換券は依然として金何円というものを発行していたが、この紙幣とドルとの交換差額が非常に大きく、銀貨一円に対し紙幣一円八十銭にまでなった。

そこで佐野〔常民《つねたみ》〕大蔵卿——明治十三年二月から翌十四年十月まで大蔵卿であったが——この人が銀貨と紙幣の交換差額を失すべく時々大蔵省から円銀を売り出した。ところが相手は多く支那人でなかなか狡猾に立廻るものだから、売り出した当座は一円二、三十銭にまで接近するけれども、暫《しばら》くすると忽《たちま》ち紙幣が下落する。数回やってみたがいつでもその調子だった。

そこで明治十四年十月、松方さんが佐野さんに代って大蔵卿になってから、正金銀行に命じて茶とか生糸とか陶器とか、輸出品の代金を受取ったらその金で銀塊を買って送るようにした結果、銀が十分に準備され、従って銀と紙幣の交換差もなくなり、立派な銀本位国になった。

松方さんは日本を欧米並みに、金本位国にしようという希望を有し、久しくその機会を覘《ねら》っていた。ところが明治二十七、八年戦役の結果、清国から二億両《テール》の償金を受取ることになったので、その両をポンドに切り換えてロンドンで受取り、それをイングランド銀行の当座預金とした。これは松方さんの深い考えから出たことで、この金で金本位制に改めようと思ったのだ。

松方さんは二十八年八月、一旦大蔵大臣を辞職したが、二十九年九月に総理大臣を以て大蔵大臣を兼ね、いよいよ金本位制の創定《そうてい》に着手された。当時私は正金銀行の重役で本店支配人であったが、金本位制に関して松方さんから意見を求められた。それは誠に結構、好機逸《いっ》すべからずである。

そもそも金銀の比較は昔のラテンユニオンでは金一に対し銀十六であったが、その後銀の産出が増加して今では金一、銀三十二ということになり、銀の相場は昔の半分になった。そこで今、金本位に直すとなれば従来金四分を一円と定めていたのを金二分を一円、すなわち半分に平価切下げをやれば、円銀の相場にも一般物価にもなんらの変動なく、円滑に実行が出来るということを答えたら、松方さんは大いに喜ばれた。

ところが当時大蔵省に設置されていた貨幣調査会の意見は銀本位制で、松方さんに反対である。また大蔵省内にも種々の異論があって、結局ホンコン上海銀行のジャクソンの意見を聴いてみるがよかろうという者もあった。私はそれには断じて反対した。日本の制度を定めようとするのに外国の銀行家の意見を聴く必要はないのである。当時私は金本位制賛成意見を二、三回新聞に出したこともあった。

松方さんは金本位制採用と肚《はら》は定《き》まったが、なおいろいろの困難がある。当時海外に出ている日本の銀貨は少からぬ高に上るだろうと想像された。上海、ホンコン、シンガポールなどへ多額の銀貨が出ていたのである。そんな銀貨を引換えに来るとなると、またまた金準備がなくなりはせぬかという虞《おそ》れがある。松方さんはそれを心配されたが、私がいうのに、その御心配は御無用だ、一度《ひとた》び海外に出た銀貨は銀塊と見做《みな》すべきものであるから、円銀の輸入を禁止すれば何でもない。

しかし松方さんは外国銀行に対していささか遠慮のように見受けられ、六ケ月の期限を付して輸入を禁止しようといわれたが、私はそれは余計なことである、ただ発令の日以前に船に積み込んだものだけ輸入を許せばよいと進言した。

次に補助貨の問題がやかましかった。如何に補助貨といっても、実際の市価とあまり懸隔があっては面白くないという意見が多かったが、私はそれも余計なことである。市価を考慮する必要は断じてない。銀は将来ますます下落するかも知れぬ。市価を本とするならば、その場合はまた補助貨を改鋳しなければなるまい。思い切って銀の分量を減じて置きなさいと進言したが、それでもその頃の人達の頭ではどうしても市価を無視することが出来ず、なるだけ市価に近いものを造ったが、果してその後、度々《たびたび》改鋳して小さくしたという次第だ。

かくて明治三十年三月二十九日、金本位の貨幣法が公布された。これは私が直接関係した仕事ではないけれども、私の意見が多少当局大臣の参考となって貨幣法が確定したので、私は大いに愉快だった。

どうすれば一国の生産力は能く延びるか

実際問題の意見は容易に立たぬ

経済の問題は申すまでもなく非常に複雑したものであります。何か一つの極《き》まった問題について具体的に御話をしようと云うのには事実について御話をせねばならぬのである。しかるに不幸にして我が国にはその事実について御話するだけの確実なる統計がほとんどないと云ってよいのであります。これは独り我が国ばかりではない、先進国たる欧米においてもまだ完全なる統計を得ると云うことは頗《すこぶ》る困難としているのであります。と云うのは時々刻々経済状況と云うものが変化しつつあるのである。ことに我が国の統計は誠に貧弱であります。譬《たと》えて申せば近来世の中では輸入超過と云う声が盛んに唱えられて、かくのごとく毎年毎年数億円の輸入超過では、軈《やが》ては我が国の金貨も悉《ことごと》く外国へ取られて仕舞うであろう。また為替相場はドンドン下る。そこで金の解禁論も出る、しかしてこの輸入の関係においては、何を基礎として昨年は五億幾ら今年は三億幾らの輸入だと云って新聞雑誌に掲載されているかと云うと、これは税関の輸出入の表に拠るのである。

もし貿易の彼の数字によって事実を見れば、我が国の正貨はもはや大正八、九年頃すでに無くなっていなければならぬ、しかるに大正八、九年頃の我が国の正貨は二十一億あった。貿易のバランスにおいては二十五億乃至《ないし》六億と云う非常な輸入超過を統計では示しているが、実際正貨はどのくらい減ったかと云うと今日なお以て十五、六億の正貨を有《も》っている。五年ばかりの間に五、六億の正貨が減ったに過ぎない。勿論《もちろん》貿易以外に海外から借りた金も輸出入と同様金銀の出入のバランスに現われる、しかしそれも大したことはない、主として貿易の数字がバランスとなっております。

さてそれならば真相はどうであるか何故に税関の表がそうなっているかと云うと、我が国では輸出するものについては税を取らない。ゆえに輸出するものの申告して来る価《あたい》を以て輸出品の価格とするのである。輸入して来るものに対しては我が国では税を取るのである、それゆえにこれについては税関の役人も非常に深く注意をして脱税のないように努める。しかも輸入品の税関の表に載るところの運賃保険荷造費総ての経費が物品の価に積もられている、それが税関の表に載るのである。我が国から出るのは運賃保険料荷造費などは入っておらないのである。ことに輸出商人は輸出品について本統の価を出すものが少ないと云うことを聞いている。何故ことさらに輸出する品物に対して、本統の価より低く積って税関に届けるかと云うと、税関に届けた数字がすなわちその人の営業税や所得税に関係をもつ。ゆえになるべく価を安く届けて置く、これは悪いことであるけれども人情そうなっている。

それゆえに年末払いなどはこの貿易の輸出品の真のバランスを見るのには輸出品の方に一割乃至一割五分掛けている、あるいは輸入品の方をそれだけ引いてそれがやや事実に近いと考える。勿論運賃保険料荷造費の高い場合には二割ぐらい引いてよいのである。今年の貿易は一月から十月末日までで慥《たし》か四十億と聞いている、四十億の輸出入貿易の中《うち》輸入が二十二億、輸出が十八億、それで今日四億円足らずの輸入超過となっている。先達《せんだつ》てまでは六億近い輸入超過であったが、九月十月あたりから輸出季節になって、毎月輸出が超過したために今日では三億何千万円と云う四億足らずの輸入超過と云うことに税関の表ではなっている。それをただ今申したように一割五分乃至二割なり差引いて見たなら、本年の貿易はあるいは事実においては多少輸出超過と見るが相当かも知れない、二十二億の一割五分乃至二割、仮に二割を引いて見れば無論今日では事実において輸出超過でなければならぬ。

しかるに依然として輸入超過が続いて困ると云う悲観論ばかり盛んである。そう云う風に確実でないために具体的に現在の問題について意見を立てることは容易なことではない。その真相を調査して行かなければ大いに世の中を誤る。そう云うものでありますから私の演説は今日一つのある問題について具体的にかつ現状について御話することは避けるのであります。

金本位から物質本位の思想へ

私が浅い学問浅い経験とを以てこの人類社会を考えるとこの人生には二つの道があるように思われる、その一つはすなわち人道教、いま一つを経済教と私は名付ける。私は有史以来ローマにしてもイギリスにしても文明を作ったと云われる古い国々の状態から今日の状態を察して見てもそこになんら変ることがない。人道教と云う方はこれは人類の徳性を涵養《かんよう》して所謂《いわゆる》道徳を進める方の道である。宗教の方にも関係を有《も》つ教育の方にも関係を有つ。経済教の方から云うと、その極致は人類の生活慾を満足させることが経済教の極致である。生活慾と云ったらあまり露骨かも知れないけれどもすなわち生育の慾である。

これは人間ばかりじゃない総ての動物植物に至るまで、生育があって存在するのである。もし、生育がなければそのものは無いのである、して見れば人類には無論成育があるのである。経済教の極致はこの生育の慾を満足させることが要諦である。とこう私は観察するのである。

さてその生活の慾を充《みた》すためには銘々人が孤立して他人の世話にならないで何でもやる

と云ってみたところが、世の中にある物の皆自分一人で作れるものではない。時《これ》は言わずとも分っている。諸君が着ているところの着物がもし木綿であったならばどうしてそれを作る、インドで出来る綿とかあるいはアメリカで出来る綿とかが元である、この綿を作るものは我々が知らない所の男女が働くのである。

またその綿を日本へ持って来るまでには吾々が少しも知らぬ所の鉄道に従事する人達、あるいはこれを運送して来る船に従事する人達、そう云う人達の働きによって知らない人が作った綿が来る。

綿が来ると知らない所の吾々の姉妹兄弟男女の職工がこれを糸に取る機《はた》に織る。また知らない者がこれを染めると云う風に、皆これ人類の生活状態と云うものは知らない人のお蔭を被らざるものはない。

また吾々の働きもその通り、知らない人がそれによって生活をしていると云うようなものである。吾々の田舎の娘達が蚕を飼う製糸場へ行って糸にする。それが外国へ出て焉《いずくん》ぞ知らん。皇后陛下の御召物になっているかも知れない、貴賤《きせん》貧富を問わず人生と云うものは互に知らざるものの世話を受ける。知らざるものの世話をして、今日は成立っているのである。

これすなわち能く世間で言うところの協同共営とか共存共栄とか共同相愛とか云う言葉はすなわちその事実を示しているのである。そこでこの経済教の極致たるところの生活慾を充すのにはどうしたらよいかと云うと、どうしたっても働くと云うことがその本源である。

何人《なんぴと》といえども働かずに衣食を足すことは出来るものではない、他人の世話をすることも出来ない。他人から己れの世話を受けるのは、己れが働けるからこそ知らない人から世話を受け、知らない人の世話をもするのである。この働きと云うものが何かと云うと、一国で云えば国民の生産力である、昔は一国の政治家として最も尊ぶべきものは、金銀なり金銭であると云う考えを有《も》っておったものである。

すなわち強者は弱者の肉を食《は》むと云うような、力を以て他を征服すると云う時代にその力を用いるのには金《かね》がなければならなかった、金が第一に必要であった、その時分の経済教は金《かね》本位であった。

そこで御承知の通りアメリカが発見せられた。北アメリカが発見せられると云うことは、昔ヨーロッパのその当時最も勢力の強かったスペイン、ポルトガルなどからアメリカへ人をやり、土人が採掘して貯蓄しておった金銀を奪って来て先ず南方に到り、メキシコに到りこれを征服し、これらの所有しているところの金銀を自分の本国へ持って来たのみならず、自分の国から職工・労働者をやって、新たに鉱山を発掘して得たところの金銀は悉《ことごと》く本国へ持って帰ったものである、その時代は為政家は金《きん》が第一で金より大切なものはなかった。

金さえあれば力を以て弱いものを征服して行った。しかるに持って帰った金はいつの間にやら余所《よそ》へ取られて仕舞った。何故に取られたかと云うとスペインやポルトガルの国は一時金銀の洪水が漲《みなぎ》ったようなもので、国民は自分が作る絹で満足しないで他国で作ったものを無闇《むやみ》に買入れたためにその代りに金銀がドンドンと出て行った。

そこへアダム・スミスと云う有名な経済学者が百五十年程前に一国として尊ぶべきは金だと云うが金ではないといった。金は前に言う通り他の国に取られて仕舞えば無くなるのである。してみれば金よりは品物が大切である。物資こそ国富の元だから盛んに物資を作らなければならぬ。物資はすなわち金を取るゆえんであり金ばかり溜めたって役に立たぬから物を作らなければならぬ、如何にして生産を盛んにするかと云うことが国富の元であると云うのがアダム・スミスの経済論の骨子である。

それから五十年も後にアメリカのビリュウスと云う学者が同じことを唱えてアダム・スミスの言い足らなかったところを補っている。物資が大切である、物資を作るところの国民の生産力を作らなければならぬ、これが元であると説いたが、その生産力を増進すると云うことが今日いよいよ各国共に必要を感じて来た時代になって来たのである。

生産に無ければならぬ四大要素

国民の生産力を増進すると云う事柄は能率の増進と云うことがこの節流行して来ている。各国共に交通は今日から見ると昔は不便であった、蒸汽船が発明されておったところでその当時と今日とはまるで雲泥の違いである。

電信・電話・蒸汽船、また蒸汽船も石炭を焚《た》く油を焚く機械の進歩、今日では飛行機・飛行船なども出来て世界が狭くなって来た、世界が狭くなって来たから、互に国民の生産力の競争が激しくなって来た。

我が国も旧幕府時代のように鎖港と云って、外国と交らないで済ましておられるなら、そう心配もないかも知れぬが、今日あばら家の一軒家ではいけない。いいと思っていると近所隣りへ知らない人が来て自分の生活を脅すようになって来た。

どうしても外国を見ずに我が国の生産力をどうしたらよいかと云うようなことを判断することが出来なくなって来た、総て比較を要することになって来た。

そこで生産に必要なものは何であるか、今日では先ず四つと云われている。資本が必要である、労働が必要である、経済の能力が必要である、企業心の働きが必要である。

この四つのものが揃《そろ》わなければ生産力は伴わない、企業心と云うものがなければ物の改良も拡張も出来ず、新規の仕事も起せない。多少の危険がある。初めて企業を起す、それが先駆となって商業でも製造工業でも発達して行くのである、その企業に必要なのはやはり経営者なのである、それだけ力のある人が経営しなければやはり外国との競争に対抗して行くわけにはいかない。

また資本も豊富でなければ、外国と比べて見て資本が少なければこれも対抗して行くわけにはいかない。労働もその通り労働者の能率が外国の労働者に劣っておった場合には、我が国の生産品が外国の生産品に負ける結果になるのである。

この四つのものが能く進んで行って初めて一国生産の力と云うものが本統に発達して行くのである。今日あるいは労働問題とか資本対労働とかあたかも資本と労働とが喧嘩《けんか》をするようなことが、世間で大分言論にも事実が現われるが、これが離ればなれになって生産が出来るものではない。国力を養うことは出来ない。この四つのものが一致して初めて一国の生産力は延びるのである。

人道教と並び進んで初めてこの世は極楽

働く事が資本を作ることである

それについて、今日我が国ではとかく資本と云うものを軽視する、資本対労働、偶々《たまたま》金のある人の言行が悪いために資本そのものまでも憎むようになって来た。資本なしで何の仕事が起るか、資本と労働と互に喧嘩《けんか》するものではない、一致して行かなければならぬ。

なぜ資本対労働と云うような争いが起って来たか、と云えばこの四つのものが組合って、企業の精神、企業の働きと管理経営の能力と労力と資本とが結付いて働いた結果、利益の分配が悪かったから、資本家ばかり好いことをして労働者には少しもその恩沢に浴されない。

すなわち先年、カリホルニヤのある州で大きな製造所が焼かれた、これなどもその理由はその持主がドイツからアメリカへ移住した人である。初めはやはり職工であった。その人は豪《えら》い人であったから僅な職工を使って仕事を始めて段々成功して遂には数千人の職工を使うようになり己れは数千万の富を成して立派な邸宅に住い、王侯の暮しをしている。しかるに三十年前の職工の状態と今日の職工の状態とは人こそ違っているがその家庭の有様、貧富の有様は変らない、子供の教育も十分に出来ない。

今日生活程度が段々進むに従ってそれに応じて収入の程度も進めなければならぬが、それだけの報酬を得ることは出来ない、その中にただ一人三十年間に立派になったのはこの製造所の持主であった、それが不公平であると云うのが職工の怒りを起すために煽動《せんどう》した唯一の理由で遂に焼かれたと云うことである。

これは利益の分配が不公平であると云うところからこうなったのであるが、そうかと云って資本と労働と分れ喧嘩して生産が延びるものではない。そこで今日無産階級と云うものが出来て、大分新聞などにあるが、これは私は能く聞いたことがないから分らないが、無産のないものが団体を作って横行すると云うことが私には分らない。資本と云うものはどうして出来るか、資本は銘々働いて自分の生活を維持し、必要な経費を差引いたその余裕が銀行貯金、郵便貯金となり、あるいは株券の応募となり、公債、社債の応募金となる。皆働いた人が作るのである。

そうして見れば労働者といえども、取った賃金の中のある分を貯蓄をして郵便貯金なり銀行預金にすれば労働者兼資本家であるのである。ゆえに働くと云う外《ほか》資本の作りようがない。その資本に対しては利息と云うものがある。金利と云うことが起ってくる、この金利は何人が払うか、やはりこれは資本を作った稼業——働きの余裕を以て金利を払うのである、だから、資本を作るものもその金利を払うものも一国の勤労である。労働と云うと範囲が狭いが私はこれを労務と言いたい。

頭を働かせる人も手足で働く人もある。働きにいろいろ差がある。総て働きと云えば労務と云ってよかろうと思う、労務の結果が資本家を作り金利を与えて来る。そうして見ればこの労務と云うものはすなわち前に言う一国の国民の生産力と変らない。この生産力が自ら資本を作って自ら資本に対する利息を負担しているのである。これにおいて日本の労務、すなわち日本の国民の生産力と云うものが、資本に対してどのくらいの負担をしているか、外国との競争上、外国の労力、生産力と云うものが、どのくらいの負担をしているか、これを比較してみなければならぬのである。

金利の引下げが財界に一番必要

今日では幾らか金利は安いと云うけれども事実立派な人が立派な抵当を持って行って公然と借りるには八朱ぐらいかあるいはそれで出来ぬかも知れぬ。けれども中流の工業者が借りるのは一割乃至《ないし》一割五分ぐらいです。一割から一割五分の間の金利を払っているのでありましょう。外国では先ず五分見当、五分乃至七分である。外国の生産力の資本に対する負担は、軈《やが》て日本の生産力の負担している半分である。そうすると日本国民の労務と云うものは、外国の労務より倍の重荷を背負って競争すると云うことになる、これは無理である。

これでは到底外国と競争の出来よう筈がない、ここにおいて世の中に金利引下げ論が起って来る。これは今述べた方面から云って無理ならぬことと思う。我が国生産上に使われているところのものは如何に見積っても百億を下らぬ、貸借は金ばかりの貸借ではない。商工業上信用の貸借がある。実際金融業者その他金貸から労務が借りているその資本に対して倍の重荷を背負っている。これが百億をどうしても下らぬ、あるいは百五十億に上るかも知れない。先ず百億として仮に一割と見たならば十億である、日本の労務は自ら作った資本に対して今日では十億の負担をしている。外国の労務は先ず五分乃至七分と云うのであるから五分低い負担なれば五億の負担である。

この不権衡な負担を我が国の労務に負わして置いて外国に負けてはならぬ、商工業者は奮闘努力して外国貿易のバランスを取るようにならなければならぬと云っても無理になるものではない。

それゆえに金利引下げ論はこの点から云えば、今日財界において最も必要なことであると私は思う。もし我が国において外国のような安い金利になって五億と云う負担が軽くなって来たら、世間が騒いでいる営業税、所得税などそんなものは全廃したって五億にもならない。金利は生産費に加えられる、物価の高いのは金利が含まれている、もし我が国の金利が年五分乃至七分になったならば、遊んでいるものは別として、商工業者のごとき国富を作るために稼いでいるものの負担から云うならば大変なものである。また物価の上から云っても所得税、営業税、通行税を全廃した以上に効果が現われなければならぬ。

能率の増進が何よりも最も肝腎

そこで今申す通り一国の生産力を増進するには、今の四つの要素が必要である。企業の精神その働き、管理、経営の働き、資本と労働と結付いて協力し、その一致したところの働きの結果初めて国の富を生ずるのである。

今日欧米では先覚者は頻《しき》りに国民に鼓吹するに四つの目的を以てしている。それは何かと云うと、今日世界各国の間に武力の争いは先ずなくなって、軍縮論が起って来た。それに反して各国の間に経済力の競争が一層激しくなって来た。先ず第一に必要なのは、品物の分量を沢山に揃《そろ》えて優良品を作らなければ他国と競争することは出来ぬ。少しばかりのものを作っておっては生産費が高くなり能率が挙らない、十分能率を発揮させると同時に優良品を大量に生産する仕組にしなければ、迚《とて》も他国の品物と競争することは出来ない。

これが一の要素である。

それから今一つは、働く人達の賃金を高めて行かなければならぬ、それから事業の利益を挙げることを目的とする、事業の結果で現われるところの物価を安くする、この四つの目的が一つも欠けずに進んで行けば、その事業は必ず勝利を得るのである。この四つの目的を併せて達成することに努力しないものであったならば、それは必ず失敗に終る。

先ずこれを具体的に申せば、我が国でも私が四年ばかり前に初めて大阪の公会堂において、実業家から懇望されて経済講演をやった時に、初めて能率増進のことを提唱した。それ以来大阪の有志家、現在工場を持っている人達が、その仕事の上に能率増進を研究して、今年その工場へ行ってみると、前に作った品物より以上良いものが出来、同じ人数を使って三倍、あるいは物によっては四倍の品物が作られている。それは能率増進とか、サイエンチックマネージメントと云う科学経営法を用いているのである。職工に無駄な労力をさせないようにする。ちょっと申せば、品物が向うへ行くにしても、距離もなるべく近くして無駄な時間を省く。それから職工の手先で働くのに、疲労しないよう、手数をかけないようそうして結果を得るように研究し、その後は機械科学の方法等によって能率を増進させて行くのである。

その結果三倍乃至二倍にも殖えて、しかも良い品物が出来る。従来二十人の職工で作っておったものが、能率増進の結果、十人の職工で同じものが出来るようになって来る。そうなれば、十人前の職工の賃金がここに浮いて出て来るわけである。職工の賃金が二十人で一日二十円と仮定すればその半分であるから、一日十円ずつ軽減されて来るのである。この十円を如何に分配するか、すなわち一部は利益増進の意味で資本主に与える。一部は残留しているところの十人の職工の賃金を殖やしてやる。

そうして残余はその金額だけ品物《ぶっぴん》の価格を下げて行かなければ、何業といえども成功しないと云うのが、今日先覚者のほとんど定論と云ってよいのである。この節は能く物価を引下げねばならぬと云うことを言うけれども、根本を研究せずに如何にして物価が下るか、物が沢山に出来れば安くなる、それはそうである、農産物などはそれである。百姓の仕事と云うものは、米なら米が沢山に出来て費した肥料代を償い労働の賃金が得られるだけの値に米が売れればよいのであるが、肥料代が取れなかった、己れの働いただけの賃金が他の労働賃金と比較にならぬ程だと、詰まらぬからやめようじゃないか、と云ってやめることの出来ないのが農業の性質である。

もし年々投じたところの資本及び労力に対しての報酬が得られないとあれば、仕舞いには農業は潰《つぶ》れるより外仕方がない。幾ら米を安くしたいと言ったところで、作るものの報酬も考えずに安くさせようとするのは無理な話である。それは決して農業を盛んにするものではない。農業ほど学術の応用の広い仕事はないのである。しかるに我が国の教育が不幸にしてその方は閑却されておったからして、今日農業の働きを見るとまるでそう言っては悪いけれども牛馬と同じ働きをしている。農業の働きは体力のみであって、学術の応用、機械の応用などは誠に閑却されている。

もし米を安くしようと云うなら、学術も盛んに応用して農業の上に能率を増進して行かなければならぬ。それで初めて米も安くなるようになるのである。総てに能率の増進を図らねば世界に対抗出来ない事になるのである。

日本の金持と外国の金持は違う

私が外国へ行った時に、会ったり見たり聞いたりして、如何にも日本の金持と外国の金持とに違う点が二つある。それは産業の生産に必要なる前に述べた四つの要素が一致して行かなければ富をなさぬのである。

その一つの企業心は実に大切なものである。初めて事業を起すと云う場合に、その事業が果して成功するかしないか分らぬと云う危険が伴うのである。例えば鉱山の良いのを見出したからとて、十分に資本を投じ精錬所まで作って、安心して経営して行こうと云うには試掘をしなければならぬ。試掘をしてそれが良ければ入れた金が生き返るが、もし試掘の結果いけない時には今まで投じた金が無駄になるのである。そう云う危険を帯びたものである、外国では企業は金持でなければ出来ないと心得ている。

しかるに日本の企業家は必ず活動家である。またいろいろの知識に富んでいる。しかし多くは金がない。それゆえ初めから株券を募って始める。失敗すれば多くの人に迷惑を掛けることになる、悉くそうとは云えないがそう云うのが多い。

欧米の金持は新たな仕事に取掛かる時には先ず捨てもよい自身の金を以て着手し、確実なものになってから初めて株式組織にして多くの人に投資させる。これが日本の金持と外国の金持と大変違うところであって、私が大いに感じた点である。日本でもこの頃大きな会社が出来る、名は株式会社であるけれども事実調べて見れば一般の人に利益を計らず、金持が占領している、これが外国の金持と大変心持が違っている。

それから今一つは私が日露戦争中、外債募集に行って有名な金持のロスチャイルド、この人と懇意になって、この人から話を聴いたところが自分は世間から金持と見られている。それは事実である。自分ながらも金持だと思っている。世間の人は、ロスチャイルドは外国の公債を発行したり何かして大変に金を儲けると云う、これも事実である。世間の人の見るところと違わぬ。ところで世間にはなかなか難儀をしている人がある。あるいは女房が産をして貧苦に困っているからどうか救って貰いたい、あるいは夫が病気で稼業につけないで妻子が困るから救って貰いたい、などと云う依頼の手紙が沢山に来る。一々これに金を出してやっておっては金持は仕舞いに騙《だま》されることになる。あそこへ行けばいつでも金を出すからと云って救助を望むものが続々ある。無理からんことであるから、訴えて来たものは公にしないで秘密探偵を以て事実を調べ、果してその通りの状況で難儀であるならば秘密に救助してやる。我が国で言う所謂陰徳である。ところが日本の金持は慈善慈善と云ってほとんど強制的に金を出させられる。そう云うものが、一々新聞に誰が金を出したと出る、この点が日本の金持と外国の金持とよほど違っている点である。

仏教でもやはり利益四分と説く

なお終りに私はこの間もある人から聞いた話であるが、これは仏教の方で、安藤さんの区域へ切込むようになるかも知れぬけれども、私が初めて聞いたことである。釈迦がやはり経済を論じていると云うことである。仏教に四分法がある、それはちょうど今日私が述べた産業生産増進の四要素また労資の関係などとどうも真理は同じようになる。四分法と云うのは人間は食うためにやはり働かなければならぬ。働いて仕事をする、その仕事をして得るところの利益は四分する、その一部は自分の従事している仕事の改良拡張に四分の一は用うべし、四分の一は自分の生活費に使用するがよい、四分の一は人間はいつどんな臨時の費用を要しないとも限らないからその不時の準備に充てる、残りの四分の一は布施にせよと云うのである。

布施と云うのは今言った陰徳あるいは租税を納めるとか云うようなことで、今日の言葉で云えばそんなことになるでしょう。なるほど御釈迦様の言った四分法は、今日銘々がこれを守って、自分が稼いで得たところの四分の一、そう云う風に行くか行かないか知らないけれども、それを生活費に充て、一部四分の一を自分の仕事の改良費に充て、他の四分の一を予備金に充て残余の四分の一を以て社会奉仕のために使用すると云うことになったならば、この世の中は所謂前に言った人道教と経済教と列《なら》び進んで初めてこの世ながらの極楽浄土になると思う。

何万年の後か知らぬけれども、人道教と経済教との二つが併行して進めばこれほど仕合わせなことはないと思う。それが紀元三千年になるが遺憾ながら行われない。人類の発達はそこまで行かなければならぬと私共は考えるのである。

資本の能率増進と金利問題

今夕は毎年の例によって名誉会員の末席を瀆《けが》しております私をも御招き下すって、かくのごとき多数の諸君に御目にかかるの光栄を得たることは、私の深く悦《よろこ》ぶところでありまます。厚く御礼を申上げる次第であります。

ただ今串田《くしだ》〔万蔵《まんぞう》〕君より復興の問題その他経済の問題について御話がありました。これらの点について何か考えを申上げるようにと云うことであります。御承知の通り私も原内閣時代において、段々年も取りますし身体も当時悪うございました。機会さえあらば政界を退いて、風月を楽んで余命を送る希望でおったのでありますが、図らずも原〔敬〕君の遭難のために、不思議な運命が私を今日の境遇に復《かえ》らしむるようなことになった。今日はなおまた進んで老後を政界に委《ゆだ》ねるような立場になったことは新聞でも御承知の通りでありまして、私は爵を去って来る総選挙には衆議院に席を求むる考えであります。

しかして私の心事は去る十五日、十六日に党員初め中外に発表しました宣言書に能く尽してあるつもりであります。今夕は政治方面の御話は御希望でありましょうが私は避けたいと思います。すなわち彼の声明書によって明かでありまするし、またいずれの政党にも属せざるところの阪谷男爵が御臨席になっておりまするから、政治方面の事はむしろそう云う公平の位置に立って御観察になっておる意見がよかろうと考えます。またこの政変のために復興事業の遅れると云うことも実に遺憾な次第であるのであります。しかしこれはどうしても已《や》むを得ざることであります。

御承知の通り山本内閣の出来た頃からして、やや政界には宮中府中の別を紊《みだ》すような疑いが段々深く、かような有様であっては遂に累《るい》を皇室に及ぼしはせぬかと云うような心配をする者までも、志士の間には多かったのであります。しかしてまたこの現内閣の出来た時に方《あた》りまして、その内閣組織の形式と言い、事情と言い、段々国民の疑惑を惹起《じゃっき》することが多かった。また貴族院と云うすなわち解散を受けることの無い難攻不落の牙城におるところの貴族、七千万人中僅《わずか》に千人足らずの代表者たるところの者が、その政治の勢力を自ら守るべき境域内にこれを守らずして僭越《せんえつ》すると云うに至っては、またこれは国民が深く憂慮しかつ大いに憤慨致すところと考えるのであります。

この秋において私などの深く考えて決心したるところは、このままただ移って行けば、政治問題が軈《やが》ては社会的問題になり、社会的問題になって、全国にこの不平が起れば、燎原《りょうげん》の火のごとく人心は激昂《げっこう》して来る、いずれのところに止《とど》まるか分らない。それゆえにこれを要約して申しますれば、吾々の考えはかくのごとく極端に国民の思想を激発しないように、政治問題の範囲においてこれを喰止めたい。しかして我が国体から申しますれば貴族の階級は最も必要である、ゆえに私はこれを破壊する考えは毫《ごう》も無い。唯々《ただただ》その政治勢力のますます盛大になるに随《したが》って、その守るべき範囲を超えて民衆の怒りに触れるような過ちの無いように反省を求むると云うことに過ぎないのであります。ことにまた帝都の復旧事業の急を要すると云うことは、どうもこれは罹災者としてまた経済方面の方として、これは能く御諒解になって、なるべく早く人心を安定し、政治を安定して安心して平生の産業に従事することの出来るような、政治の状態の現われることを吾々は希望して已《や》まぬのであります。

先ず大体の御話はここに止めまして、私は今夕渋沢〔栄一〕子爵が御差支えがあって御臨席のないことを甚だ遺憾とするのであります。旧臘《きゅうろう》新大蔵大臣、新日本銀行総裁の送迎のために催されたるこの倶楽部の晩餐会において、私も席を瀆《けが》しました。その際渋沢子爵は今日の金利の高いと云うことをひどく憂えられ、諸君に向って諸君はあたかも高利貸のごときものであると云うことまで痛切に論ぜられたのであります。私はこれを非常に喜んだ。この事については数年前からして私は意見を持っておったのであります。御承知のごとく一般の議論としては我が国には通貨膨脹物価騰貴と云う標語が盛んに行われておって、少しでも通貨の殖えると云うことは有害である、すなわち物価を騰貴せしむるものなりと、こう断定されて仕舞っておる。私の考えではこの通貨膨脹物価騰貴と云う標語ほど、我が経済界をこれまで茶毒して来たものはないと考える。しかるに老巧なる渋沢子爵にして今日我が国の金利の高いと云うことを痛歎《つうたん》せられておると云うことは、非常に自分の意を強くしたのである。

すでに渋沢子爵によって今日金利の高いことを非難される以上は、私は諸君においてもよほどその点について顧られておることと想像するのである。この金利については私はその根柢《こんてい》から改めねばならぬ点があると考える。また通貨膨脹物価騰貴と云う標語は、事実においてあるいはその通りのこともあるがまたその通りでないこともある。これは実際の問題で、近年に至っては米国においては必ずしも通貨の膨脹が物価騰貴を促すものとは断定しておらぬ。すなわち生活上必要なる重要品の三十種ばかりの生産高の殖え方と、通貨の膨脹の割合とを比較して通貨の膨脹以上にその必要品の生産高が増加しておれば、これは財界の健全なる発達なりと云うことになっておる。通貨と物価との比較を立ててこの標準を取ることが違って来ておる。しかして昨年の春、夏頃にかけては、その後も通信は来ておりますけれども、見る暇がないので最近の事は知りませぬが、通貨も殖えた、労銀も昂《あが》った。しかるに物価は下った、こう云う傾向を示している。それは何故かと云うと、すなわち生活に必要なる品物、衣服類、飲食物というようなものの生産高が殖えて来た。これが通貨膨脹の割合より殖えた結果その品物の値が下っている。これは何によって殖えたか、すなわち生産費、海運運搬費、こう云う点において能率を増進した結果生産額が余計になってその値が下って来たと云うことである、今帝国の通貨と物価との関係について利害を判断するにもこの標準によってやってよい。ゆえに通貨が膨脹すれば必ず物価が騰貴して有害なりと云うことが一概に言えないことは明かである。

さて我が国の中央銀行すなわち日本銀行は、確か明治十五年に創立せられたがその前は御承知の通り国立銀行なるものがあったのであります。それでこの日本銀行を創立した目的の一つは第一に全国の金融を円滑にすること、第二には銀行及び諸会社の資力を幇助《ほうじょ》すること、第三は金利を低減すると云うこと、第四は国庫の事務を取扱う、第五は外国為替の再割引をすると云うことになっている。この五つの目的がそもそも日本銀行を創設せられたるゆえんであります。しかして明治二十一年に初めてこの保証準備を制限せられ、その時確か七千万円と云うことに定められた、この制限を定むるに当っては政府においても日本銀行においてもよほど考慮を費されたものである、すなわち当時より遡《さかのぼ》って十年間に通貨がどのくらい我が内地において通用しておったかと云うことを調べて見たるに確か一億二千万円を超えたことはない。すなわち今日で言えば日本銀行の保証発行高ほどと見てよろしい、しかしてその一億二千万円の五分の三は日本銀行へ向って兌換《だかん》を要《もと》むる暇のない金、すなわち終始国内に動いておって日本銀行へ正貨と引換えに来る暇のない通貨が一億二千万円の中《うち》五分の三は確かである。その他に政府の歳入と云うようなものもあって、一億二千万円の五分の三すなわち七千万円を以て保証準備の制限と定められた。これが確か明治二十一年と覚えている、しかるにそれより二年、三年足らず経たない中に、二十三年に至って千五百万円増して八千五百万円に保証準備を増した。

それから三十二年までは八千五百万円でずっと続いて来たが、この間において明治二十七、八年の日清戦争が起り、この時の正貨準備は確か六千万円くらいのものでありました。しかして日本銀行の兌換券発行高は二億四千万円である。多くて二億八千万円、三億円には達しなかったのであります。しかるに日清戦争の結果として支那から三億足らずの償金を取った。これを松方〔正義〕公爵の卓見によって両《テール》をその時の磅《ポンド》相場に換えて、英国においてこれを磅で受取ってイングランド銀行に保管を依頼した。これが元となって多年の松方公爵の志であった金貨制度が採用になったのであります。しかして松方公爵の意見として日清戦争の後には経済界も頗《すこぶ》る膨脹して来た、発達して来た。今後はますます海外輸出貿易を盛んにして行かなければならぬ。しかるに八千五百万円の保証準備では日本銀行の働きを十分ならしむることが出来ないからして、これにおいて保証準備の増額を必要とする。三千五百万円増加せられたのであります。この三千五百万円を増加して一億二千万円になった。これが明治三十二年である。

その時の発行高は三億くらいのものであります。その三千五百万円増加した趣意は一千五百万円は内地の経済界の発達に資するためである。二千万円は金貨国及び銀貨国に対する我が国の輸出貿易を奨励するために使うべし、日本銀行からすなわち輸出為替の再割引をして低利の資金を供給する。その時は横浜正金銀行の外は外国為替を取扱うものはなかったからして、専ら正金銀行を経て貿易資金のために働かせたのである。これが明治三十二年。かくのごとく今より二十五年前一億二千万円と制限せられたる保証準備が今日もなお依然として一億二千万円に止っているのである。しかして日本銀行の発行額はどうであるか、その当時三億のものが今日は十三億、時によれば十五億、と云う多額なる発行を要する時代になっておる。その頃の国の歳入は僅に六、七千万円であったが今日は十二、三億になっている。外国貿易の微々たるものが今日は輸出入合せて年に二十五億乃至三十億に達するようになっている。

かくのごとく内外に対して我が経済力の発達したるにも拘らず、中央銀行の保証準備の制限が依然として二十五年前の姿で変らずにいる。謂わば二つ三つの子供に着せた着物を、成人した者に今日まで着せていると云う状態である。これがそもそも我が国の金利の安くならぬ原因であろうと私は考える。

能く今日は能率増進と云う言葉が流行《はや》っている。個人個人の能率の増進を求め、あるいは機械の応用、事業の組織等において能率増進の声は高いが、資本の能率の増進と云うことは未だかつて聞かない。かくのごとく今日一割以上の金利と云うものは、果して資本の能率が進んでいるのであるかないか、これは一考しなければならぬ事である。聞くところに由りますと云うと大概今日は、一般に商工業において用いられる資本の多数は、一割乃至一割三分ぐらいについていると云う話であります。かくのごとき高き資本を以て如何にして我が国の産業の発達を求むることが出来るか。アメリカのごとく多額に製造して製造高を殖して、賃銀の昂《のぼ》るにも拘らずその生産した物の値を安くすると云うのには、労力を省いて機械を用いねばならぬ。あるいは運輸の便を図る。いずれも皆大なる資本を固定して行かなければその能率の増進は出来ない。ただ他人の腕にばかり能率増進を求めてもその結果を得ることは出来ないのである。しかしてこの運用の方便、製作の方法、これらについていずれも固定資本を要するものが多々あるにも拘らず、一割乃至一割三分という高い利息を払ってそれが成立つや否や、今日我が国の事業の振わぬのも一つは——一つはどころではない半《なかば》以上、この金利の高いと云うことが原因になっていると思う。

御承知の通り我が競争者たるところの欧米諸国においては、先ず高くとも六朱乃至《ないし》七朱の利息である、商業手形のごときは四朱乃至五朱の間において融通が出来ている。これらと競争する立場に在りながら、この資本の高いと云うところ、ここに気が付かなければならぬ。すなわち渋沢子爵はそこに気が付かれたのであるから、私は大いに悦ぶのである。しからば如何にして利息を安くするか、今日のごとく二十五歳にもなった者が、赤子の時に着せられた着物を着ているようでは、これは利息の安くなりようがない。すなわち制限外が絶えない。中央銀行に制限外の発行を見る以上は金利を下げることは出来ない。制限外の発行と云うものは金を使うなと云う証《しる》しである。その警戒である。毎月毎月制限外が出るからして、新たに資本を投ずるなと云うことになる。そうすれば事業は微々として外国との競争に負ける。退嬰《たいえい》して遂には滅びると云うことになるより外は仕方がない。そこで私はこの金融の事は根柢から一つ改善する必要があると思う、今日は何としても保証準備をさらに五億乃至六億も増して、制限外などは稀《まれ》に出ると云うことにして初めてここに金利を引下げて行く余地が生ずるのである。そこで私は諸君に今日この問題を提供して、能くこれを解決することに尽力せられんことを希望して已まぬのであります。ここに私の意見は止めまして重ねて今夕の御礼を申上げます。（大正十三年一月二十三日東京銀行倶楽部新年晩餐会演説）

物価を安くする方法

保証準備制限外発行について

私は日本が金貨本位になって間も無く（明治三十二年頃と思う）松方侯に進言した事がある。それは当時日本銀行は利益が多いから発行税を改めて利益税を課すべしとの議論が大蔵省内及び世間にも起っていた。これに対して私の意見は、国家が歳入増加の目的を以て中央銀行に課税するというがごときは間違いである。利益が多いと云うならば須《すべから》く日本銀行をしてその力を一層国家的に活用させるがよい。またその余地は沢山ある。

顧《おも》うに、東洋現下の状勢はいつ事変に遭遇せぬとも限らぬ。起ればただちに隣邦支那に関係を有す。しかるに支那は銀貨国である。ゆえに今日我が国が金本位になったとて相当の銀貨準備がなかったなら一朝事ある時忽《たちま》ち困難に陥って来る。この急に応ずるには常に相当銀貨もしくは銀塊を貯蔵して置かねばならぬ。すでに銀の貯蔵が必要である以上これを政府で蓄えるわけには行かぬから日本銀行をして当らしめねばならぬ。

およそ金準備の額は流通紙幣の三割乃至四割もあれば十分である。これはイングランド銀行、フランス銀行等の事跡を見ても明かである。ゆえに我が日本においても正貨準備は流通紙幣の三分の一ぐらいと仮定して置いてよかろう。しかしてその正貨準備の五分の一ぐらいは銀を以て充て得るようにせねばならぬ。

しかして保証準備は如何《いかん》と云うと、それは我が財界並び商工業の状況に順応して定められねばならぬ。元来通貨の需要は各種産業の発達、及び人口増加に伴って増加し行く傾向がある。ゆえに日本銀行においては常に正貨準備を増加する事を心掛けねばならぬ。また保証準備発行額も時代の要求に従って改めかつ増加し行く事を要する。しかしながらいずれの場合においても紙幣発行高に対して三分の一の正貨は準備せねばならぬ。すなわちこの正貨準備並び保証準備発行額に対する全額の紙幣を発行し尽して、なおかつ不足を感ずる時初めて制限外発行の手段により財界を救済せねばならぬ。言うまでも無く制限外発行は非常を警《いまし》める赤玉（危険信号）である。かくのごとき場合は財界異常の好景気の時に人心の荒《すさ》むに因って起るのであってすなわち投機思惑が盛んになり、いろいろの泡沫《ほうまつ》会社が起り経済界が乱調子になり易く、誠に危険であるから金を使わぬようにせねばならぬ。すなわち資金の濫用を防ぐ法として高率の利息を附して警《いまし》めるの必要がある。

中央銀行は右のごとく非常時のために警戒するのみならず、平生においても常に世態を洞察して警戒を怠ってはならぬ。されば日本銀行の正貨が大いに増加し、そのために正貨準備額と保証準備発行額とを以て紙幣を発行する時は通貨過多に陥る場合が起って来る。この場合には日本銀行は増加したる正貨を正貨準備以外にはずして置かねばならぬ。しこうしてこのハズシタ正貨額に対しては一方においてその額に相当する兌換券の発行税を免税する事とせねばならぬ。すなわち平常はこの正貨準備以外にはずした金を以てよろしく調節を取り、制限外発行は非常の場合においてのみ断行すべきである。

物価を安くする方法

物価を安くする根本は良品の多量生産である。これがためには出来るだけ理化学の力を応用して、労力と費用の節約を図らねばならぬ。すなわち新規の工夫や発明を利用せねばならぬ。

しこうして理化学の応用は資本の力に俟《ま》たねばならぬ。しかるに我が国においては非常に金利が高い。従って新規の工夫や発明の応用が容易でない。これ物価は高からざるを得ない重《おも》なる原因である。

昨今少しずつ物価の低落しつつあるは購買力の萎縮《いしゅく》に基くもので決して常態では無いのである。こうなって来ると人々は物によって楽しむよりも目前の事に楽しむようになって折角働き得た金も煙のごとく使って仕舞う。かくて目前の事を楽しませる金も無くなって来ると人間として一番戒むべき自暴自棄に陥るのである。ゆえに生産資本には須く金利を安からしめて学術の応用を盛んにし、良品多量の生産組織に改造して以て物価の低落を期する事が根本である。

ついでに Invested Capital すなわち株券、債権、不動産、機械等に投下せられた資本はある目的に向って投ぜられたる資本であって、これに対して受ける報酬は公債を有する者と同じく不労所得であって働いて得るものとは違う。私は、これらの資本に対する利子即配当はなるべく低き率に安定すべきものと考えている。近頃米国では製産品条件の安定説をなすものがあるが私はなお資本条件の安定を必要とするものである。

金輪出解禁について

「ケーンズ」の説は総てを承服する事は出来ぬ。あれには英米資本家の説が加わっておったものと推断する余地が十分にある。

金輪解禁の期限が来ればその禁止を解くべしとする事はその年の初めから説《とな》えられた事で、資本家の中には英国の政治家と相談して結局政治上の輿論《よろん》もここに傾く事を想像し、多大の Speculation が行われた。そのために急に英国への買為替が増えて為替相場は回復して来たのである。

しかしながら、対外為替は元来貿易と海外投資の利益が基礎となって回復すべきであるのを人為的に引上げたので物価も金利も著しく騰貴したのである。

日本にも英国に比すれば小規模であるが、これと同様の現象が最近に起って来た。すなわち対米為替が著しく逆調を呈して騰落常なきに至って以来、為替相場を平調に復したいと云う事は我が国の識者によって議論せられ、政府もまたその希望ある事現われ、そのために日本に対する買為替が多くなった。正金のごときこれを控目にしたであろうが、外国銀行筋の、Speculation は如何ともする事が出来ぬ。少くとも三億円ぐらいの買相場があった。これは正に同額の輸出為替の増えたのと同様の結果に陥り、人為的に為替相場を回復した。

国際資金については英国と日本と相違せる点がある。それは、英米の間は古くより資本共通の状態に在りて経済界の状況に応じて有無相通じておった。経済界の信用が維持されてさえおれば資本は少しでも金利の高い方に流れ込むと云う途《みち》が開けている。

しかしながら日本はこれと違う。もっとも為替相場の投機《スペキュレーション》は英国の場合と同様であるが、金利が高くなったから英国の場合と同じく資金が自然と流入して来るかと云うにそうは行かぬ。ゆえに一度金貨が流出して兌換制度の困難な場合になってくると金利を如何に引上げても、外資の自然流入を期する事は出来ぬ。あたかも大正二、三年の頃、輸入超過のため日本銀行の正貨準備は三、四年にして皆無となる兌換制度を擁護するには、政府が正貨を得るため外債を起すかまたは市債を起さねばならなくなると云うて、当時朝野共に大いに心配されていた時に少しも変りはない。しかして今日の人々はこの時の事を忘れたごとくである。日本にはこの欠陥ある事を忘れてはならぬ。

第五

大正13（1924）年、衆院議員に初当選直後、家族に囲まれた高橋是清。左端は品子夫人（共同通信社提供）

財政と家庭

問者は山田わか女史〔母性保護連盟委員長／一八七九〜一九五七〕

赤字必ずしも恐くない

問　全国の娘共に言い聴かせてやるというお心持で、お話し頂けますならば結構でございますが。

高橋　今さら私が言うまでもない。昔から偉い人が、婦人の守るべき道は皆言い遺している。家を守ることについても、子供を育てることについても。

問　国の赤字財政について御説明頂きましたなら、家庭の主婦達のとるべき道も、はっきりいたすのではございませんでしょうか？

高橋　一国の経済は、なかなか複雑しておるものです。私はよく国を大木にたとえるが、この大木を育てるものは根です。この根を養うものはすなわち市町村です。ところが、現状では大木を養うべき町村は自分の務めを忘れ果てて、ただただ大木に寄りすがっているではないか。だから国家の財政は危機に陥ってくるのです。借財するのもよい。私は借財を決して悪いとは言わぬ。ただ借金はそれを返済する目標《めど》があってこそ許されるのだ。赤字公債を出す。それもよかろう。これによって産業が盛んになり、国民が救われるのなら、資金が好転して行くなら赤字決して恐れるに足らぬ。借金決して悪くはない。ただその使い途《みち》を充分に見極めるがよい。国家に税を納めている国民が、国家経済について、あまりにも無関心過ぎるのだ。国民自身がもっと目醒めて政府の仕事に注目するようになれば、そこに自ら正しい道は開けてくるんです。とにかく、私は借財が必ずしも悪いとは思っておらぬ。仕事をやって行くもととなり、産業興国のもととなるならば心配はいらん。国として、赤字公債を出してはいるが、現状としては、世界に対して相当の国防も備えておらねばならぬ。自己の主張を強調し、正しい外交を行おうとするならば、現在の世界情勢としては、その国に相当の武力があるということが認められていなければ、たとえ正しい主張をしたからとて、その主張など歯牙《しが》にもかけてはくれない。ところが、国に軍備を整えるには、全国民の力をも考えねばならぬ。現在、政府が赤字を出しているとはいえ、それによって軍備も相当に整っているからこそ、列強の間にも伍《ご》して行かれるのだし、失業者も救われているのです。

国家経済と主婦

高橋　経済学者が今日までに挙げている統計によっても、国家が純粋に独立の実《じつ》を挙げている国というのは、まことに稀《まれ》です。我が国の現状を見るに、失業者がいるとはいえ、某国のごとく生産に働く国民が遊んでいるというような心配はない。日本商品が安く出来るから、世界の市場から追われるといっても、それはそれぞれの国の品を伸すために、他国の安い品を防ぐだけのことです。以前は、日本商品は安いが、品が悪いといわれていたが、この頃は、安くてしかも優良品だという評判を得ている。また、日本人が排斥されるといっても、それは自分の国を守るためです。

自分の国の品物をこれだけ買ってくれれば、日本の品もそれに応じて買うという。また今まで日本の商品が直接行っていた国々が、関税を引上げて日本商品の輸入を防止しているとはいえ、我が国は新たに十数ケ国と取引を開始しているのではないか。それらの国は、今までドイツ、フランス、イギリスなどの品を使っていたのを、安い日本商品が獲得した新たな市場です。

だから、市場がどう変って来ようと、それに応じて行けるだけの用意はしておきたいのです。為替相場、為替関税も日々に変っているが、国家としてはいつでもこれに応じられるだけの基礎は作っておかねばなりません。アメリカのように世界を左右するような財力のある国はともかくとして、日本は自主独立であるといっても、まだまだ他国をリードするような財力はないのです。世界の財界を左右するのは、今日何といっても英、仏、米の三国です。だから、如何なる変動が起ろうとも、それに応じて行けるだけの用意を、国家は勿論《もちろん》、国民自身がしていていたいのです。

問　本当にそうでございますね。さきほど地方は国家という大木の根だとおっしゃいましたが、本当にお説の通りでございます。私は、それを家庭に当てはめて考えておりました。主婦達が国家の事情をよく弁《わきま》えていて、家庭を堅固に守り、良人や子供の生活を幸福にし、国民としての心身の力を充分に蓄えているならば、国際関係が危機に迫ろうとも、経済界にどんな変動があろうとも、大丈夫だということを。

高橋　そりゃそうです。家庭は、主婦が根本になることは勿論です。その証拠には、地方でも、共存共栄で青年男女が真面目《まじめ》に働いている組織のたっているところがよいのです。同じ風水害に遭った地方でも、村がしっかりしていれば、決して疲弊しないのです。この間も、農村の青年が、ラジオで、他の村の青年に呼びかけていたが、あれはなかなかいい。

私のところへ手紙を寄こす真面目な青年達の中に、こんなのがあった。「自分の村では村税なども滞納があり、村の財産など少しもなかったのが、お互が自重して努力し合った今日、滞納どころか蓄財さえ出来るようになった。ところが、最近のように、中央政府が農民救済といっては、無暗《むやみ》と金をばら撒《ま》かれると、働こうとする者も気持がだんだん弛《ゆる》んで、なに政府から金を貰えばいいというように考えて、努力しなくなる。だから、金を貰うことは困る」と。

不用意な結婚と婦人参政権

高橋 一家の教えは、虚偽を去るということです。虚栄を捨てるということです。奢侈《しゃし》を慎む、これが一家を治むることです。子供には小さいときから「恥を知る」ということを教えたいと思います。子供の三つ四つは、傍《はた》から見れば何も判らないだろうと思うが、実は親のすること、兄弟達のすること、実によく見ているのです。よいことも悪いことも、皆知るのはこの時代です。よく、いい加減の嘘《うそ》を言って、子供を誤魔化《ごまか》そうとする母親があるが、恐ろしいことです。母親は心してこの時代の子供らを見守らねばならないですよ。

問 三つ児《ご》からの魂を造るものは母親です。けれども、その母の位地が非常に軽んぜられ、そのために母親は子供の魂を養うどころではなく、子供と自分の糊口《ここう》を過すこともできない状態となり、母子心中などが頻々として行われておりますので。

高橋 それには、不用意な結婚の結果も大分あると思います。アメリカでも英国でも、不用意な結婚はするなと言っていて、その趣旨はよく貫徹されています。宿屋の女中でもまた家庭の女中達でも、必ず貯蓄している。それは自分の結婚の用意なんです。いい結婚をするために、よりよい結婚生活を営むために、彼らは真面目に働いて貯蓄するのです。従って、相手も生活を保証できる男子でなければ資格はないのです。ところが日本にはそれがない。まず何をおいても結婚だ。

問　アメリカの人が結婚前によく貯金するのは、私もよく存じております。日本でもそうするのが本当なのですけれど、なかなかそれができないのでございますね。いろいろな事情で。

高橋　そう沢山実例も知らないが、私の知っている範囲のアメリカの人達は、女は弱いものだから仕方がないが、男は社会へ出て自分の運命を開拓するものだ。だから、社会へ出るまでの教育を充分してやるがよい。社会へ踏み出して行くまでの資本をかければ、その後は自分の力だ。貧乏しようと、それも自分の力のいたすところで致し方がない。しかし女の子はそうは行かない。といって遺産は大抵婦人が継ぐようです。だから婦人の方が、はるかに税金を沢山出しているのです。

私が明治三十年頃アメリカへ行ったときは、参政権運動が非常に盛んなときでしたが、私が、あなた方は、そうして参政権参政権と言って、男子と同等に議会へ立って論じ合うこともよかろう。だけれども、子供らや家庭はどうするのですか、と訊《き》きましたら、充分な答えをする人はなかったが、彼らが参政権を望む理由は「我々婦人はこれだけ多くの金を国家のために納めているのだ。しかし男子議員では、どうしても気のつかない点がある。その足りない点を婦人の手で補いたいのだ」と言っていましたが。

問　子供らのためにも、家庭のためにも、つまり、主婦として家庭を清く温く治めて行く上に、都合のよいような政治をとって頂ければ、婦人が議会へまでノコノコ出て行かなくてもよいわけですけれど……とにかく、アメリカで慈善事業が盛んに行われるのは、婦人のお金持が多いからですね。

高橋　けれども、米国の金持で永続きのするのは珍らしい。モルガンなどという有名な金持もいるが、まあ少いですね。私の知っている人で、鉄道王とまでいわれた人で、三億の財を擁すといわれていたが、今はその名さえ聞いておらんほどだ。向うの資産家の多くは、学校へ遺産を寄附するというように、公共事業に使う向きが多いのですからね。

翁と勘素娥嬢

問　話は別ですが、私は四谷におります。四谷区婦人会である慈善会を催しましたときに、〔是清の〕お孫様の〔藤間〕勘素娥《かんそが》嬢〔一九一〇～二〇〇〇〕に踊って頂きました。その時のお話に、初めお祖父様がおやかましくて、なかなかお許しにならなかったが、この頃は喜んで見てくださるので、とても嬉《うれ》しいとおっしゃっていました。

高橋　私はあれを可哀想《かわいそう》だと思っていますよ。あれもあんまり丈夫でなかったのが、踊りをするようになってから、メッキリ丈夫になって喜んでいますが、この頃は月に一回ずつ大阪へ出張しての教授です。二、三日前にもやって来て、大阪へ行って来ると言っていましたが、疲れ過ぎて、体を壊さなければいいがと心配しています。

問　お母様が御結婚のことを大変心配していらっしゃいました。御飯を召し上る間でも、鏡に向って髪をお上げになる間でも、振りを考えていらっしゃるそうで「この娘が結婚したら、定めしやくざ女房でしょうから、貰い手はないと思いまして」とおっしゃって。

高橋　私は孫のことは自由にして、干渉しないことにしていますが、生れつき好きと見えますよ。小さい時分師匠につけて習わせていましたが、その稽古《けいこ》から帰って来て、六法を踏み踏み便所へ行って、落ちてしまったことさえあるんです。

金持の義務

問　議会の様子を新聞で見ておりますと、一方では、もっともっと予算を出せ出せと責めるし、他の一方では増税反対、公債発行反対で騒ぐし、随分お難しいことでございましょうね。

高橋　大局から見て公平に考えれば、決して極端なことは、言えるものじゃない。「入るを計って出《い》ずるを制す」という言葉があるが、この言葉は家庭に当てはまるように、国にしても同じことです。

問　国の財政も家庭の財政も、同じなのですね。英国の一代の財政家、グラッドストンのあの敏腕は、奥さんの生家の難かしい財政を、うまく切盛りなさった経験が、基礎だと聞いておりました。

高橋　資本と人間の働きを、円満に結びつけてこそ、初めてそこに金が生れて来るのです。だから、働いてくれる人達と資本家とが分配する金は、常に平等でなければならず、公平にさえすれば何でもないことです。小作人と地主との争い、資本家と労働者との争いが絶えないというのも、結局は利益金の分配が平等に円満に行かないからです。

　私のよく知っている人で、ロンドンにロスチャイルドという大資本家がいますが、この人の家へ始終出入りしているうちに、秘密課というのがあるのを発見した。で、あるとき、何をする課ですか、と訊いてみたところが「君、それは何をするか言わないところが、すなわち秘密課のゆえんです」とて、なかなか話してくれませんでしたが、そのうちに話してくれましたよ。「貧民を助けるために、置いておくのだ。世間では私のことを金持だというが、なるほど金もある。外国政府から頼まれて公債を発行したり、外債を募ったりして、収入も沢山あるのは事実だ。ところで、その金持を見込んでか、病気だから救ってくれとか、失業しているから金を恵んでくれとか、いろいろ哀れな手紙が沢山来るが、この手紙をすぐ信じて金をやったり、面倒みたりしていたら、却って世の中を害することになる。だからこの秘密課をおいて、そうした主義で一々調べてみて、本当に気の毒な人ならお金も送つて救うことにしている。しかし、決して助けられたということを、人に言ってはいけないと申しつけてあるのです。困っている人達を救うのは金持の義務です。それに、金持でなければ出来ない仕事があります。例えば鉱山事業のごとき、全く無駄に終るかもわからない山へ、多額の資本をかけて掘る。掘り当てれば大きな社会事業となるのだから、これをやらなければならない。もし、金持がこれに手をつけなかったら、誰がするのか。この冒険的な仕事をするのも、やはり金持の義務だ」とロスチャイルドは言っていましたが、全くこの心がけには感心しました。ロンドンの財界において、ロスチャイルドをユダヤ人という人もなければ、悪口をいう人もない。全く彼の徳のいたすところですね。

またロンドンでは、自分の家の廻《まわ》り一町四方くらいを掃除してくれる街の掃除人に対して、クリスマスの朝は祝義を出す風習があるが、私が、始終ロスチャイルドの事務所へ出入りしているので、顔見知りの掃除人に祝儀をやろうとしたのです。ところがどうしても受けようとしない。何故かと訊くと、自分はロスチャイルド家から祝儀を貰っているからと丁寧に断ったのには全く感心した。慈善もここまで徹底すれば素晴らしいものですね。

（昭和十年二月）

経済清談

問者は東洋経済主幹石橋湛山《いしばしたんざん》氏〔一八八四〜一九七三〕

問　今の我が国の財政支出は縮小する望みがないと思うのであります。また縮小することが必ずしも国民にとって善いとも存ぜぬのでありますが。

高橋　御尤《ごもっと》もの論と思う。ただ必要なのは、無駄使いをせぬことだ。歳出を減らすと云うたって、空論なら幾らでも出来るが、実際に今日の事情を考えたなら、口で説くように出来るものではない。歳出は多くても善い、ただその金を効果があるように使え、無駄に使ってはならぬと云うのが、私の始終云うている事だ。

問　無駄に金を使わないと云うことは、御説の通り、全く肝要な事だと存じます。が兎《と》に角《かく》歳出は減らないと致しますと、そこにも記して置きましたように、自然今日の歳入では不足する、所謂《いわゆる》赤字が無くならぬと云うことになります。この点はどうなりますか。

高橋　エエと、ここに君は、我が国民は大いに生産を盛んにし所得を増加し、膨脹する国費の負担に堪える力を養う以外に、財政処理の途《みち》はない、と書いている。これもこの通りだ。生産と云うのを広い意味に取って国民が皆働くと云うことで……そうして各々働いて所得を得て、それをまた無駄なく使いさえすれば好い。

問　国民が大いに生産に努力する、そして所得を増加します。そうすれば政府の歳入も自然増収が殖えて参りますし、大増税も出来ると云うことになります。

高橋　結局そこへ行く……広い意味において、国民が皆稼ぐ外に方法《すんぽう》はない。ただ海外貿易が今日は自由でないから、そこに困難はあるのだが……。

借金が殖えても富が殖えれば心配はいらぬ

問　第三の問題は如何でしょう。

高橋　これについては私はこう云う考えを持っている。君たちはどう思うか？　今日までの経済学は、二百年以前の英国から起って来た。これは当時の英国の経済事情を背景にしたものだ。だが、このマンチェスター経済学を、私は、いつも動かざる真理だとは思っていない。

そこで今までの考えだと、財政は常に収支の均衡を保たなければならぬと云う。けれどもどこの国を見ても、初めはなかった借金が段々殖えている。戦争とか天災とか、思わぬ事件がどこの国にでも、次ぎ次ぎに起るからだ。しかしそう借金が殖えて行く結果はどうなったかと云うと、一面産業は大いに進歩し、国の富も殖えたので、国債の増加も苦にならない。十分、その重みに堪える力が出来て来たのだから赤字公債と云うものもそう理窟《りくつ》通りに気に懸けることはない。場合によっては、借金をしても進んだ方が善い。また已《や》むを得ず借金をしなければならぬ場合もある。しかしその結果、国民の働きが増せば、ここに富が出来る。前の借金くらい何でもない。

国防は不生産か

高橋　総ての場合必要なのは、前に云うた無駄をせぬ事だ。ところでここに議論がある。国防は不生産的だ、無駄使いではないかと云うのだ。

問　確かにここは問題と思います。

高橋　しかしだ。なるほど国防は直接生産はしない。が国防に使う金は、大いに生産に関係を持っている。国防のためには、材料も要る、人の労力も使われる。それらの人の生活がこれによって保たれる。だから拵《こしら》えた軍艦そのものは物を作らぬけれども、軍艦を造る費用は皆生産的に使われる。それから船が出来た後で、またこれを維持して行くには、石炭なり、油なり、人なりが入用だ。やはり人を養う働きをする。国防は無論生産に関係がなくとも、それはそれとして必要であるが、しかしこれを不生産的と見るのは穏当ではなかろう。

ルーズヴェルトは理論に走りすぎた

高橋　アメリカで、ルーズヴェルト大統領の今までやって来た事は、理論に走りすぎて失敗した、と私は思っている。ブレーン・トラストのような、理論に囚《とらわ》れた考えでそれがただちに実現が出来ると思ってかかれば、やり損うにきまっている。しかしルーズヴェルトという人は実際家なのだ。そこで新聞にも見えているが今度は実際主義に帰ったようだ。

問　理論に走りすぎたと申しますのは？

高橋　例えばアメリカには失業者が沢山にある。これを救済しなければならない。それから農産物の価《あたい》を高くしなければならない。それには賃金も安くてはいけない。それでどうしたかと云えば、御承知の通り、労働者が今まで六時間働いていたのを五時間に縮めた。そうすれば五人の労働者について、五時間だけ働く時間が減るから、そこに一人新しく入れることが出来る。すなわち失業者をそれだけ減らすと云う計画を立てた。それから賃金は最低賃金法を定めて下げさせない。こう云う事でやってみたところが、それが人の心理にどう云う影響を及ぼしたか。働くと云う気が薄らいで来た。楽をして食おうと云う気になった。その弊害が、ずっと判って来た。イギリスの失業保険と同じだ。

人を働かせる工夫が本当のやり方

高橋　そこで今度は、大統領も人を働かせると云う方針に変えて来た。そのために、あの大きな金を出して土木事業や、造船をやると云うが、これが本当のやり方だろう。何か陸軍の兵数も殖やすとか云うことだが、これも人を遊ばせて置くよりは、兵隊として働かせて養うと云う意味に考えれば面白い。

問　不景気の時には、軍備拡張も、考え方によっては一方法でしょう。

高橋　日露戦争の後にヨーロッパへ行った時だった。ロンドンで、たびたび貧民の示威運動を見た。それは盛んなもので、「人間の忍耐には限度がある」とか「我々は生活する権利がある」とか「パンをくれろ」とか云う大きな旗を押立てて、中には立派な外套《がいとう》を着込んで、葉巻などをくわえている者もある。また農場ででも使うような小さな馬車に細君子供連れで乗り込んでやって来ている者もある。何だかわけがわからぬ。しかし行列の両側に巡査が付いて歩いて行く、おとなしいものだ。それでハイド・パークに行って勝手次第の演説をして、喜んで帰って行く。しかしこの頃は、生活の権利があるからパンを寄越せとは言わぬ。人間は働く権利があるから、仕事を与えろと云う。これは良い方に変って来たのだと思う。私は、だから赤字公債が余計になるのを困ると云うのも一応尤《もつと》もだとは考えるが、しかし軍事費も無駄さえしてくれなければ、そう苦情を言わなくてもよかろうと思う。

問　私の方でも大体そういう立場で論じております。生産の伴わない通貨を出すことになればインフレーションですけれども、生産が伴う限りは、御説の通り無駄さえしないで上手に使ってくれれば財政の膨脹もある程度まで差支えないと思います。国家も経済的には一つの株式会社だと考えれば、赤字公債は資本金と云う事になりましょう。

成金贅沢

高橋　先年大戦争の時に成金と云う者が出来た。それらがえらい贅沢《ぜいたく》をやって、一人前百円の料理で御馳走《ごちそう》をしたなど云う評判が新聞にも出た。金を濫費《らんぴ》する、不都合だと云う事であったが、その時にも私はなるほどそれは悪い、富の使い方が甚だよろしくないとは思ったが、しかしそれが全く無駄になったかと云うと、そうばかりも言えないと考えた。例えば芸者に祝儀をやる。それは芸者が何か買う元気になるのだから、つまり生産者を潤おすことになる。自分の一時の快楽のために無やみに金を使って、国民の反感を起すような事は困った話だが、しかしその使う金がまるで無駄になると考えるのも極端だ。……が、こんな事をうっかり云うと誤解せられるのでネ、活字にする時には気をつけてくれなければ困る（笑）。とにかく私は、軍事費にせよ、何にせよ、ただ縮小せよとは云わぬが、無駄は絶対にして貰ってはならぬと云う方針だ。

長短金利の差

問　そこでこの財政の問題については、ただ軍事費の膨脹で幾らか景気が好いと云うだけでなく、一般的に事業が勃興《ぼっこう》して、国民の収入も殖える。そして国庫の自然増収も殖えるし、増税も出来ると云う……つまり全体的景気時代を、早く齎《もたら》すことが必要だと考えるのです。この一般的に景気を好くする方法は、勿論いろいろお考えがありましょうが、その一つは、いつも大臣の仰しゃる低金利だろうと思います。この低金利を、もっと促進する必要があると存じますが、御意見は如何でしょう。

高橋　それは私も反対ではない。しかしそれなら金利はどこまで下げるのが適当か。これは簡単な問題ではない。

今英米の金利は安いと云うけれども、それは株式市場や、大きな商取引に使われる短期の金だけの事で、産業上に固定する資本とか地方の農村などに使われる金の利息は非常に高い。短期の商業資金とはよほどの隔りがある。日本の金利は高いと云うけれども、コールなどを金利の標準にすることは出来ない。長期の金利は、そんなに外国と違わない。例えば最近の調べによるとニューヨーク・フェデラル・リゾーブ・バンクの割引料は年利一歩五厘、コールは年利二厘五毛、手形引受料九十日もの三歩一厘六毛、大蔵省債券二十五年もの年利三歩近所、一般農業貸出率五歩乃至六歩、一般工業貸出利率年五歩乃至六歩である。

公債の四分利は高すぎぬか

問　近頃の英国、米国あたりの金利に、短期の商業資金と、お話の長期の固定資金との間に、大きな隔りがありますのは、財界が不安で、数字を見ても判りますように、長期放資をする者が非常に少ないためだろうと思います。ところでその長期放資の中で比較的不安の伴わない公債の利廻りを見ますと、英米は三分ちょっとくらいですが、日本は低くなったと云っても、まだ四分余です。この四分は高すぎるのではありませんか。

高橋　そんな事を云うが、こないだまではどのくらいだったと思う？　ロンドンで二朱か三朱の金利の時に、日本は六朱で金を借りた。それも額面通りの発行でないのだから大変なものだ。日本には、まだ英米ほどに大金持がいない。それはつまり、資本の集積が少ないと云う事だ。こう云う状態で、利息だけを英米の真似をして無理に安くすることは出来ない。

問　その点には、私少し議論があるのですが……。

金利が下りすぎても困る事がある

高橋　ロンドンでも、日露戦争の時分に、こう云う事を聞いた。その頃イングランド銀行の利息が二朱半から三朱だった。ところがあまり利息が安くても困ると云うのだ。英国人はその頃年五千磅《ポンド》も収入があるだけの貯蓄が出来ると、多くは隠退して、老後を所謂《いわゆる》カントリー・ゼントルマンとして暮すと云う習慣があった。それらの人の生活は、なかなか綿密なもので、洗濯代が幾ら掛る、寄附金が幾らと云うところまで計算して、まあ年五千磅もあればよいと云うわけだ。ところが利息が下ると、折角五千磅の収入があると思ったのに狂いが来る。またこれからそういう生活に入ろうと云う人が、今までの標準だけの貯蓄だけでは足りない。もっと年を取るまで働かなければならぬと云うことになる。それで利息があまり安くなることは、社会的に面白くないというのだネ。

問　そう云う非難もあるかも知れませんが、しかし人を働かせる刺戟《しげき》には却ってなるわけではありませんか。

高橋　そうか、そう云う刺戟にはなるかなア。

三井三菱がもう二、三十軒もほしい

問　こう云う事を思います。例えば生命保険ですネ。私共の親父の時代には、百円も掛けて置けば、相当の保険らしい気がしていた様子です。しかし段々貨幣価値が下るに従って千円が単位になる。この頃では、もう一万円も掛けてなければ保険らしい感じがしないようになった。これと同じように、金利も下った方が却って蓄積を殖しましょう。

高橋　それは人が十分に働く場所があって、それで報酬が得られると云う時なれば善い。ただ一概に金利の低いのが困ると云うわけではない。日本もせめて三井、三菱、住友と云うような金持が、もう二、三十軒もあってくれるとよいのだが、どうも今日のところでは英米のように豊富な資金があると云うわけに行かぬ。ところがその少い金持を、もう憎んでいるのだから困る。ハハハ……。

低金利政策は機会さえ来れば進める

問　同じ事を繰り返すようですが、今日我が国の金利は四分利公債で底が入れられている観があります。先ほども御話に出たコール、その利率が昨年秋頃から少し高いとか、また米穀証券などの売行きがどうとか云われますのも、要するに四分利の公債が日本銀行から幾らでも売出されますので、所謂遊資がそれに吸収せられるためではありませんか。

高橋　いや低金利が、もう行き止りになったと云うことはない。コールの事なども一時的の現象だ。

問　けれども私はコールなどの短期金利が、昨年から昂騰《こうとう》気分になったのは、公債の四分利に鞘寄《さやよ》せをして、つまり長短金利が調和したのだと存じます。金融の前途に不安のある時は、銀行家もなるべく手許を豊富にして、つまり遊資を持っていますが、それがこの節安心をして来たので、出来るだけ手許を詰めて公債に投資して来た、これは善い傾向だと思います。しかしその代り金利は、この儘《まま》では、先行き低下する見込みがなくなって来たわけです。

高橋　あるいは世間ではそんなように感じているかも知れぬ。（翁は少し考え込まれた形で）私が議会で金利は無暗に下げるわけに行かぬ、五分利の借替えなどもまだやる時期ではないと云った事が……しかしこれは機会さえ来ればやるのだ。が、まだ少し早い。始終経済界のいろいろの回復状況、自然増収などの様子を見ているのだが、どうもまだ足りない。

問　足りませんから、それでますます低金利が必要と存じますが。

建築費統計が欲しい

高橋　しかし今のところでは、よほど自分の期待しておった成績を挙げて来た、ただもう一つ私が参考にする材料の足りないのは、家屋の新築がどのくらい殖えているかと云う事だ。世の中で、家の建築ほど総ての生産に広く関係を持つものはない。それでその状態が知りたいのだが、日本にはこの統計が無い。この事を、いつか内田〔信也《のぶや》〕君（鉄相）に話したところ、警視庁の調べを取ってくれた。見ると大体鉄道送高《おくりだか》の殖える跡を追って殖えているようだ。けれどもこの調べには一番肝腎の建築費がない。

問　建築高の統計は是非必要ですが、これはとても私共民間の手では出来ません。

高橋　私は内務省で調べるのが善くはないかと思う。各府県の都市だけでも……坪数などはどうでもよいから、請負の金高《きんだか》――建築費の統計が欲しい。日本には鉄道の運輸統計があって、これが大変我々の役に立つ。もう一つ建築統計があれば善い。

満洲投資についての注意

問　国際収支についての御観察は如何です。この正月頃大臣は満洲投資の抑制と云う事を云われたとかで、大分世間を驚かされたようですが。

高橋　満洲の事は、これもとかく無駄費いになりたがる……十分の調査もせずに、無暗に会社を起すというような弊があるから、ちょっと注意をしたのです。けれども満洲に対しては、まだ各国が独立国として認めないと云うわけだから無論日本は出来るだけの世話はしなければならない。金も出してやらなければならない。が、そうかと云うて、乱雑にいろいろの事を始めて、内地の産業と満洲の産業と衝突したりするような事があっては困る、日本人は気が早いから、善くも考えずに突き進む危険がある。

昨年の国際収支

問　ちょっと近頃耳にしたのですが、昨年の日本の国際収支は、為替の出入の上から見ると四億五千万円もの受取勘定になっているとか云うことですが、事実ですか。

高橋　そんな事はない。ようやくバランスを保ち得たと云うくらいだ。

問　昨年の貿易は、関東州を合せまして満洲に対する輸出超過が二億一千万円でありました。だから満洲を除きました他の諸国との貿易では三億二千二百万円の入超になりますが、それでやはり全体の国際収支はバランスが取れているわけですか。

高橋　それは外国へ日本の投資している資本の利益、それから船会社の収入、移民の送金などで大分賄《まかな》える。けれどもまた貿易の統計が、輸入品の方は税関で厳重に調べるが輸出品には税を掛けないからまあ云いなり次第になる。ところが今はどうか知らぬが、元は税関に正直に値段を届けると、それが自分の営業税とか所得税とかに響くと云うので、幾らか安く書き出す。インボイスが二つ拵《こしら》えてあるなどとも聞いたことがある。今ではよほど改まっていよう。しかしいろいろそんなわけで、貿易表の数字は輸出の方に五分くらい足してみる必要があると云われたものだ。

為替の前途は心配がない

問　為替の方は？

高橋　先ず世界中で為替の動かないのは日本くらいのものだ。為替銀行の将来に対する備えも十分ある。バランスを取るため、幾らかその備えが減ったと云うくらいの変化はあるかも知れぬが、格別の事はない。

問　金本位停止前に外国に出た資金が、昨年回収せられたと云う事実は御座いませんか。

高橋　それはもう回収せられるだけは、前に回収せられてしまっている。

問　そう致しますと、昨年くらいの貿易のバランスなれば、今後も国際収支の上に心配はないと見てよろしいわけでありますか。

高橋　先ずそうだ。少しは支払いがちになるとしても、また外国へ出ている日本の資本の利益なども段々殖えるから、ここ二、三年に心配しなければならぬようなことはあるまい。

問　満鉄社債の六百万磅《ポンド》は勿論もう償還手当が御出来になっているでしょうナ。

高橋　手当ては出来ている。一部分は今市場から買入れてもいるが、為替には影響をせぬようにしている。

日本の為替は磅にリンクするが適当

問　対英為替に昨年から一志《シリング》二片《ペンス》で、ずっと通して来ました。しかし対米為替は始終動く。これは無論英米クロースが動くからではありますが、例えば電燈会社などの立場から見ますと、こう弗《ドル》の動くのも困ります。日本としては英米クロースが動いたからとて、別段米国に対する国際収支関係に変化が起るわけではありませんから、必ず対米為替を動かさなければならぬ道理はない。こう云う論がありますが、この点は如何です。

高橋　為替には標準になるものがなければ困る。初めは弗《ドル》をその標準にしたのだが、弗が動揺し出したので、磅《ポンド》に替えた。日本の外国に対する商売の上でも、磅を通じての決済が多いのだから、この点でも磅を標準にするのが便利だ。

普通銀行の預金利子

問　また金利の問題に戻りますが、英国では、御承知の通りイングランド銀行の金利の上下に従って、自働的に普通銀行の預金利息が動きます。私は、なぜ日本でもこう出来ないか。私は日本の預金利子は高すぎると存じますが。

高橋　イギリスのように、中央銀行の利息が基準になって、普通銀行の預金利息が自働的に動くと云うことは善い。日本でもこうありたいものだ。しかしイギリスでは、どうしてこうなったかと云うと、イングランド銀行にはオフィシャル・ブローカーと云う者があって、普通銀行と競争して手形の割引をする。だから普通銀行は、イングランド銀行と競争して手形の割引をする。だから普通銀行はイングランド銀行と同じ割引利息では競争に敵《かな》わないから、顧客を自分の方に引留めて行くために幾らかイングランド銀行の割引よりも安い利息で割引をする。それには普通銀行の割引資金である預金の利息が、イングランド銀行の公定歩合よりも先ず安くなければならない。それがズッと習慣になって来たのだ。

今幾らその差があるか。

問　イングランド銀行の公定利率が年二分で、交換所銀行の預金利子が五厘……一分半の差があるようですが。

金利が上ると銀行が却て困る

高橋　ところが可笑《おか》しな現象がある。銀行は金利の安い時の方が、却って経営が楽だと云うのです。イングランド銀行の利息が下れば、いま云うたように普通銀行の預金利息も自働的に下げられるから、貸金の利息が安くなっても、銀行は困らない。ところがイングランド銀行の利息が上ると、今度は預金利息を自働的に上げなければならない。しかしその割合に貸金の利息も上げることが出来るかと云うと、そうは出来ない。新しい貸金は上げるとしても、古い貸金、繰返して貸す分は、なかなか上げられない。イギリスでは一人一行主義で、ブローカーの外は、一つ以上の銀行と取引をしない。従って銀行には、取引先の内幕が、すっかり判っているから、どうも、あそこは今金利を高くすると成立たないと云うような事を銀行で考える。そういうわけで、世間一般の金利は上っても、貸金は元の利息にして置かなければならぬということがしばしばある。それだから金利が高くなれば銀行が喜ぶだろうと思うと、そうじゃない。何でも私が、ロンドンにいた頃は、イングランド銀行の利息が三分から四分と云うところが一番好いと云うことだった。

購買組合と地方の産業

問　今度は別の問題になりますが、最近私はちょっと長野県へ旅行致しました。ところがどこへ行って見ましても、中小の商業者が購買組合の圧迫に苦しんでおる。公正な競争をするなら負けないけれども、信用組合聯合会と購買組合聯合会が連絡して、いろいろの工作をやる。例えば町や村の購買組合が品物を仕入れる場合に、購買組合聯合会から取れば、信用組合聯合会が金を貸してやる。さもなければ、金を貸さぬと云うような事をする。これに困ると云うのです。

高橋　産業組合というようなものも、少し行き過ぎたやり方をしているかも知れない。そういう事で小さな商売人を苦しめることは考えなければならない。

問　それから地方を廻って見ますと、困る困ると云うておりますが、その中から追々新しい産業が、小さいものではありますが、起って来ております。先日参った長野県でも、例えば小諸では良い味噌《みそ》が出来る、福神漬が出来る、あるいは木工が相当盛んだ。それらが近頃東京に大分売れ出して来たと申しております。また御承知の諏訪あたりでは、従来は生糸一本でしたが、近年は寒天とか、凍豆腐が生産せられまして、この方が生糸よりも景気がよいと云う話を聞きました。ところがこれらの地方の小産業が、みんな金融に困っております。そのため折角起りかけている仕事が、うまく進まない。勧業銀行が農工銀行を合併して、今まで農工銀行で放漫な貸付けをしておったのを片端から回収する。そこで銀行が貸付銀行でなくて、回収銀行になってしまったなどとも云っていました。何か地方のこの金融を円滑にする途《みち》はないものでしょうか。

地方には地方生抜きの銀行が必要

高橋　地方の金融を潤すには、一県に少くも一つ乃至二つくらいのその地方生抜《はえぬ》きの銀行がなければならない。地方の人だから、善くその地方の事情に通じているし、借手の仕事の仕ぶりもわかる。それによって信用を与えて、貸出しが出来る。けれども大銀行の支店制度だと、本店の命令で総ての事をやって行くから、人情味というものはない。必ず担保を取るとか、期限が来ればサッサと回収せよと本店に云われれば、無理に回収する。これがよろしくない。それだから大銀行はなるべく地方にあまり支店を持たないようにして、地方銀行を育てて貰いたい。その代り地方銀行は大きな都会の銀行を親銀行にして聯絡を取って、預金が集っても使いようがなければ、それに使って貰う。また季節的に金が沢山要れば、親銀行から出して貰う。こうして地方の生抜きの銀行を大銀行が後援をして信用を厚くしてやるようにしたら、この金融制度というものは完全なものになりはしないかと思う。

また小さな商工業者が金融に困ると云うけれども、これは彼らにも努力の足りない点がある。自分達で、例えば組合を作って、個人では得られない信用を組合の力で作って銀行に求める。そう云う方法を立てれば、今日でも金融の途はあるのじゃないか。

問　その場合に、いつも困るのは過去の借金です。過去の借金は一応ここで打切ってそれはそれとして整理の道を立て、新しい仕事には別に金融をしてくれると云うのでなければ今日の事情では、中小産業は起りません。

地方の救済に国家の負担は辞さぬ

高橋　そこで私が希望するのは、今云うたように個人の力ではどうしても背負い切れない時には、組合の力でも背負い切れなければ、県の力を貸してやる、県の力でもいけないと云う時に、初めて国の力を貸す、と云う順序を取ることだ。今日、農村の経済財産を整理して、将来これを真当《ほんとう》の経済自治体に拵えて行くには、根本から築き上げなければ駄目だ。結局は国が引受けてやるという覚悟はしている。しかしそこに行くには、銘々が自分の家計から整理して、それでもどうしてもやれないと云うなら組合、組合でもいけなければ県、そうして最後に国に来ると云うのでなくてはいけない。地方の団体と云うものは、どんな事をしてでも助けて行かなければならない。破滅させることは出来ない。けれども地方には、それぞれの地方で別々の病がある。その病の原因から調べて、適切な治療法を立てなければならぬ。この頃人が云うように、中央でただ予算を取って、それを何かの一律の標準で地方にバラ撒いてやるのでは、病は根絶する気遣いはない。（昭和十年四月）

時勢一家言

朝・昼・夜

問　お忙《せわ》しい中を恐縮ですが、いろいろお伺いしたいのです。先ず、大臣の日常の御生活からお伺いしますが、大臣は朝何時頃、御起床なさいますか。

高橋　朝五時半から六時の間だ。先ず目が覚めると体温を検し脈を測り、目方を量り、それから湯に入る。時によると湯に入る前に身体中を刷毛《はけ》で擦《こす》る。

問　御食事はどうなさいますか。

高橋　湯に入ってから仏間で看経《かんきん》して、それから朝餉《あさげ》を摂る。食事の献立はごく簡単なもので、珈琲とパンとケーキぐらい、それに果物、卵それだけだ。

問　御役所には何時頃、御出かけですか。

高橋　夜就寝の時に私は入歯を取って寝る。湯に入って洗う。朝食を摂った後でまた洗う。食事毎に掃除しなくちゃならぬ。また朝の中《うち》にいろいろの用を足し、それから支度して出掛ける。で家を出るのは大概九時半ちょっと過ぎだ。

問　昼はどうなさいますか。

高橋　昼は食事が決っているから家に帰らなければならぬ。私はそこらの弁当《べんとう》を取って喰べてよいという身体でない。

問　昼は朝より御馳走《ごちそう》がありますか。

高橋　昼は飯を一椀《わん》に生卵を掛けて喰べる。それから軽い魚の煮物、野菜物、汁、果物等である。その後でまた入歯の掃除をするのじゃ。ハ、ハ、ハ。

問　なかなか大変ですね。

高橋　そりゃ、どうしてなかなか大変なものだ。ハ、ハ、ハ。

問　御昼食を召上って、また役所へ御出かけなさいますか。

高橋　うん、そうだ。今日は早く帰らないと、午後の五時にお医者様が診てくれることになっておるから……平生《ふだん》は六時過ぎまでは官邸にいる。

問　一日何人ぐらい、訪問客に御会いなさいますか。

高橋　拠《よんどころ》ない人でないと会わない。人に会うより、何か見る暇の方が欲しい。いろいろな書類があるから……。

問　御就寝《おやすみ》は何時頃になりますか。

高橋　就寝するのは大抵八時半から九時になる。目があまり良くないから夜はあまり見ない。

問　閣下は外国物を随分御読みになっておられるそうですが……。

高橋　外国物をなるだけ読みたいと思っておるが、読み切れんね。向うのもので、送って来るのが四通りばかりあるけれども、それもなかなか目を通すわけには行かん。

問　そうするとお孫さん方と御一緒の時間は今は少いわけでございますね。

高橋　少い……。

五相会議について

問　今度の非常時予算について、あの予算を御査定になる閣下の御方針というようなものは、どこにありましたか。

高橋　わたしに力があったら、もっと旨く行ったかも知れない。すでに一昨年から続いていることであるが、赤字公債ということを能く言うね。これはどうしても経常歳入、臨時歳入で賄い切れないほどの歳出の必要が起って来た。すなわち犬養内閣の出来た時に先ず第一に金の輸出を禁じ金本位を離脱したわけである。があの時の実行予算の時分から、事によるとどうも赤字公債を出さなければならんかという気遣いがあった。しかし、幸いに無くて済んだ。それから後は七年度の臨時議会があって時局匡救《きょうきゅう》が叫ばれ、また満洲事変はますます拡大して、到頭七年度に赤字公債が出るようなわけになった。八年度は無論の話だ。しかし時局匡救方面の仕事は初めから三年間と閣議で決めた。一番多く出るのが中の八年度だね。そうして九年度は少くなっている。七年度は最初に手を着けたのだから、そうすぐに沢山な金を使うわけには行かぬ。一番時局救済のために金の余計要るのは八年度で、それが済んで九年度になれば減って行く。総て時局匡救の金というものは三箇年間出すというのだから、その金の使い方は三箇年で後へ尾を曳《ひ》かないような仕事に使わなければならぬ。所謂継続事業にならぬような、すなわち三年で事の済むような仕事に金を使う。かような立前である。しかしその一方においては、満洲事件費や陸海軍の費用がどうしても今までのような事では済まなくなった。

すなわち陸軍は従来継続事業として来たものを俄《にわか》に繰上げて年限を縮めて完成しなければならぬ、満洲事件費は長引いて段々金が余計要るようになって来る。海軍の方はどうしても第二補充計画を完成しなければならぬというので、大いに主張して来るし、一般の人の話、新聞を始め国民総ての声、まあ輿論《よろん》が国防が大切だと言っても、初めから何も日本は戦争をするという考えはない。向うから来た時分には、それに備えなければならぬ。そのための膨脹なんだから、しかしこれは外交にも関するゆえ、海軍、陸軍、外務、大蔵の四相に総理大臣を入れて根本策を大体決めよう。敢てこちらから仕掛けて戦争するというのでは決してないが、世間の空気では稍《やや》もすれば一九三六年になると戦争が始まるというような輿論となって来たので、所謂五相会議なるものが開かれるようになったのだ。

軍備は外交の背景

問　五相会議が纏《まと》まるまでには随分紆余曲折があったそうですが、あの時、閣下はどんなお心持だったですか。

高橋　うん、元々日本は何も国際連盟を脱退したからと言ってあの時の詔書にもある通り、世界の平和を維持し、人類の福祉安寧《あんねい》を増進して行くことについては少しも国策として変りはない。不幸にして国際連盟は満洲の承認問題から脱退するようになったが、世界の平和に貢献し、共に働くということについては少しも変りはない。

それで日本の外交というものはその主義で進んで行くという本当の肚《はら》を外国に十分に認識せしめなければならぬ。また満洲問題については、彼らは欧米の事に没頭していて、本当の東洋が分らない。これも十分理解させなければならぬ。

日本は武力を以て外国に領土を拡めるという悪口を言われているが、そんな考えは日本には毛頭ない。そこで外交がよほど骨が折れる。外交が幾ら骨を折ってみても、もし「日本はあんなことを口には言っても信ぜられぬ」というように、折角立派な道を説いて話をしても、自分達の都合の悪いことはまるで聞かないような風である。それには「日本の外交というものは馬鹿に出来ない。日本は侮ることが出来ない」という考えが彼らになければならぬ。

それは何かと言えば、一国内における海陸軍の兵備、軍備が、あれだけある国であるから、あの国の言うことについては、ただ何でもなく聞くわけには行かん、尊重して行かなければならぬ。詰り外交の機能の上において効果あらしめるための国防である。国防は外交の背景である。しかし軍備というものは国民の力がこれを支えて、それだけの軍備を使うだけの力がなければならぬ。そうすると軍備の計画も国民の財力に相当したものでなければならぬ。

軍備は陸において、海において、十分のものが出来た。しかし国民の力がこれを支えて行くことが出来ない。もしくはさらにこれを働かせるという時分に国民の力がこれを働かせるだけの力を持っておらぬという風になれば、折角の軍備も矢張り何もならぬことになって、侮りを受けることは同じことになる。

それゆえに外交の背景となる軍備も、国民の力がこれを支え、これを十分に活用するということが出来る範囲で、軍備を整えて行かねばならぬ。こういう原則が決った。

×　　×

それであるからこの予算を作る上においては、その意味において作った。しかも今日の外交上から言っても相当日本が満洲に東洋平和のため、ひいては世界平和のためにあれだけに乗出した。何としても今日ではその必要なる軍備を整えることが大切である。ゆえに他の各省の要求は遺憾ながら新規要求の大部分を削除せざるを得ざるに至った。と言うのは、一方においては赤字公債を出す。この赤字公債は幾らでも出せるものではない。やはり国民のこれに応ずるの力、すなわちこれを消化する力が制限になる。

赤字公債発行は

問　御もっともです。軍備と外交の関係についてもよくわかりました。で、ただ今申されました、赤字公債ですが、これについて閣下はどうお考えでしたか。

高橋　それで私は初めから公債発行の方法を変えた。すなわち一応日本銀行をして引受けしめる。そうして日本銀行は銀行なり保険会社なり個人なり「売ってくれ」と望むものがある場合、これを売ってやる。これは元は皆すぐにシンジケート銀行に相談して幾らなら発行して応募出来るだろうと、いきなり公債を発行した。

しかし私はこの際の公債発行というのは一年や二年あるいは三年も続くかも知れない。しかも、どうしてもなければならぬ金なのであるから、国民にいきなり公募して行った日には追《おい》つかない。段々公債は安くなるばかりである。明かに発行する公債は市価が安くなって、前から持っている人の公債も下り、公債を持っている会社、銀行、個人に対しては、ますますその富を減らすことになる。それで改めて日本銀行に先ず持たせることにしたのである。それであるから日本銀行が今売るについても、よほど厳重に取調べている。何故公債を欲しいかということを皆一々理由を質《ただ》すのである。さもないとともすれば投機思惑の具に供せられる。何処《いずこ》の国でも一番困るのはスペキュレーションである。公債を博奕《ばくち》、賭《か》け事の道具に使われては堪らないから「何故、公債を売ってくれと言うのだ」と言って一々皆、買う理由を質《ただ》すのである。それで日本銀行でこれならば確かである、尤《もっと》もであると認めた者へ売渡す。例えば銀行ならば貸した金が返って来たとか、預金が殖えて資金があまるとかいうがごとき理由があって払下げてくれと言って希望して来る。だから無理がない。かくのごとく世間の必要に応ずるため、是非欲しいから売ってくれと言って来る者に対して売る。従って無理に買わせるのではないから敢て公債の下落することはない。それでもこの間中、安くなったのはこれはもう分っている。詰り証券を商売にして少し思惑で持ち過ぎたというものもあったろう。

そこでじゃ。そういうわけじゃから、一方においては金利を下げて行った。低金利政策じゃな。能く世の中でインフレーションと言うが、インフレーションの弊害は今のところ少しもない。それから公債は出るけれども、その公債を出して政府が使った金はいろいろ働きをしてまた再び中央銀行に戻って来る。そういうわけで兌換《だかん》券発行高というものは、季節的に月末とか季節末には殖《ふ》えるが、平常はそう俄《にわか》に殖えない。一方においては徐々として需要供給の原理に基いて物価が上がるものもある。けれどもこれもそう急激な騰貴はない。

農村予算査定の苦心

問　農村予算についてはどう云うお考えでしたか。

高橋　農村の予算については十分調べることにした。ここに至ると従来からの政府のやり方が随分杜撰《ずさん》な点がある。全く中央集権というものが行き過ぎている。もうすでに時局匡救の金ですら地方によっては金を使えと言ったから拠《よんどころ》なく仕事をするという地方が随分ある。

この間もある人が私の処に来て言うのには、ある県である山の中腹に土止めを作ったが、それを見た人は実にどうもわけが分らない。山が崩れたからと言って、その下に人家があるわけではなし、妙な禿山《はげやま》を作って風景を害している。聞けば金を使えと言ったが使いどころがないので作ったのだということである。そんならむしろ道路を作ってくれた方がよい、ああいう使い方をされたんでは困るということであったが、私はそれを見たことはないが、始めて聴いた。なおそれに類似のことを大分聞いている。

それは何かと言うと、地方で農村救済のために臨時にどうしても仕事を起さねばならぬ。この県では、この村ではこういう仕事がどうしても必要である。県道はどうもなければならぬというような実際上の必要から起って来ている。仕事をするのに金が幾ら要る。しかしこの仕事は三年なら三年の間に済む仕事である。こういうものに金が欲しい。向うから実際の事実に則して金が欲しいと言うて来た場合、その金は十分にはやれないが、半分はやる。とにかく実際金が必要だという事柄がそこにあって、事柄が金を呼ぶならよろしい。しかるにこの前のはそうではなく、今の土木費なら土木費をやると言えば、各府県にバラ撒《ま》いて「お前の方はいくら」というようにして金をやり、これだけのものはどういう風に使えという風であった。つまり上《かみ》から授けられるのだから、今のような不必要なことにも使わなければならぬようになり、一方には必要なことがあってもそれが出来ぬということになったのだ。こんなことは今の政府を咎《とが》める必要はないのである。従来の慣行がそういうわけであった。

それはどういうわけであるかと言えば、金から先に拵えたのが従来の失態である。すなわちそういう種を播《ま》いたとも言われる。鉄道のステーションを拵えてやるとか、鉄道を延長してやるとか、そうすれば土地の者が喜ぶから、土地の人自ら請求するのではない、傍からこうしてくれたらよかろうからこうしてやろうというわけである。そこに間違いが起る。しかもそれは実際とは離れた間違いが起る。それがやはり大分ある。今度も一方においてはそう沢山な公債は出せない。それであるから各省はなるべく新規のものは出して貰わぬようにして、もしどうしても出さなければならぬというものがあるならば、従来既定の計画というものがあって予算を取ってあるのであるからその既定予算の範囲内で賄うかまたは今日そう急がなくてもよい仕事であるとか、あるいはまた、これはそう続けてやらなくとも、もう今日では止めてもよい仕事であるというようなものは、探せばある。そういうものから繰入れて新規に必要なものをやるようにして貰いたいということは、閣議でよほど前に私が言い出して決定している。しかるに今年度もまたいつものようにやはり沢山なものを出して来た。

予算分捕りと陳情団

問　親の心、子知らずですか、今度も予算分捕りは凄かったようですが……。

高橋　一体予算と言うと能く世の中で謂《い》うところの予算分捕りの弊害は今日もやはり除かれておらぬ。だから削減されたと言って地方辺りからこの頃運動員がどんどん出て来るが、出て来る運動員には一々聞いてみたって何も分らない。ただ中央から「こういうことで予算の金が取れないから出て来い」と言うので出て来たというくらいのもので、地方の者は旅費を使わされて迷惑千万だ。

この間もある県から出て来られた方々が、会わないと言っても、強《た》って会ってくれろとのことで会ってみた。主に話は生糸がアメリカに売れなくなったとか、値が下ったとかいうようなことであったが、それらの事柄が心配らしい。それでは実際生糸を拵《こしら》えている製糸家、あるいは養蚕家等実際自分の手で仕事をやっている人がいるだろうから、その実際家に会いたい、聞きたいことがあると言った。その時二、三十人も来ておられたが、今日は県会の決議を持って来たというので、それでは県会議長をと言って県会議長に会って聞いてみると、一つも要領を得ない。

例えば内務省からどんな仕事が来ておった、農林省からどんな仕事が来ておったと聞いても分らない。ただ何だか分らないが、予算が皆削られてしまって仕事がなくなっては困ると言う。耕地整理など従来からの仕事は継続事業としてちゃんと認めている。新規のものだけ幾分か削られた。そんなことを言うと妙な顔をしてぼんやりしてしまう。到頭最後には生糸が下って困るというようなことを言う。何のことだか分らない。だから来る人も気の毒であるが、本当に農村としてはこういうことは困る、この仕事が続かなければ困るという仕事を摑《つか》まえて来ているのではない。

それから農村の陳情者の中には幾ら軍備を整えたところで銃後の農村が今日のようになっては何にもならないと頻《しき》りに新しい理窟を付けて力説する人もあるが、しかし決して農村ばかりが国を護る人ではない。なるほど国民の約半分は農村であって、従って兵隊なども約半分ぐらいは農村から出て来るだろう。けれどもやはり後は商工業者から出て来る。だから農村が困るという声を上げると一方において今度は中小商工業者が同じく悲鳴を揚げて救済を叫び出して来た。

そういう風に泣き付きさえすれば政府はどうかしてくれる、国民がこういう考えを持つようになっては自力更生も何もあったものでない。意気地のない、人に頼る国民が出来てしまう。

しかして、政府というものには国民の納める税以外に金がない。政府は個人のように稼いで儲けるというようなことはない。そこからしてさっぱり、認識がない。しかも困る困ると訴えて来る。

農村の負担軽減が盛んに叫ばれている。これは一応もっともな事でなるべくその負担を軽うする事に努めねばならぬが、しかしその負担を過重ならしめているのは、国税に非ずして地方税である。すなわち総て国民負担の経費中その二割ぐらいが国税である。それから後の三割五分は府県税である。四割五分は町村税である。すると、負担が重くて困る困るということを言うが、負担の大部分は町村自ら使っている金である。そうして、その負担は町村自ら町村会議員達が、自分達の出すべき税を決めて置いて、そうして重くて困る困ると言うのが一体分らぬから可哀相《かわいそう》だ、気の毒だ。上に立つ人はこういうことを能く理解してやらなければならぬ。農村の負担が苦しいと言うが、一番余計使っているのは農村である。村会議員が自ら決議して自ら重い重いと言って零《こぼ》しているが、何も他人から負わせられた重荷ではないのだ、それじゃから自分達の重荷を軽くするような方法を自分達でも考えればよい。

そこで国は僅《わず》かに二割の金を使って何をしているか、外国との交際もやる。大使、公使を通しての費用を支弁《しべん》しなければならぬ。また海、陸軍をちゃんと維持しなければならぬ。教育も普及せしめねばならぬ。なおその上に府県に向っていろいろな補助金などもやっている。それなのに、困るからどうかしてくれ、金をくれと言って泣き付いて来るのは元来無理な話なんじゃ。

政党革新のとき

問 陳情に来る人々の多いことは、これまでの政党政治家にも罪があると言う人もありますが、閣下は政友会も民政党もなく、真にいつも国家のためにという建前のもとにあるように思われますが、今の政治家はこの非常時においてどういうことに留意することが必要であると御思いですか。

高橋 これは一体政党なるものは、立憲政治、憲法政治下においては必ず出来て来るものじゃ。決して政党と言って一概に排すべきものではない。もし悪いところがあれば、政党という形態が悪いのでなくこれを運用する人が悪いのだ。元は政党というものは一つになって軍閥と戦い官僚と戦った。そうして苦節数十年、大正に入って始めて原敬氏なる平民宰相が出来たわけである。この軍閥と戦い官僚と戦っている間は真剣であった。あの時分の人達というものは、身代のある人は自分の身代を捨ててまで国家のために働いた。しかるに政党政治になって来ると、今度は政党同志、政権が欲しくなって来た。選挙をするには選挙民の御機嫌を取らなければならぬ。その御機嫌を取るには、その地方の選挙区のためになるようなことをやったりしてやらなければならぬ。それのみならずただ演説や議論だけならばまだよいが、実際、悪い癖を作ってしまった。すなわち投票はただするものでない、売ってやるものだというような観念を植付けた。政党の大会でもあれば三円ぐらいの御馳走をして一円の会費をとる。投票してくれる人に御馳走したり、金を使ったりして出るようになって来た。それが政党の堕落の一歩である。

その結果として今の通り政党は国民全体から信用を失った。ここで政党を革新する時が来たのだ。どうも何処《どこ》の国でも一度は歴史的に政界の腐敗があって、それを通り越して来なければ旨く行かないようだ。坩堝《るつぼ》で精錬されなければならぬ時代が来ているのだね。

私の信仰・修養

問　大臣は、観音様を御信仰なさいますそうですが、御信仰について一つ伺いとう存じます。

高橋　子供のうちから私の祖母が浅草の観音様を信仰したのです。私が五、六歳の頃から歩いて芝愛宕下の仙台屋敷から浅草の観音様に手を曳《ひ》かれて毎月十八日にはお詣《まい》りすることになっていた。

それから御寺にも行った。宗教などというものは何となく心に沁《し》み込むものだ。それで今でも宗教には関心を持っている。どの宗教ということはない。私は宗教に二つはないと思っている。人に宗教心を起させるための方便としていろいろその時代に副《そ》う事を努めた人によって説き方が違う。しかし結局は一つのものだ。

問　この間、〔グリエルモ・〕マルコニー〔無線通信の発明者〕さんが来朝〔昭和八年〕の時、どういうお話しをなさいましたでしょうか。

高橋　マルコニーさんが突然、日光に行っておって、是非会いたい、今夜七時に上野に着いてすぐ行くが差支えないかという電話であった。まあよいと……。それからマルコニーさんが来られてね……。

問　どんなお話しをなさいましたか。

高橋　お茶を飲んで、いろいろのただ雑談をしたさ。僅かの時間だったが、大変に喜んでいたよ。

問　閣下の御子息是彰さんの御案内のようでしたが。

高橋　うん、あれはロンドンのケンブリッジ大学に入って、無線電信の研究をやりその方の必要な学科を卒業して来たのだ。大学にいる間に彼処《かしこ》では休暇などを利用して、その関係の会社に行って職工になって働かなければならぬことになっているそうで、その時にマルコニーさんの会社が発明をやって、その職工になっていた。

そういう縁故があったのと、それに家内が英語が達者なので大倉さんに頼まれて始終一緒になっておったらしい。

問　閣下の御信念は、如何なる力を以てしても枉《ま》げることは出来ないようです。閣下の日常の処世についての金言《きんげん》とか、どういうことを心懸けているとかいうような、閣下の御修養についてお伺いしとう存じます。

高橋　私は始終、今でも修養は少しも怠っておらない。人間の弱点ですね、これは……。そこで、詰り「我」を去る、私心を無くするのじゃ。「我」を除くということに帰着するわけだ。「我」を除けばすなわち天然自然の己と一緒になる。自然の大道と己と少しも変らなくなる。「我」を無くして自然の大道と己と一緒にして見ると「生死」というものが無くなって来る。それが修養を怠ると他に外れる。私は外の用務とか事務とか無い時は、その点を始終努める。そこを怠ると人間は堕落する。

問　閣下の御心境は、十年前、二十年前とは大分違いますでしょうね。

高橋　そりゃ違う。

問　この前の財界のパニックの時でもそういう御気持で臨まれたからこそ、ああいうことが出来たのでございますね。

高橋　うん……。

（昭和九年三月）

第六

自宅にて。昭和11（1936）年撮影（上塚家所蔵資料／国士舘史資料室）

教育論

社友笹波萍二《ささなみひょうじ》〔末松謙澄《すえまつけんちょう》が東京日日新聞社説執筆時の筆名〕氏が先にこの新聞の社説に掲載したる書生教育の論文は深く今日の肯綮《こうけい》に当る、ただその主意とするところは現時の実況を言うに過ぎざるを以て、余、今氏の志を続《つ》ぎ、教育の原理に基き、追記以て鄙見《ひけん》の及ぶところをこの紙上に陳列せんとす。言頗《すこぶ》る迂闊《うかつ》に似たりといえども、またいささか見るところなきに非ず、看者ただ幸いにこれを諒《りょう》せよ。

民選議院の説一度《ひとたび》世上に標出せしより一周歳の久しきに及ぶ。これが可否討弁《とうべん》するもの新聞紙上陸続として断ゆ《ゆ》る時なし、蓋《けだ》し民権を保全するの妙機は、民選議院に如《し》く者なしと言う確言は、世上論者の容るすところなり。ただ論者に従って各々その見を異にするところのものは、特にこれを実際に施すの機如何にあるのみ、政府といえどもこの議院の到底設けざるべからざるの理は、これを悟らざるにあらず、しからばたとい今日に起らずとも必ず一度は設立の期あるべし。設立せざればやまざるべし。

これ予が今教育論を発するゆえんなり。何となれば、民選議院設立の期に至るとも、その期に先立って日本人民をして完全なる教育を得しむるにあらざれば、民権を利用することを得ざるべし。民権を利用せざれば人民の間に在る不平均を消除するを得ざるべし、不平均を消除せざれば、我が人民は決して国際上の自由を有するを得ざるべし、これらの事は少しく智慮を具する人は善く弁知《べんち》するところなり。予、ために喋々《ちょうちょう》するを要せず、予は先ず、教育の事につき政府は何らの義務ありて教育に関係する乎《か》、何らの権利ありて人民より教育金を収むる乎を論ずべし。

それ人間に二種の自由あり。一つを任意の自由と言い、一つを社会の自由と云う。任意の自由とは勝手気儘《きまま》に何事も自分の意に任せ、さらに傍人の利害を顧みざるを言う。人もしこの自由を行わんと欲せば、跡を深山幽谷に斂《おさ》め、曲《さら》に人間と隔絶するにあらざればなす事与わざるなり。社会の自由とは、他人の権利を妨害せずして、以て一身至当の自由を得て不覊の幸福を全うするを云う。人苟《いやし》くも世間に住して他人と交際するにおいて到底遵守せざるべからざるものなり。この二種の自由はその活動において黒白を異にするところあれば、天稟《てんぴん》の良智を以てその分界を劃《かく》し、相悖《もと》る事あるべからず。苟くも任意の自由を以て、社会の自由を障碍《しょうがい》する事あるときは、それ仏国のマダム・ローランドが一千七百九十三年の十一月八日斬首機に上らんとして「嗟乎《ああ》自由よ何ぞ汝《なんじ》の名を藉《か》りて罪科を犯すの恐ろしきや」と慨言したる有名の警語を沈吟追想するの不幸を親歴するに至るべし。豈《あ》に恐怖せざるべけんや。およそ政府たるものは、寡人政府にもせよ、立君政府にもせよ、あるいは合衆政府にもせよ、政府たる者の本分はこの社会の自由を拡張し、人民一般の康福を保有するを以て最第一の目的とす。如何となれば元来、人民の社会の政府を創立してこれを緊要なりとするゆえんはおよそ人類には善悪二種の情欲ありて、その動作を異にするを以て、政府をしてこれを監察使となし、善を勧め、悪を防がんためなり。蓋《けだ》し悪は自身または他人に苦難を起さす事にして、善は自身または他人に喜楽を与うると言う事なり、別に深重の意義あるに非《あら》ず。政府すでにこの最第一の目的ありといえども、もし人民の教育に注意せず、人民をして不学不知ならしめば、悪情愈々《いよいよ》増長し、善情愈々消滅し、任意社会の両自由を混交し、自由の権利を愛せず、他人の権利を敬せず、正非の別を忘却し、禽獣《きんじゅう》と相去る、ほとんど遠からざるに至らん。

かくのごとくなれば則《すなわ》ち政府もまた如何にしてその最第一の目的を実践し、人民をして社会の自由に服従せしむること得べけんや、これ教育の国に欠くべからざるゆえんなり。それ何らの義務ありて政府は犯罪の人を捕縛し、これを処刑することを得るや、これただ人民をして社会の自由を実地に疎通せしめんがためのみ。ここに人あり、処斬の申渡しを受け、法官に向い、天法において生物を惨害するを許さず、ゆえに予今刑死すべからずと云わん。この人もとより任意の自由よりこの言を吐き得べし。しかれども社会の自由より論ずれば、何ぞこれが口を開かしむべけんや。何となれば、一人任意の自由を以て衆人社会の自由を妨害する事を得ざるは、人世普通の公理にして、すなわち天理に基きたるものなればなり。

しかして政府はこの犯罪者を捕縛処刑するの義務ありといえども、努めて人民をして捕縛処刑を受くるに至らず、その人をして任意社会両自由の別を弁明《べんめい》するところの良民たらしむるは、政府の肝要なる義務と云うべし。良民たらしむるの法は、何に在る。曰く教育これなり。見るべし、政府にして意を教育に用いざるときはこれを目して義務を尽さざる政府と言うも、敢て不可なきゆえに、教育を盛んにし、人民をして犯罪に陥らざる良民たらしむべき事は、捕縛処刑と等しくこれ政府の義務なり。未だ何れか重きを判ずべからず、政府はすでに捕縛処刑の義務を尽すに付き法官巡邏《じゅんら》を備うるの費を一国の人民に資《もちい》るの権あり。今や人民教育の義務を尽すに付き、学校教員等を備えざるべからず、これを備うるに費用なかるべからず。この費用は法官巡邏等の費と同じくこれを人民に資る権あり、これすなわち我輩が前条に述べたる政府は教育の事に関係するの義務あり、また教育金を人民より収むるの権利ありと云うゆえんなり。情実かくのごときゆえに我輩は断じて民選議院設立の期に至るも、教育を得しむるに非ざれば、民権を利用するを得ざるべしと曰うなり。

政府は教育の事に関係すべき義務あり。また人民より教育金を収むべき権利ある事は、すでに第一編に論述したり、今この第二編において教育は政府の手を藉《か》らざるべからざるゆえんの理を述ぶべし。

教育とは何ぞ、人間世間に一日も欠くべからざる世上流通の活動体にして千万世といえども、この不死物にして、天地と共に死滅の期ある事なしといえども、この不死物の学術を促進し来りてその体中に仕込みたる人間はすなわち流通せる学術の寄宿所たり。しこうしてこの寄宿所たる人間は、命数限りありて、一たびは必ず死滅せざるを得ず、なお寄宿所の消滅して寄宿者と共に消え失せたるが如し、これ寄宿者たる学術は滅亡したるに非ず、ただ寄宿所たる人物が消滅したるに付き、その人一身上だけにては滅亡して見えざるようになりたるのみなり、なお積水器破裂してその水を失えども水の滅亡したるに非らざるが如し。

さて学術はもとより不死物たりといえども、新たに産する子孫は、胎中より祖先の智識を帯び来りて、生れながらに学術あるものにあらず、必ず学術の起頭より新たにその修練致格をなさざるべからず。なお破裂したる積水器の代りに新水器を持ち来るとも、この器中に始めより、水あるにあらず他の水滴を汲《く》み来りて、これに満てざるべからざるがごとし。水はもとより不尽物たり。しこうして水の不尽物たるを以て器の破裂を顧みざるべけんや。学術はもとより不死物たり、学術の不死物たるを以て、人身の不滅を思わざるべけんや。もしこれを思わざれば不死物たる学術も遂に失い、世の開化もこの時より消失し、太古の野蕃《やばん》に復却しその余波や布いて子孫に及ぶべし、恐れざるべけんや。

ゆえに死滅すべき人身なる父兄は生れながら祖先の智識を帯び来る事を得ざる子孫の教

育をなすことに心を用いざるべけんや。これ人の父兄たるものは子弟たるものを教育すべき義務あるゆえんなり。しかれども世間一般の人民が悉《ことごと》くこの義務を弁知し、鋭意にこの義務を尽すに至ることは一朝一夕のことに在らず。これに因って政府は已《や》む事を得ずその父兄を資《たす》けてその子弟を世話さざる事を得ず。道理を以て論ずれば教育の世話は政府の権限内に有らずとの説あれども、今もし政府にてこの世話をなさざるときは、子弟教育の督責を事とする者は有限の有志者のみに止《とど》まり、その他は不死の学術を拿捕《だほ》して、一身に仕込む事をせざる者、日に月に増殖し、遂に任意、社会両自由の別をも知らず、各自天然の権利を全うする事能わざるに至る者あるべし。

かくのごとくなれば教育と云うものは、前の有限の有志者の部分のみに偏頗《へんぱ》し、この階級の者とその余の者との間の関係に師弟将卒の大なる懸隔を生ずべし。精神かくのごとくなれば、所謂《いわゆる》人造の不平均と云う者の形を自然に醸し出し、一つは上進し、一つは却退し、却退するものは遂に奴隷の有様となりて、止むる至るの媒《なかだち》となるべし。

去れば教育の利用はこれを偏頗せしむることなく、必ず一般に普通流動せざるべからず。これを流動せしむるは、必ずその平立を父兄より責めざるべからず、その平立を父兄に責むるは政府にあらずして誰かよくこれをなさん、これ教育は政府の手を藉《か》らざるべからざるゆえんなり。

人造の不平均とは天造の不平均に対するの語なり。我が国にて華士族の平民におけるすなわち人造の不平均なり。すなわち華士族は平民の有せざる特例を政府より得たる者なり。すなわち政府より一方の権利に引き抜いて、これを他の一方の権利に増加したるもののごとし。ゆえに人造の不平均とは、一方の有せざる国法上の権利を一方に有すると云う義なり。英国のごとき文明を以て世界に誇示する者といえども、その人民は未だ悉く自由の民と云う称号を下すことを得ず、これ国内に貴族僧侶《そうりょ》等全国人民の有せざる特例を有せるものありて、未だ全く人造の不平均を芟除《せんじょ》せざればなり。

我が国のごときも教育が全国人民に普通して偏頗なきに至らば、今日の華士族は豈《あに》容易に今日のごとき特例を維持して以て、人造の不平均を存在する事を得べけんや。欧州の諺《ことわざ》に曰く、銅筆《ペン》の力はその鋭なること鉄刀に勝ると、教育の勢いは争戦に勝り、尋常の事物はこれを圧制する事得ざるの謂《いい》なり。

日本政府近頃教育の責を子女の父兄と共に負担したるはすなわち政府の欠くべからざる職務を尽すものと謂うべし。しこうしてその事業たるや、もとより一朝一夕にして、成果を望み得べきに非ずといえども、その成果をして、一日も早からしめんことを望まざるべからず。これを望むやこれに応ずるに至当の良法を以てせざるべからざるものなり。

蓋《けだ》し欧州の文学を以て今日に顕わるるにもその培養の源は遠く千有余年の古《いにしえ》に在り。政府にして教育を奨励し方法を指示《し》したるは、ゼルマン〔ゲルマン〕を以て始めとす。しこうしてまた始めて教育の法制を布きたるは、今をへだたる事三百余年紀元一千五百五十九年に在り、次いで一千六百年の前後に学校維持法、学事監督法等を設け、師範学校を興して教員を陶冶《とうや》し、大いに学事の面目を改めたり。

これより先き、紀元一千四百四十年印書の術発明ありて、大いに学徒を輔《たす》け、当時児童の教育盛んに行われたり。蓋し児童の教育は国の基《もとい》なり、と云う気象の欧人の脳中に侵入したるは実に一千有余年以前に在り、紀元五百二十九年ウバイソンの執政官、懇々人民を説諭督励して、村学校を起さしめたる事あり。八百年に至り、メエヤエンス公会僧徒に令して、処々に村学校を起さしめ、これを教うるに特別に仁愛を以てせよ、日星《にっせい》の大地に臨むがごとく、児童をして他日皎々《こうこう》たる文明の曙光を発せしむべし、有志の恩謝は拒むを用いずといえども我よりして、その報を需《もと》むべからずと、一千五百二十六年ルルサル氏人に贈れる書に曰く、父老の頑愚は深く咎《とが》むるに足らずといえども幼年子女の学に怠るを捨て、問わざるは国の過ちなり、固陋姦悪《ころうかんあく》の民俗はこれより起らんと。

見るべし欧人の児童教育を重んずるのかくのごとく久しくして、かつ切なる事を、東洋の風習はこれに異なり、明治八年の今日に至るも学問の真価を弁《べん》じ子弟の教育を重んずるもの蓋し十の一、二に過ぎざるべし、偶々《たまたま》学校を設けあるも、もとより真の愛心より出たるは少なし、従来我が国の学校は多くは私立に係り、その主意たるや設立者の生業のためにするを以て先として、生徒の将来を慮《おもんぱか》るは第二に在り、これを認めて一種の商業と云うも可なり。

我が政府の事実に人民教育に着目したるは、ゼルマン政府に比するに三百余年の遅速あり、これを推せば、我が国の文学はゼルマンの文学とまた三百年の差等あるの理なり、しかりといえども三百年の差等をして同等の地位に追及ばしむべきは、独り教育着手の方法如何に在るのみ。

メリケン〔米国〕は百年の新建国なり、その文学の盛んなるゼルマンと何ぞ違わん、しかして私は論ずる、教育着手の方法とは、全国教育を指す、各人教育を云うにあらざるなり、全国教育を盛んにするには、先ず欧米各国にて多年の実験を経過して発明したる方法と学術とを適宜に取捨して、我が国の需要に転用するに在り、決して新たに創造すべきに非ず、ゆえに取捨て転用そのよろしきを得れば、これをして自在に活動せしむるまた何の難き事あらん。

しからば、ゼルマンにおいて創造に費したる時日は、我が邦はこれに費すに及ばず、ゆえに曰く、方法よろしきを得れば三百年の差を超乗して前進のものに追及ぶことを得べし。

私は日本政府の深意如何を知らずといえども、私の見を以てすれば、この着手の規矩《きはん》は左の情実と主張とを以てせざるべからざるべし。

一、我が国の子孫にして法、政、農、商、百工、技芸の学術に達せしめ以て将来の人民をして各自独立の地位におらしめ、人間社会の益友たらしめんがためなり。

一、政府にして教育を担当せざれば、教育は人民の一部に偏倚《へんい》し、人民中自ら特別の品性を醸すに至るべければなり。

一、児童に教育の利益を得て、良民たらしむるは罪人を他日に減少せしめ、他日司法に要する費用を今日に妙用す、すなわち公財を倹用して美事に費すの法なり。

一、教育を受けずして他日罪科に服すべきを、これを今日に教育して良人たらしむるは仁慈の道なり。

一、学ばざれば文字を知らず、文字を知らざれば制令を読まず、制令を読まざれば国法を解せず、国法を解せざれば国禁を識《し》らず、識らしめずしてこれを罰す是れこれを網《もう》と云う。

以上の条件を以て日本政府の教育着手の規矩《きはん》と認め、謹んでその方向を論ぜん、我が国すでに文部省あり、督学局あり、官公私立の学校日に増し、各府県に学務課を設けたり。しかれども今日の文部督学併せて学務課の指針は果して私の論述したる条件の実際活用の方向に進むべきや、私はこれを保証する能わず、第一に文部省は日本人民の教育につき、何程の担当をなすや、地方の学校と何程の関係あるや、私は現在の文部省につき立論すること能わず。ただ一体文部と云う体の性質は如何なる責任あるかを論ずべし。

我国の文部省は全国教育を管轄する所にあらず、我が国教育の基本を立つる事業に任ずべき者たり、何をか教育の基本と云う、教師教科書すなわちこれなり、しかしてこの基本に立つるは必ずしも何時までも文部省に属する職分と思うべからず、方今我が国教育改正の際に臨み人智未だ政府の扶《たす》けを借るを免《まぬ》かれざるに付き、ようやくこの二者を以て文部省に依頼するのみ、しかして却って永遠文部に属すべき事業あり、曰く甲の形況を乙に告げ、乙の学事を甲に報じ、甲乙をして双方の形況を知り、甲乙をして共にその利を資《と》らしむるために、各地方の学事申報を蒐集《しゅうしゅう》して、全国学事申報と題し、以て全国に公布し、また外国の学事をも公布すべく、かつ学士証書等の制を設け、これが試験に関渉すべし、これを文部省永属の職分と云う。（高橋翁は明治六、七年頃勉学の余暇、喬木太郎なる変名を以て「東京日日新聞」に執筆し、その得たる原稿料を以て糊口の資とせられた事がある。本論はすなわちその一で、明治八年三月の所論にかかる。／編者記）

学窓を巣立つ人へ

横浜商業学校〔現、横浜市立大学〕卒業式にて

今日《こんにち》本校の卒業式に私が参列しましたのは、鈴木校長の御懇切なるお勧めに預ったのでして、私はここに臨席するの光栄を得た事を深く喜ぶのであります。

本校は官立、県立、市立、この三種の学校を併せて同一校長の監督経営の下に置かれてあるので、しかも校長鈴木君の教育の趣旨を承わるに、生徒の智能及び徳性に関する教養の方針は、全く時勢の要求に適合せるものであって、同君は専心その実施に努力しておらるるのであります。今や世上教育に関してとかくの論議の絶えざる時でありますが、本校のごときは模範学校であると申して過言でなかろうと思います。かような適任者を教育の頭人として迎えおらるる横浜市民及その子弟は、真《しん》に幸福な事でありまして私は慶賀の念に堪えませぬ。

そもそも地方自治体の健全なる精神は、その地方の子弟を教養する学園の雰囲気に成長

するものでありますから、この意味において本校及その卒業生の任務は甚だ重大なものであります。

卒業生諸君の中にはますます進んで高尚なる学術を修むる事に務めんとする方もあろうし、またすぐ世の中に出て仕事を求めて務めんとする方もあろうと考えますが、私は諸君がそのいずれの方面に向わるるとも、今後諸君が務めんとするその事がすなわち諸君の職務であると云う、この意味を以てここに簡単なお話をいたそうと思います。

人生を観るに、職務に成功すると云う事程大切な事はないのであります。私は職務の成功が、人類生存の基調であると申して誤りないと考えます。昔日より後世に名を伝えられた内外先輩の人々の事跡を見ましても、いずれも、その職務に成功した人々であると云い得るようであります。すなわち学者、政治家、軍人、農、工、商、銀行家、美術家、技芸家、発明者、弁護士、医師、その他あらゆる方面の勤労は皆職務であります。しかしてその職務に成功すると否とに由て人々の境遇に霄壌《しょうじょう》の差を生ずるのでありまして、実に人生職務に成功すると云う事程大切な事はないのであります、従って人間として職務を有《も》たぬ程恥辱な事はないのであります。

しからば職務に成功する基本は何であるかと申せば、それは教育であります。しかし教育も只覚えた学問をその儘《まま》頭に容れ置く丈では人間生活の用はなさないのであります。およそ学問なるものは古来先輩が啓発したところの智能の累積したものでありまして後世図書の蒐輯《しゅうしゅう》となって伝わりおるのであります。もし教育を受けた者がただ学問をしたと云う丈を以て満足したならばその人の学問は到底先輩が遺した図書には及ばないのです。只修めた学問を実際に応用する事に努力してこそ、始めて教育の効果が現われるのでありま す。諸君は学問に呑《の》まれず、学問に使われず、学問の奴隷とならず、飽くまでも学問は自分が使うべきものであると云う固き信念を抱いて職務に邁進《まいしん》せられたいのであります。

私は諸君が職務に従事せらるるに当って心掛くべき事の二、三を述べてこの話を了ろうと思います。何にも新奇な事ではなく、至って平凡な事ですが、正直は職務に成功するの本なりと申して決して誤りでないと考えます。総て己れの言語動作は己れの誠心誠意の発露であらねばならぬ。かつまた万事を几帳面《きちょうめん》に折目正く取行い、敢て他人に悪感を持たせぬように心掛けねばなりませぬ。かく申せばとて、人に諂《へつら》いもしくは阿《おもね》よと云うのではない。否、人間は飽くまでも剛直なると同時に、また他を敬愛するの性情に富んでおらねばなりませぬ。しかして自分の職務が如何に卑近であろうが、如何に簡単であろうが、自分の仕事に対しては常に忠実であらねばなりませぬ。これは決して小に安んぜよと云うのではない。しかるに世間には動《やや》ともすると仕事をしながら、放心して、呼々《ああ》、詰らぬと云う厭気《いやき》を起して、仕事に忠実ならざる者があるが、かくのごときは先ず自から自分の仕事を軽蔑《けいべつ》して掛る者であって決して職務に成功する筈がないのです。己れの仕事は先ず以て自分が本気になって大切にとり行いてこそ、人が己れの仕事に信を置てくれるのでありま

のでありまして、この信用こそ己れのために大切な財産であると云う事を思わねばなりませぬ。

この例は、米国へ生糸を売込む場合に、一方には一々品物について品質の検査を行い量目を改むる等、種々の手数を経て始めて取引の出来るものあり、また一方には商標を一見した計りで、ズンズン取引の行わるるものがある。しかしてその商標を見たばかりで、容易に取引の行われるは何故であるかと申せば、その荷物の品質及量目等総ての条件が、荷主の言うところにいささかの違《ちがい》がないと云う信用を博したからであります。そしてこの信用を得るには荷主が不断誠意を籠《こ》めてその荷物を大切に取行い来った結果なのであります。すなわち商標は荷主の不断の正直を表彰するのであって、荷主のために大切な財産でありますす。故に欧米各国ではとっくより我が邦の商標条例のごとき制度を設けて、この正直を保護しておるのであります。米国では版権、発明特許、商標登録、この三者を智能的財産の保護と唱えて財産中最も大切なものとして取扱われております。

つい先頃神戸在勤の米国領事の「デッコーバール」と云う方が同市の婦人倶楽部において有益なる講演をされましたが、その一節にかような事を申されております。「取引上における只一回の違約が国際交誼《こうぎ》の上に及ぼす損傷の害は六回の晩餐後の演説の効能も取返しの出来ぬ程のものである」と云われておりますが誠に至言であります。実に正直程大切なものはないのであります。

次に人には自慢の癖があるものですが、自慢は大概自分のため敵を作る事になりますからこれは大いに慎しまねばなりませぬ。人間一生の間に自惚《うぬぼれ》ほど人を禍《わざわ》いするものはないようであります。一度人世の波濤《はとう》に飛出すと嫉妬《しっと》やら猜疑《さいぎ》やら、偏見やらいろいろな病魔が横行しておりますから諸君は能く戒慎して、先ず自分で自分を買被《かいかぶ》らぬよう、また人から買被られぬよう、平生注意せねばなりませぬ。この注意を怠ると遂には己れを欺《あざむ》きまた人から欺かれる事になるのでありますから自慢は甚だ恐るべきものであります。

次に述べようと思う事は他より物を借入れる時の注意でありましてことに金銭を借入れる時は必ず期日に返済し得べき確乎たる目的が定まっておらねばなりませぬ。一時凌ぎのため確信なき借財をする事は軈《やが》て身を亡ぼす種子を植付るようなものであると心得ねばなりませぬ。そしてこの事は事業を起したりまたは会社を担当するような身分になればなおさら深く注意を要する次第で、世間には僥倖《ぎょうこう》を当てに一時凌ぎの借金をした事が原因となって破産を招き、世間の人々に非常な迷惑を掛けた個人や会社、銀行の実例は沢山あるのであります。ゆえにこれは最も警戒すべき事として不断の用心を怠らぬよう心掛けねばなりませぬ。

実業教育の目ざすべきところ

全国実業学校連合会にて

先日久振りにて横井〔時敬《ときよし》。農業学者〕博士が拙宅に来られて、本会のために一場の講演をせよとの御申入れがありましたが、私はもはや引退の身で、なるべく社交からも、遠《とお》退《の》いているゆえ、そのわけを以て、御断りを申したるところ、博士より段々昔日話《むかしばなし》を聴かされまして、私も過去を追想して見ますと、なるほど、明治の初年より十七年頃に掛け、教鞭《きょうべん》を執るのが、私の職務でありました事や、また二十一年頃には農商務省の駒場農林学校長を兼務した事や、またその時横井博士は同校の教職の一人でおられた事など、当時の事象が、眼前に映じて参り、そこで、外ならぬ博士がわざわざ見えられての御懇請に対し、無下《むげ》に御断りする事も出来かねて、覚束無《おぼつかな》くも御承諾申したので、この壇に立つ事になったのであります。

右様なわけでありますから、政治に関する具体の問題は避けまして、ただ門外漢が柄《がら》にも無く、現時の教育に関して、経済方面から致した観察の一端を御話するものと、御諒察を願って置きます。

中すまでも無く、農業は人類生活の基本をなしたのでありまして、いずれの民族でも、人口の殖えるに連れて、農業を以て生存の根本となしました。しかるに農業は骨の折れる仕事でありますし、かつ労を厭《いと》い逸を冀《ねが》うは、古来人情の常でありまして、始めは強者が弱者を征服したる場合に、女子は助け、男子は殺したものですが、段々農業労役増加の勢いに逼《せま》られて、男子も生かして置て、優者の厭がる仕事に服役せしむるが、利便なりと考えるようになり、それ以来敗者たる男子は、時によると、知識、性格共に、勝者より遥かに優れていても皆一様に農業に苦役せらるる事となりまして、これが白人奴隷売買の濫《らん》觴《しょう》でありました。しかも白人奴隷を獲《う》る事が、むずかしくなりましてから、遂に異人種中に奴隷を漁りアフリカ辺より黒色人を狩り集めて、熾《さか》んに奴隷売買が行われたのでありました。

かくのごとく早くより、農は国の本なりとせられたにも拘らず、その仕事が骨の折れる業なるがために、優者はこれを嫌い、従って農業は奴隷の執るべき仕事と定められ、自然と農業そのものが、卑賤《ひせん》なる職業として、取扱われるようになったのであります。

年処を経るに従い、奴隷売買の状態が変化して、農夫はあたかも山林における天然性の樹木のごとく、土地に附着せる者として取扱われ、土地の所有主が代われば、その土地に附着せる農夫は、否応無しに、新所有主のため、土地と共に保有使役せらるる事となり、そしてそれが当然の慣習となりました。各国ともその封建時代においては、右のごとき状態が、その国の経済組織とも云うべき有様でありました。

十八世紀の末葉に、蒸汽力応用の発明、織物機械の発明、鉄鋼製造の発明等が出来まして、爾来《じらい》各種の発明相次いで起り、海、陸における運輸交通の便利は勿論、人工を補助するところの機械、器具、その他理化学応用の発明が、著しく進歩発達して、ここに従来の経済組織に大変化を生ずるに至ったのであります。

しかしてこの変化に際し、新たに起りたる経済組織の特色は何かと申せば、賃銀を与えて、労力を雇傭《こよう》する事でありました。これが自然と労働者の身分にも自由を与える事となり、また一面においては理化学の利用が盛んになるに従い、労働者の智能も進歩して、製作分業の新組織が発展して、ますます製造工業の隆盛を見るに至りました。そして経済上のこの新事態が、従来自給自足、武陵桃園《ぶりょうとうえん》の夢に酔うていた農村生活を脅威した第一の警鐘でありました。

この経済組織の革新は、主として発明がその本をなしたのであります。しかも発明を実際に使用するには、是非とも資本、すなわち人の貯蓄したる力に待たなければならぬゆえに、資本なるものが自然と、新経済組織において、貴重な位置を占むる事になりました。そしてこれは世界的経済発達の道程であって、すなわち時代の要求であったと云うべく、また経済力の自然の発展であったと見ねばなりませぬ。

かくして工業地は勃興《ぼっこう》し、工業地はさらに進んで商業地に成ると云う、この大変化の行わるる間に、農村の資本家すなわち地主は、この新たなる経済組織の発展に、ほとんど没交渉の状態を以て経過し、農事に新知識を利用するの工夫を怠りました。ここにおいて地方の壮者、青年は多く農村を離れて都会へ、都会へと移り、賃銀取の生活を慾望する傾向を生じたのであります。

蓋《けだ》し発明の勃興以来、諸科学の応用が主として、工業に傾注し、農業に利用せられる事が遅々として進まなかった事は、世界全般の通例であります。しかれども元来科学の応用範囲を求むれば、弘い意味の農業程広汎《こうはん》なものは無いと思われます。今日においては気象学、機械学、光学、電気学、化学等、総ての科学に属する学術が、農業に利用せられ、またせられねばならぬ時代に押し移って来たのであります。かくして農業の位置は工業や商業に比して決して低いものでなく、否、むしろ朝夕大自然を友として、生を愛し、心を安んじ精神的に苦悶少なき生業として、その権威を発揮すべき時であります。しかしてこれを成すの本は、壮者及び青年の教養に在るのでありますから、ここにおいて私は諸君の尽《じん》瘁《すい》努力によって、我が農業経営の前途に一大転化を見ん事を、期待して止《や》まざるのであります。

次ぎに、我が商工業について一言致したいと考えますが、達観的に申せば教育の盛んなる割合に、実際の効果が現われておらぬと申してよろしかろうと思います。近時我が国の工業は非常な進歩発達を致して、ある種の工業に至っては、世界いずれの国に比肩しても、敢て劣らないものもあるのですが、総体においては未だ工業国たる域に達していないのでありますす。現に我が国においては、隣邦支那の原料をすら、十分に消化し得る工業が有りません。すなわち一例を挙ぐれば、満洲に産する無尽蔵の豆油《とうゆ》及び曹達《そうだ》、中部支那の胡麻《ごま》油《あぶら》、桐油《とうゆ》等は、日本においてこれを消化する、十分なる油脂《ゆし》工業が無いために、原料のまま、欧米諸国に送られています。その他豚毛《とんもう》、獣毛《じゅうもう》、皮革《ひかく》、蛋白《たんぱく》、蛋黄《たんこう》のごとき、多くは原料のまま同じく欧米に送られています。かくのごときは正に我が工業の敗北を徴《ちょう》標《ひょう》する一例に過ぎませんが、それだけにまた、努力如何によっては、発展の余地ある事を反面に示しているのであります。

さて工業を発展せしむるには、政府の保護奨励に俟《ま》たねばならぬとして、あるいは関税の障壁を高《たこ》うせよ、あるいは自国の工業に奨励金または補助金を与えよとの声が、盛んに聞えますが、これらは場合と事柄とに鑑みて、必要の事もあると見ねばなりませんが、しかしながら、永い眼で見ますれば産業発達のために、最も重要なるものは、国内に充分なる生産力を養う事であります。これがためには資本の充実も、金融機関の整備も必要であり、理化学の応用、新技術の利用、科学的経営の方法等、共に欠くべからざるものであって、これらの総ては、産業発達の重要なる要素をなす事は無論疑を容れませぬが、さらに最も重要なる要素をなすものは、有能なる企業家及び優秀なる労働者を作る事であります。

有能なる企業家とは、人の頭に立ち、人を指導し得て、組織的能力に富み、経営の才幹を有する人を云うのです。優秀なる労働者とはすなわち能力の優れたる、常識に富みかつ責任観念の強い労働者を云うのであります。

この点について一端の実例を御話しようと思います。私は先年、農商務大臣に就任して間も無く八幡製鉄所に数年間、薄鉄板《うすてっぱん》の製造を指導していた、ドイツ人「ラウスキー」君に対し彼の渡日以来の実験について、腹蔵《ふくぞう》なき感想並びに意見を求めたのであります。彼は長文の意見書を以て、誠に剴切《がいせつ》なる事柄を詳陳して、送って来ました。その一節にかように申しております。

日本人は各階級を通じて、甚だ丁寧で、他人の感情を損わぬように、あまりに気兼《きがね》し過ぎる。また職務上当然なる自己の考えを、他人に強《し》ゆる事をせぬ。彼は他の非難を受くる事を恐れ、ことに過ちを仕出かした者を、譴責《けんせき》することに頗《すこぶ》る寛大である。ゆえに彼は甚だ親切なる友達として、共に生活するには誠に好き人物であるが、他の反面において、この温良なる気質が、産業上戦慄《せんりつ》すべき障礙《しょうがい》となるのである。すなわち各階級の監督者をして、その部下にやや困難な仕事を課したりまたは必要な場合に、飽くまで自己の意思を貫徹する事を避けしめるような傾向がある。

抑《そもそ》も各階級の監督の任に在る者は、その部下をして自己の導くところに従わさせねばならぬのであるが、これをなさんには、先ず彼自身が、その仕事に確信があり、自己の発する命令に自信がなければならぬ。しかるに日本の職工長や下級官吏は、未だ実地の練習が足りない。彼は職工程の実際上の経験が無い。元来良き職工長は優秀なる職工の中から選抜すべきものである。実際に十分の経験があり、責任を重んじ、精力絶倫なる職工でさえあれば、その外には何の資格も要らない。教育も普通教育で十分である。もし是非とも今少し教育を受けたいと云うなら夜学でも結構である。しかし工場の職工長にはその必要もあるまい。あまり学問が有過ぎる事は、却て彼のために有害の場合もある。学問あるがために、往々にして、真の力の源泉たる、実際的仕事を軽視し、かつ等閑《とうかん》に附する傾向がある。日本の職工長や下級の役人は、多く学校において、その地位を得るのであるから、最も肝腎な実際的経験に乏しい者が多い。苟《いやしく》も自分の仕事の一点一画に至るまで、精通する事も出来ず、また必要に応じていつでも、部下に代って、その仕事を執行《とりおこな》う事が出来ないような職工長は、ただ部下の御情に依頼する者であって、部下に対して権威を保つ事が出来ないのである。

また日本の職工については、大要左のごとき事を云うております。自分の実験によれば、日本の職工は、教育、指導、営養さえ十分なれば、いずれの国の労働者に比しても、遜《そん》色《しょく》無きものである、その智力においても、日本の職工は習得する事が速く、手先が極めて器用である。ただ遺憾な事は、日本の技師及び労働者は、いずれも不規律で、従業規則に背く事が往々である。例えば日本の職工等は、正当の理由なくして、仕事を離れんとする習慣がある。また下級官吏や職工長等も、上長の命により、しばしばその任所を明ける事がある。そのために工場には監督がいなくなる事が少くないのである。また部局の部員は、全工場の各機関と共に、作業計画に従って、故障なく仕事を運ばねばならぬものであり、また各部局は互に聯絡を取り、協力作業をなさねばならぬのである。今日では如何なる国の如何なる産業も、厳格なる規律を維持せざれば、存立する事が出来ない時勢である。しかるに日本においては監督者も職工もこの点を厳守せざる憾《うら》みが有る。

右は技術者並びに労働者に対する「ラウスキー」君の意見の一端であります。要するに、旧慣を改革し、陋習《ろうしゅう》を脱却すれば、能く全能率を発揮して、欧米のそれに劣るもので無いと云う事に帰着します。

惟《おも》うにこの点は我が商業にも同様の病があるのであります。ことに経済の発展には、何事も他の刺戟《しげき》が緊要なのでありまして、我が国今日の産業の発達には、海外貿易より来たる刺激が最も肝要なのであります。そしてこれが衝に当る者は、商業家であります。ゆえに貿易の戦士たり、「チャンピオン」たる商業家には、能く内地の農、工業者と、組織的連絡を保ち、常に彼を知り、己れを知り、十分なる教養あり気魄《きはく》あり、知識ありかつ努力を厭《いと》わざる、有能の士を必要とするのであります。

結局するところ、帝国の行詰れる現状を打開せるには、先ず農、工、商等百般の事業に生々潑溂《はつらつ》の気運を喚発せしめねばなりません。そしてこれがためには先ず、生産力の源泉たる人間を作る事であります。そして人間を作る事は、どうしても教育の力にその根柢《こんてい》を置かねばなりませぬ。これすなわち私が特に、農、工、商、各種の実業教育にたずさわれる、各位諸君に向って期待する事の多からざるを得ないゆえんであります。

近年現代の教育には、幾多改正すべき余地ありとして、識者の間に、盛んに論議せられております。私も教育の方法その他について、改善の緊要なる事を痛切に感じている一人でありますが、今それをここで陳べる考えはありませぬが、昔時《むかし》、孔子は「三十而立《にしてたつ》」と言っております。これは今の時勢で申さば、男子三十に達すれば「早や総ての戦闘準備が出来た。サー来い」と胸を打って、発する自信の声に外ならぬと考えます。しかるに今日この境涯に達するには、学校を卒業して、少くも十ケ年くらいの、社会的訓練を必要とする時代になったのであります。

それ教育は、個人個人の、天賦個性に暗示を与え、自負心を起さしめ、考究力を盛んならしむるを以て、要諦《ようてい》となすと聴きます。もし学生が個性を滅却し、徒《いたず》らに知識の注入的となり、反射的となって、その考察的、独創的、機能を欠如するがごときは、むしろ教育の禍根と言わねばなりませぬ。

近時一般の風潮は、学士の称号を獲得せざれば、あたかも一人前の人間として、社会に立ち得ざるもののごとく考え、試験勉強なる熟語は、小学児童より大学の学生に至るまで、怪しまれざる通語となっております。また学生は在学中、科目の重き負担を課せられ、精神上にも肉体上にも甚しき圧迫を感じ、人生の最も意義ある好時期を、感激もなく、創造もなく、形式範疇《はんちゅう》の間に費やし、気、飢え、根、衰え、壮者潑溂《はつらつ》の志気を喪失し、卒業後社会的活動の元気を、消磨し尽すがごとき弊ありと思われます。かくのごとき弊を芟除《せんじょ》する事は目下の急務と信ずるのであります。もし修学時間の調節、授業課目の整理、教授及び講義の方法、試験の方法等について、十分に研究考察したならば、現代教育の欠点は、断の一字を以て、矯正する事が出来るものと考えます。

およそ事物の進歩は、他の催促、すなわち刺戟を受くる事に基づくものであります。小学校は上級学校の教育に備える生地を作る所であります。ゆえに中学程度以上の学校は、その受入れた生徒の生地が善良であるか粗悪であるかを考え、小学に向って、善良なる生地を作るように、常に催促すべき立場にあらねばなりません。この関係無くしては小学教育の改良は、十分に遂げる望みはありません。

例えば封建時代において、各藩には各々特種の物産が生産せられ、中には驚くべき立派な品物が出来上っておりました。それは各藩庁すなわち各藩の政府が常に優良なる品物を作るべく、刺戟を与え、すなわち催促を怠らなかったからであります。一、二の例を申せば、米沢《よねざわ》藩の絹織物及び漆《うるし》のごとき、讃岐《さぬき》の砂糖、気賀《きが》並びに七島の青莚《あおむしろ》、尾州《びしゅう》藩の陶器、宇和島《うわじま》藩の製紙等のごとき、その産額増大し、しかも品質優良なるを得たるは、これを催促し、刺戟し、以て奨励したる名君、賢相、及有志家が有ったからであります。

凡百の事、生地《きじ》が肝心であります。生地は精神で、人間は建築であります。生地の精神が悪くては、到底立派な人間すなわち建築を作る事は出来ないのであります。この精神の根本を涵養《かんよう》していないがため、正直な気質や、責任観念が乏しく、ややもすれば、高等教育を受けた者にして、破廉恥の所為あり、所謂免かれて恥なき徒の頻出するゆえんであります。

この生地、すなわち精神を農業に例うれば、精神は気候のごときものであって、学問は肥料のごときもので、技芸は栽培のごときものであります。たとえ幾多の肥料を施しても、栽培その法を得ざれば、好結果を見る事は出来ません。また肥料、栽培共にその度に適するも、気候に定《きま》り無くんば、登熟を見る事は出来ません。すなわち技芸はもとより必要である。しかれどもただ技芸を身に抱いて、精神の活用無くんば、その者は技芸の奴隷たるのみであります。学問は欠くべからざるものなれども、ただ学問をしたと云う事のみを以て満足し、これに精神の活用無くんば、その者は学問の奴隷たるのみであります。要は学生をして、その陶冶《とうや》したる人格に由て、学、芸、を使用せしめ、これが奴隷たらしめざるに在ります。

封建の時代に在ては、我が国は日本全国を以て一世界となし、大小三百有余の諸大名が併立して、各々国を成し、領域の広狭、土地の肥瘦に異同はありましたが、大概、相拮立《あいけつりつ》して譲らず、古風を励まし、農業を勧め、工業を助け、商業を督《とく》し、これらの取締りを厳重にすると同時に、厚くこれが保護をなし、習俗を察しては四民を率い、風土を稽《かんが》えては富源を開発する等、国民経済の発達と思想の善導に良く力を尽したのであります。去れば甲藩の士は、乙藩の士に譲らざらん事を欲し、乙地の農、商、工は、甲地の農、商、工、に劣らざらん事を冀《こいねが》い、四民その業《ぎょう》を研《みが》き、各藩は人民をして生活の安定と幸福とを得せしむる事にその努力を怠らなかったのであります。

今日の日本政府は取りも直さず、昔日《せきじつ》の藩庁であって、今日の外国は往日《おうじつ》の隣藩であります。去れば今日の日本の外国に対するや、昔日の諸侯が隣藩に対するがごとく、国民の品性、知識、産業、国力、国防等において断じて愧《は》ずるところ無きを期せねばなりませぬ。すなわち人間が非常または老後の備も無く、負債有て貯蓄無くんば、人にして未だ人と称すべからざるがごとく、国として国防、教育、衛生、治水、港湾、交通等の事業備わらざれば、国の名あるとも、国と称すべき実なしと云わざるを得ません。

私は、総てこれら国家興隆の要素を、諸君のたずさわれる教育の事業に俟《ま》つ者であります。何卒諸君が十分に自重自愛せられて、この崇高な目的のために、ますます奮闘せられん事を希望する次第であります。

思わず長時間にわたり、御清聴を煩わし、恐縮に堪えません。

女子教育について

この頃女子教育が盛んになって高等の学校に進む者が多くなって来た事は誠に喜ぶべき現象である。しかしながら近時新聞や雑誌に女子の心を衝動すべく目立って現われた記事や写真は、運動家や音楽家や画家や女優や女給と云うような、いずれも華やかなものが多くして、世の女子をして身分や境遇を問わず、知らず識らず一種の職業的生活に憧憬《どうけい》せしめ虚栄に駆《はし》らして、女子の本分たる家庭主婦の観念すなわち良妻賢母の心掛けから遠ざからしめるような風潮のあることに真に憂うべき世相である。

天才はもとより別ものとしての普通の女子といえども身分相応に芸術を学ぶことは好ましきことなれども、しかもそれはどこまでも良妻賢母たるべき女子の天職を補助するための余技として修めて貰いたいのである。

およそ人間の根本すなわち生地を作る事は普通教育と家庭に俟《ま》たねばならぬ。すなわち学校では児童各自の性質能力を判別し、その自然に現れる美点と欠点とを明かにし、美点は飽くまでもこれを啓発し、欠点はこれを矯正する事にせねばならぬ。しかして学期の終りには受持の教師は児童の長所、短所、能力、習性等より健康に至るまでの各項を詳しく家庭に報告し、家庭では良くこの注意を服膺《ふくよう》して、学校と共同して児童の生地培養の完璧を期せねばならぬ。しかるに上流、中流の婦人達があるいは職業的にあるいは社交的に始終外出し、家庭を省《かえりみ》るの暇が無かったならば家庭における児童の生地教育は到底望む事は出来ない。

元来中学以上の学校教育は園芸家が花を咲かすようなものである。生地以外の花は咲かぬ。牡丹の生地でなければ牡丹の花は咲かない。如何に園芸に熟達した人でも葱《ねぎ》に牡丹の花を咲かす事は出来ぬ。これと同様に人間の教育も普通教育の間に学校と家庭と相俟て、生地の培養を良くして置かなくては立派な人を作り出す事はむつかしい。

すでに生地を作る事は小学校と家庭の力に負うものであるから、良き子弟を育て上げるには、どうしても家庭における教養ある主婦たり賢明なる母たるべき婦人の丹精を必要とする。

婦人の真の任務は外に出て華かな交際場裡や音楽の舞台に出入し、また政治運動や社会運動にたずさわって、新聞雑誌に名を謡《うた》われる事では無く、夫の最も良き内助者たる事である。すなわち内に在りて親に仕え良き母として子女を教養しかつ夫の仕事を理解しこれを助ける事である。「シェークスピヤア」がその子女に訓《おし》えた言葉と聞いているが、およそ夫に対するには三十歳までは純真なる燃ゆるがごとき愛を以て接すべし、三十歳以上は信義厚き友達の心得を以て接すべし、五十歳以上は看護婦の心得を以て接すべし。と言っているが実に味うべき言葉である。かつそれ天使のごとき児童を玉となすも瓦《かわら》となすも総て婦人の努力如何《いかん》によることが多いのである。かくて次代国民の良否は一に懸って婦人の双肩にありと言わねばならぬ。

また男子事業の成否の大半は婦人の力に負う事が多い。男子は常に外に在りてあらゆる困苦と戦わねばならぬ。男子が前途を切り開いて行く間には人に告げられぬ苦しみがある。涙も出ない悲しみもある。近親に疎まれ友に反かれ世の人に省られざる時、ただ一の慰安は家庭である。絶望の悲しみも憤激の涙もまた疲れ果てた精神も家庭における信義厚き我が友の慰安と激励に甦《よみがえ》る。しかして新たに精神を鼓舞して明日の奮闘の舞台に上り行く。げに婦人の使命は尊くして重い。静かに省察せば国家興隆の鍵その手に在りと言う事も出来る。かくのごとき婦人の使命を想い、我が女子教育の現状を鑑みる時私は一点の憂心なきを得ぬ。

第七

昭和３（1928）年頃撮影（上塚家所蔵資料／国士舘史資料室）

私の趣味・社交

——水泳はやらないそうですが

ウンそれはわけがある。鈴木知雄《すずきともお》〔教育者。高橋と同郷〕の親類が野毛《のげ》にあった。野毛の百姓である。その時分に日曜日にその野毛の親類へ遊びに行った。前が海で船が繋《つな》いであった。鈴木と二人で行ったが、泳ぎは出来ない、それから縄を繋いで船を二人で漕《こ》いで、そうして縄を手繰ってまた戻す、そういう遊びをしておった。ところが縄が切れて了《しま》ッた。縄が切れるというと船は段々向うへ出て行くばかりである。仕方がないから浅い中に飛込んで誰か助けを呼ぼうと云うので、海へ飛込んだ、ところがもう首丈《くびだけ》で沈もうとする。そこで大声を出して助けを呼んだ。そうすると船頭が出て来て助けてくれた。ところが可笑《おか》しい、飛込んだ所は浅かったけれども、深いと思ったのでしゃがんでしまった。立って見ると腰までしかなかった。深いと思って飛込んだので首まであったのだが、後で見ると、それはしゃがんでおったためだった。それでこりて今以て泳ぎを知らない。その時は十二ぐらいだったね。

――撃剣とか柔道は

藩の時分にちょっとやった。それも十二の時で、子供が剣術だの、柔道だの、オランダの太鼓等の稽古をしろということになって、僅《わず》か三、四ケ月その仲間に入って稽《けい》古《こ》をしたが、また横浜に出ることになったのでやめちゃった。

――碁、将棋は

碁将棋は全くやらない。誰に教わることもなし、またそう云う負け勝ちのあることは嫌いだ。勝っても嬉《うれ》しくない。負けても何んともない。だからやっても興味がない。碁でも将棋でも道筋は覚えているが、負けても口惜しいとも思わぬ。勝っても嬉しいと思わない。それで相手が面白くないんだね。生来負け勝ちは嫌いだ。それからものを殺すことも嫌いだ。私の家内の兄貴は猟をすることが好きで頻りに勧められたが、私は狩りに行って鉄砲を射《う》つというようなことは好まない。ペルーに行く時に危険だからピストルだけは射つ稽古をして持って行かなければならぬといって、その時にくれた小さなピストルを二発射ってみたことがあるけれども、長い鉄砲は射ったことがない。

――釣はおやりになりますか

釣りは時々葉山でやったが、これも何んだね、釣れないからといってやめて帰るということもなければ、また釣れたからといって長くいようという気にもならない。餌《えさ》をつけたり何んとかするのが面倒だね。

——この頃レヴューをよく御覧になりますね

ただ一度 拠《よんどころ》なく見ただけだ。水ノ江瀧子《みずのえたきこ》、あれが先だって私の娘の子供が知っていて、一度家へ遊びに来たんだ。私が食堂で飯を食っている時に皆やって来た。その時は日本の娘の着物を着ておったので、娘の、学校の友達ぐらいに考えていたが、後で聞くと、それがあれだ。それから是非見てくれといって、子供等が一緒に行けと云う、それで見に行った。しかしあいつを見て感心したのは、どうも私がロンドンなんかで見たのよりいいナ。よく日本の女があんなに足やなんかが揃《そろ》うと思った。皆んなよくやるね。背景なんかもいい。もっとも私がロンドンで見たのは三十年ばかり前だが、その時分外国で見たのは足許にも寄れぬ。

——アメリカへ行った時はダンスをおやりになったんじゃないですか

これは、特許局の調べをするのに交際が出来ない、調べて出来ないからやむを得ずやった。今はすっかり忘れてしまった。音楽は、音楽の耳がない、日本の三味線でも、琴でも琵琶でもその調子というものが私には分らぬ。どういうわけで子供に芸術家が出来るか私の不得手な絵の方へ行ったのもいる。そう云う方に行くのは変なものだね。誰か先祖の中にそういうのがおったのかも知れない。芝居は遊びをした頃に、一時は日本の芝居が好きだった。それは明治十年前後だ。贔負《ひいき》の役者では前の団十郎〔九代目〕、菊五郎〔五代目〕、左団次〔初代〕等だ。相撲はあまり好かなかった。それでも誘われて時々行ったが矢張りああいう負け勝ちのあるものは何んだか面白くない。

——家では御退屈なさるようなことはありませんか

退屈する時分には寝るから退屈して困るというようなことはない。もう昼飯を食べると眠くなる。そうするとマア一時間ぐらい寝てしまう。それから昼間は特許局創設当時の書類を見たりなんかしている。この特許局創設のことは何しろ五十年も昔のことだから、記憶も不確になっている。ちゃんと目付でもつけてあればよいんだが、それがないから、一々目を通して順序を立てねばならぬ。十月初めに特許制施行五十年記念の式をやるというが特許局も商工省も地震で焼けて書類が何もないので私のところのものを纏めてくれというのでそれまでには何とか整理して引渡そうと思っている。そんな書類の整理のためこの頃はなかなか閑《ひま》がない。まあこんな事をしていて、少し飽きてくるとすぐやめてしまう。飽きるというのは、眼がかすんで来るのでわかる。夜はかなり眠るが小水が近いもんだから、十分に続けて眠って二時間か三時間熟睡するだけだね。後は矢張りどうも十分に熟睡というわけには行かぬようだ。床の中に入っていても。

何しろ近頃は目方が十五貫二、三百匁《め》に殖えているからな。前年病気をして病院に入った時分は十二貫二、三百匁だったからその時から見るとずっと殖えている。去年の夏あたりよりも元気だし、昨年の暮から見ても目方は殖えている。一番多い時は二十四貫七、八百匁あったかな。これは何んでも三十前後だったろうね。原内閣の時はまだ二十三貫ぐらいだった。私はごく子ぐらいの時分にはあまり丈夫な方ではなかったと云うことを祖母さんから聞かされた。だが私が十四歳の少年時代に（慶応三年）アメリカに行っていた時、朝は五時から夜は九時頃まで、牛や馬を友として、畠《はたけ》や何かに出て働いた。それがすっかり身体を丈夫にしてしまったわけだ。今になってそう考える。あの時私としてもよい体験を得たし、身体も丈夫になったんだが、それから何だね、十八、九歳から三十歳までというものは酒も飲み、食い物等も人の三倍ぐらい食ったね。私のは人よりも沢山食ってまた酒も人並み以上に飲んだものだ。量はその頃大抵二升ぐらいは飲んでいたが唐津へ行った時分には毎日三升は欠かさなかった。唐津に行ったのは唐津藩の英語学校の先生としてで、その時の弟子で今生きて東京にいる人は天野為之《あまのためゆき》〔経済学者〕、曽禰達蔵《そねたつぞう》〔建築家〕両人のようだ。——東京でも御茶屋に行って随分飲んでいた。まだ日本銀行副総裁時分でもよく浜町の常盤、あそこへよく行ったわけだが、必ず酒半ばに汁粉を食べたものだ、それが美味しくてね。

――この頃御酒と煙草は召し上りますか

一切いかない。葡萄《ぶどう》酒を飲んでも苦しくてどうしても飲む気になれない。それも別にいつやめるという時《こと》なしに自然に飲めなくなった。昨年の秋頃から段々にいけなくなって暮あたりは少しも飲めなくなった。ただ正月、相変らず家で御屠蘇《おとそ》を飲む。それは少しは飲める。ああ云うものでも少し甘味があると飲めるが、今葡萄酒にしても、シャンパンにしても、日本酒は勿論《もちろん》いかない。少しは飲んだ方がよかろうと、いって味わって見るがいかない。従って今では飲む気にならないが、そこになると煙草はなかなかやめ難い、煙草もやめてはいるが、実は努めてやめているのだ。今でも、時々吸いたい。が自制してやめている。

これは一昨年の予算閣議で各省に我慢をしてくれといったら、皆んなも忍んでくれた。それで心からただそれに酬ゆるつもりで皆んなに辛抱してもらうのだから自分も何か辛抱することがなければならぬと思って、その時に酒もやめようかと思ったが、酒は飲みたくなくなっていたから、飲みたくないのをやめても甲斐がないと思って、どうしても今やめることの出来ない煙草をやめようと思って、やめた。それからこっち今でも喫まぬが今でも人に話をしている間とか、何か考える時、あるいは食後など、今煙草を一服吸ったらうまかろうナと卑しい根性が今でも起るね。段々遠ざかったから段々平気になって来るが、まだ今でも時々喫《の》んだらよかろうと思う気が起ることがあるからね。

——今までに酒や煙草をよしたことがあるんですか

それはある。日本銀行の副総裁時代に、どうも毎年脚気《かっけ》が起って来る。矢張り健康もよくないことが自分にも分った。どうも食い過ぎる。飲み過ぎる。それで酒もやめ、食事も減らして、時々日に二食ぐらいのことはやってみた。それから同時に煙草が悪いと思って煙草もやめた。煙草は二ケ年もやめておったね。今では時々喫みたいと思うけれども、その当時は人が来て煙草を吸うと汚くて堪らぬ程に思った。

ところがちょうど日露戦争で欧米へ公債募集に出された。アメリカじゃロシアとの戦争で当時は日本に対して頗《すこぶ》る同情はあるけれども、その時分のアメリカはまだ外国から金を借りていた。なかなか外国へ資本を貸すというような場合にはなっておらなかった。ステールマンやミッテェルというような、銀行仲間を牛耳《ぎゅうじ》っておる人達の話を聞くと、そういうわけだから、この際日本の公債をアメリカで起すということは不可能であるという。やってみて失敗したところでそれまでだが、またやってみる勇気もない。そういうものだから私も、君達は頻りに日本に同情を寄せておりながら、そんなことを云っているのでは困るじゃないか、何んとか考えてくれないかといったところ「同情とポケットは別だ」と云うんだ。

そこでアメリカを思い切った。それからすぐにどうしてもロンドンに行かなければならぬと考えた。その時分に正金銀行の支店長の山川勇木がロンドンに来たって、とても公債なんか募集出来るものじゃない。今のところロンドンへ来たってとても駄目だ、正金銀行の信用などと云うものはほとんど鐚《びた》一文の信用もなくなった、ここへ来たって無駄だから是非アメリカに留ってアメリカで公債を発行するようになさい。と親切に電信でいってきてくれた。しかし、そういったってアメリカは駄目だ、仕方がないからロンドンへ行ったわけだった。

ロンドンへ行って段々交際をしている間に、公の宴会でなくごく親しい友人として家庭に招ばれるようになって来た、公債募集の仕事以外に友人として……。

――それは財界の有力者ですか

主に財界の有力者だ。皆相当な人達で私は日本というものを知らしめ、それから日本の大国民性という武士道を彼等に話した。歴史を引いたりなんかして……そういう事からして大変懇意になってしまった。私の武士道というものは皆の間に、「高橋は武士道を説く」といって彼等に耳新しかった。そこで懇意な人の私宅に招かれて御馳走になる。あちらではそのくらいの家になると、自分の自慢の巻煙草とか自慢の酒というものがある。そういうものを出す。ある時その酒を飲めといわれた。一体食事の時には酒を飲まないようにグラスを逆様《さかさま》にしてしまうが、そういう酒はコーヒーの前に美味いのを出す。それを断るのは如何にも気の毒になって飲んだ。それからまた飲み出したのだが、一度飲めば元へ戻った。ははは今と違って無理にやめておったのだからすぐに元に戻るね。煙草もそうなんだ。自慢の煙草を出される。これは吸わぬからと云って断っても、そう酒ほど気の毒な思いをしなくとも断り易い。酒はそうは行かなかった。それで煙草は相変らず断っておった。ところがある時矢張り個人の宅へ招ばれて行った。南米のアルゼンチンから来ている夫婦者で、大変親切ないい人で小さな子供が一人あった。行くと婦人の御客様が一人ある。夫婦と婦人と私と四人である。いろいろ話をしてそれが終ると、細君が煙草を吸わないかと云って女の吸う紙巻煙草を出した。その時分外国では上流社会の婦人は公には煙草は吸わなかったが、内証では煙草を吸うことが上流社会に流行り出した頃で、婦人が煙草を入れる袋まで出来ている。その袋から出して喫めと云う。喫まないと云うと、その細君が、日本の人は煙管《きせる》で刻《きざみ》煙草を喫《す》う、私はちょうどトルコとかペルシャとか何処とかの煙管があるからそれを持って来てあげると、わざわざ部屋へ取りに行く。あまり気の毒だと思って、それくらいならば貴女の煙草を頂きたいというようなことで、その煙草を吸った。吸うと嫌な味だ。ところが二本目をやると、すっかり元の味になってしまった。

それからまた煙草を喫《の》み出した。そんなわけだ。今でもその経験があるから、幾ら煙草が喫みたくても容易に手を出さない。一本吸ったら元へ戻る。で今は甘いものを時々やる。元から甘いものも好きで、酒の半に汁粉を食った程だ。私は両天秤《てんびん》だ。……しかし随分今まで身体を乱暴に使って来たナ……が今でも御医者さんが、身体が丈夫に出来ていると云う。何処を検《しら》べてみても、どうも人並み以上に身体が丈夫に出来ているといってくれる。

――日本人は、よくおっくうがるが外国人にいろいろ御世話になられても、古くなれば交際というものはなかなか仕難いそうで……やはり続けておいでになりますか

私はそれを続けておった。向うも続けておった。しかしなんだね、今のところじゃクリスマス・カードをやったり、そんなことをする人間はほとんどなくなったね。フランスのロスチャイルドがよこすがね。存外弱そうな人だったが……その時分に交際《つきあ》った人ではこの人一人しかない。アメリカ、イギリスの人間は皆死んでしまった。シフなども死んだ、外の人も皆今は子供の時代になったがその子供が親父に代っていろいろな仕事をしていたがその子供も死んだ。私がシフのところに出入りしていた時分にはほんの小学校か中学校に行くぐらいの子供が仕事をしているのだから、こういう代替りになってからは手紙の交換はやらない。この頃も外国へ行く人達がよく添書をくれというがもう私の知っている人もないし、そういう人に添書をやるというのも向うも困るから添書はやらない。自分の知り合いであった人達はほとんど皆死んでしまった。

その頃来たロスチャイルド、あれはあちらで以て財界の方にあまり関係しない人であった。あれは政治家の方で議員か何かであった。

（昭和九年八月）

年譜

一八五四年　嘉永七年
江戸・芝中門前町の母の寓居で生誕。父は幕府御同朋頭支配絵師川村庄右衛門守房、母北原きん。父は狩野派の絵師、母は川村家の侍女。直後に仙台藩足軽高橋覚治是忠、妻文の養子となる。養祖母喜代子の手により芝愛宕下の仙台藩下屋敷で育つ。幼名和喜次。
一八六四年　元治元年（十歳）
鈴木六之助とともに横浜・ヘボン夫妻の下で英語を学ぶ。
一八六七年　慶応三年（十三歳）
鈴木らと渡米。留学のつもりが奴隷に売られ、オークランドの農園主・ブラウン家の牧童となる。
一八六八年　慶応四・明治元年（十四歳）
鈴木らとともに帰国。森有礼の書生となる。放蕩生活をおくる。
一八六九年　明治二年（十五歳）
大学南校教官三等手伝いに任命される。
一八七〇年　明治三年（十六歳）
東太郎という変名を名のり唐津藩英学校（耐恒寮）で英語教授。

一八七二年　明治五年（十八歳）
東京に戻り、駅逓寮に出仕（大蔵省十等出仕）。前島密と衝突し辞職。末松謙澄と日日新聞に英字新聞の翻訳を掲載。

一八七三年　明治六年（十九歳）
文部省出仕（十等出仕）。

一八七五年　明治八年（二十一歳）
大阪英語学校長に転勤。四日後辞職。

一八七六年　明治九年（二十二歳）
東京英語学校の教官となる。西郷柳と結婚。

一八七七年　明治十年（二十三歳）
東京英語学校を辞職。共立学校、大学予備門で英語を教える。乳牛事業に出資して失敗。内務省衛生局や文部省の外国書翻訳の下請けをする。西南戦争勃発。

一八七八年　明治十一年（二十四歳）
銀相場詐欺にあい失敗。

一八八一年　明治十四年（二十七歳）
文部省出仕。農商務省に転籍。工務局調査課勤務。商法登録、発明専売規則作成に従事。

一八八三年　明治十六年（二十九歳）
農商務省書記官前田正名と知り合う。

一八八四年　明治十七年（三十歳）

妻柳死去。
一八八五年　明治十八年（三十一歳）
専売特許所長兼務。翌年にかけて欧米出張。サンフランシスコ、シカゴ、ニューヨーク、ワシントン、ロンドン、パリ（ここで原敬に会う）、ベルリン等四カ国の主要都市を歴訪し帰国。
一八八七年　明治二十年（三十三歳）
商標条例、意匠条例、特許条例を起案、参事院で通過、発布。特許局独立や殖産銀行創設を画す。原田品と再婚。
一八八九年　明治二十二年（三十五歳）
東京農林学校長兼務。ペルーのカラワクラ銀山経営のため、日秘鉱業株式会社設立。農商務省を辞職し、ペルーに渡る。
一八九〇年　明治二十三年（三十六歳）
鉱山が廃鉱と判明、失意のうちに帰国。会社解散の残務整理におわれる。
一八九二年　明治二十五年（三十八歳）
日本銀行総裁川田小一郎を紹介され、日本銀行建築所事務主任となる。
一八九三年　明治二十六年（三十九歳）
日本銀行西部支店長として馬関（下関）に赴く。
一八九四年　明治二十七年（四十歳）
日清戦争。戦時公債募債。
一八九五年　明治二十八年（四十一歳）

下関条約調印。横浜正金銀行本店支配人に移る。外国為替業務を修得する。露独仏による三国干渉。

一八九六年　明治二十九年（四十二歳）
横浜正金銀行取締役本店支配人となる。

一八九七年　明治三十年（四十三歳）
横浜正金銀行副頭取に就任。台湾銀行設立委員に任命される。

一八九八年　明治三十一年（四十四歳）
欧米出張。ロンドン、パリ、ニューヨークなどを歴訪して帰国。

一八九九年　明治三十二年（四十五歳）
横浜正金銀行を退職、日本銀行副総裁に就任。

一九〇〇年　明治三十三年（四十六歳）
各地の銀行の救済に奔走する。清国、義和団事変。

一九〇二年　明治三十五年（四十八歳）
日英同盟締結。

一九〇三年　明治三十六年（四十九歳）
養父是忠死去。経済不況克服のため金利引き下げを曽禰荒助蔵相に提言。

一九〇四年　明治三十七年（五十歳）
日露開戦にそなえる外債募集のため英米出張。英米で外債獲得に成功。日露開戦。

一九〇五年　明治三十八年（五十一歳）
帰国。特派財務委員として外債募集のため再び英米出張。日本海海戦でロシア敗北。ポーツマス条約締結。貴族院議員に勅選。
一九〇七年　明治四十年（五十三歳）
男爵授爵。
一九一一年　明治四十四年（五十七歳）
日本銀行総裁就任。
一九一三年　大正二年（五十九歳）
第一次山本権兵衛内閣の蔵相に就任。山本の勧めで立憲政友会入党。
一九一四年　大正三年（六十歳）
欧州で第一次世界大戦勃発。
一九一八年　大正七年（六十四歳）
原敬内閣の蔵相就任。第一次世界大戦終結。
一九二〇年　大正九年（六十六歳）
子爵陞爵。
一九二一年　大正十年（六十七歳）
原が暗殺され、蔵相兼務で第二十代内閣総理大臣に就任。政友会総裁就任。
一九二四年　大正十三年（七十歳）
貴族院議員辞職。盛岡の原敬の選挙区から衆議院選挙に出馬し、当選。
一九二五年　大正十四年（七十一歳）
加藤高明内閣の農林相兼商工相に就任。政友会総裁を辞任。

一九二七年　昭和二年（七十三歳）
金融恐慌。田中義一内閣の蔵相就任。立憲民政党結成。
一九二八年　昭和三年（七十四歳）
張作霖爆殺事件。
一九二九年　昭和四年（七十五歳）
世界恐慌。
一九三〇年　昭和五年（七十六歳）
ロンドン海軍軍縮会議。統帥権干犯問題。
一九三一年　昭和六年（七十七歳）
満州事変勃発。犬養毅内閣の蔵相に就任。斎藤実内閣でも蔵相留任。
一九三二年　昭和七年（七十八歳）
満州国建国。五・一五事件。
一九三四年　昭和九年（八十歳）
岡田啓介内閣で蔵相就任。
一九三六年　昭和十一年（八十二歳）
二・二六事件で死去。享年八十二。

解説――近代日本の体現者・高橋是清

井上寿一

はじめに

本書は、すでに中公文庫から刊行されている『高橋是清自伝』（上・下）の続編にあたる高橋是清の自伝である。前者が編者（上塚司）の聞き書きであるのに対して、本書は複数の聞き手による記録やいくつかの講演記録から構成されている。

高橋は経済人と政治家の二つの顔を持っていた。経済人としての高橋に、日本銀行総裁や横浜正金銀行総裁などを務めている。政治家としては、貴族院議員であり、のちに立憲政友会に入党し、蔵相を七回、首相にも一度、その任に就いている。ペリーの黒船来航の翌年に生まれた高橋は、幕末維新の動乱から近代化へと向かう日本を体現している。

本書の底本の奥付には昭和一一（一九三六）年三月二九日発行と記されている。二・二六事件で暗殺されたあとに刊行された本書は、編者の言葉を借りれば、高橋の「遺書」である。

同時代の人々が本書からどれほど大きな影響を受けたかを推測できるエピソードを引用する。当時は本書も内務省による検閲の例外ではなかった。ある検閲官が思わず欄外に心情を記す。「偉大なる人世の教師であった。……処世上座右の銘として価値あるもの」。検閲本として異例の著者への敬意を表する一文が残っていた（「検閲官の心、にじむ傍線」『朝日新聞』二〇一二年一二月二四日、三五頁）。

同時代において多くの読者を魅了した本書に即して、近代日本の体現者・高橋是清の言説を追跡する。

日露戦争

冒頭に掲げられているのは「明治大帝の御高徳」である。いかにも明治人・高橋にふさわしく、これは明治天皇の功績を称える文章にちがいない、と誰もが思うだろう。ところがこの回想は標題から推測できる内容とは違っている。高橋は言う。「大帝が、シフ氏を『日本の恩人』として、特に優遇遊ばされた大御心《おおみこころ》は、まことに畏《おそ》れ多いことであった」。高橋はここで明治天皇が「シフ氏」を厚遇したことに最大限の敬意を表している。

「シフ氏」は再度、「会心の友シフ」として登場する。「シフ氏」とはドイツ系ユダヤ人でウォール・ストリートの金融家、ヤコブ・シフ（Jacob H.Schiff）のことである。

日露戦争の危機の時代において、高橋の任務は重大だった。大国ロシアとの戦争には膨大な戦費を必要としていた。この必要を満たすには、外債に依存するほかなかった。当時、日銀副総裁だった高橋は、外債を求めて欧米に旅立つ。高橋の最初の訪問先は同盟国イギリスのロンドンだった。

話は簡単にはまとまらなかった。この時の日英同盟は攻守同盟ではなかった。イギリスは日露戦争に対して中立の立場を守れば、それで足りた。大国ロシアとの戦争で日本に肩入れするリスクは避けたかった。

窮地を救ったのがシフである。シフは高橋の日本に賭けた。シフが公債発行を引き受けると、イギリスも応じるようになった。高橋は外債発行六回、総額一億三〇〇〇ポンドの戦費調達に成功する。高橋はシフを称賛している。「日露戦争中公債の募集が成功したのにシフの功績と言うものだ。私の功績じゃない」。高橋の手腕をもってしても、シフがいなければ戦費調達は困難だった。

別の言い方をすれば、日本はロシアとの戦争をとおして、国際金融のネットワークのなかに参入することになった。この過程は高橋を国際金融家にする過程でもあった。日露戦争によって、高橋は国際感覚を持つ財政金融家＝国際金融家となった。

金融恐慌

財政・金融政策に関する高橋の卓越した手腕が存分に発揮されたのは、一九二七（昭和二）年の金融恐慌の時である。

欧州大戦後、日本経済は慢性的な不況に陥っていた。昭和二年ころになると、いくつかの大企業の経営不振が噂されるようになる。噂の流布にともなって、金融不安が起きる。このような状況のなかで、この年三月一四日に片岡《かたおか》（直温《なおはる》）蔵相は衆議院予算総会で東京渡辺銀行が破綻したと答弁する。これは片岡の失言だった。東京渡辺銀行は破綻していなかった。しかしこの蔵相発言がきっかけとなって、いくつかの銀行が破綻する。影響は大銀行の一つの台湾銀行に波及するほどだった。憲政会の若槻《わかつき》（礼次郎《れいじろう》）内閣は、台湾銀行救済の緊急勅令案を作ったものの、枢密院によって否決される。その結果、台湾銀行だけでなく、その他の大銀行もつぎつぎと破綻していくことになった。若槻内閣は金融恐慌の責任をとって辞職する。

代わって政権の座に就いたのは、政友会の田中義一《たなかぎいち》である。田中は金融恐慌だけでなく、別の大きな問題にも直面していた。それは中国問題だった。清朝崩壊後の中国の統一をめざして、蔣介石《しょうかいせき》の国民党が軍事力を背景に北上していた。途中、各地で衝突が起きる。日本人居留民の生命・財産が脅かされそうになっていた。田中は外相を兼任し問題の解決に当たる。

　同時に金融恐慌にも対応しなくてはならなかった田中は、蔵相にすべてを託す。田中内閣の蔵相の役割は特別に重要だった。田中は高橋を蔵相に選んだ。

　高橋はすでに政界を引退していた。健康に不安もあった。それでも大任を引き受ける。「この国家の不幸を坐視するに忍びないという気」になったからである。高橋はワンポイントのショートリリーフとして蔵相の任に就いた。これは自信の裏返しでもあった。「私の見込みでは三、四十日で一通り財界の安定策を立つることが出来ると考えたからだ」。

　親任式の後すぐに高橋は日本銀行と協議する。日銀は金庫の破損札まで根こそぎ銀行券を放出し、大量の紙幣を刷って、非常貸出をつづける。政府は四月二二、二三の両日、銀行の自発的休業を指示する一方で、三週間のモラトリアム（支払い猶予令）を緊急勅令によって発する。今度は大丈夫だった。前内閣の轍を踏むことがないように、あらかじめ枢密院と打ち合わせ済みだったからである。

　銀行九行の二日間のつぎの二四日（日曜日）を経て、二五日、銀行は再開する。高橋の下に報告が届く。「各銀行はいずれも早朝から店を開いて綺麗《きれい》に掃除し、カウンターの内に山のごとく紙幣を積み重ねて、どれだけでも取付けに応ずる威勢を示しており、甚だ平穏」。

　こうして金融恐慌は高橋の「疾風迅雷的」措置によって、急速に沈静に向かった。高橋は約束どおり、六月二日に蔵相を辞任する。

世界恐慌

日本の危機は高橋を求める。五年と経たずに高橋は再登板する。今度の危機は金融危機の比ではなかった。世界恐慌だった。

浜口《はまぐち》（雄幸《おさち》）内閣と第二次若槻（礼次郎）内閣の二つの民政党内閣は、金解禁（金本位制復帰）と緊縮財政によって、恐慌を克服するべく試みていた。しかし民政党内閣の政策は、火に油を注ぐ結果となった。経済危機はさらに深刻化した。

満州事変の不拡大に失敗して崩壊した第二次若槻内閣のつぎに成立したのは、政友会の犬養《いぬかい》（毅《つよし》）内閣だった。犬養は高橋を蔵相に呼び戻す。ここに高橋の恐慌克服政策が始まる。

一二月一三日、内閣成立後の初閣議で政府は直ちに金輸出再禁止を決定する。円の対ドル為替レートが急落する。金輸出再禁止前は一〇〇円＝約五〇ドルのレートが二年後には約二五ドルとなる。日本経済は円安を利して、輸出が急拡大する。

政友会は翌一九三二（昭和七）年二月の衆議院総選挙を「犬養景気」一本槍でたたかい、結果は政友会三〇一、民政党一四六議席で政友会の圧勝だった。

「犬養景気」が出るか否かは、高橋の政策にかかっていた。高橋は外国為替を管理する法律によって、円レートの低位安定を図る一方で、多額の赤字公債の発行を財源とする積極財政を展開する。

ケインズの乗数理論を先取りしたと評価される高橋財政の要点は、すでに金解禁論争のさなかの一九二九（昭和四）年に、高橋が自らわかりやすい比喩を使って説明している。（「緊縮政策と金解禁」）。「仮にある人が待合へ行って、芸者を招《よ》んだり、贅沢《ぜいたく》な料理を食べたりして二千円を費消したとする。これは風紀道徳の上から云えば、そうした使い方をして貰いたくは無いけれども……その金は転々して、農、工、商、漁業者等の手に移り、それがまた諸般産業の上に、二十倍にも、三十倍にもなって働く。ゆえに、個人経済から云えば、二千円の節約をする事は、その人にとって、誠に結構であるが、国の経済から云えば、同一の金が二十倍にも三十倍にもなって働く」。

高橋財政は功を奏する。日本の経済指標は一九三三年を境として、上向いていく。一九三五年に日本経済は戦前におけるピークを迎える。日本は主要国のなかで最初に世界恐慌からの脱却に成功する。

高橋財政は「大砲もバターも」可能にした、と評価されることがある。たしかに一九三二、三三年度の膨張予算は、一方では農村救済等の時局匡救予算と軍備拡張予算とを可能にした。しかし高橋はいつまでも膨張予算をつづけるつもりではなかった。高橋は財政規律を求めていくようになる。

そこへ経済的な存在としての満州国が日本経済を圧迫するようになる。一九三二年の満州国の建国にともなう対満州国投資の飛躍的な拡大は、早くも一九三四年には国際収支の悪化をもたらす。高杯財政によって輸出は好転したものの、それを上回る対満州国投資が国際収支の均衡を逆転させた。

高橋は翌年初頭の閣議において、対満投資の抑制を主張し、陸軍に「国際貿易の収支に関わるのであるから、そこいらをよほど慎重にしてもらわないと困る」と苦言を呈している。事実、高橋は、公債発行の漸減による財政引き締めによって、一九三四、三五年度予算の抑制をおこなう。財政の非常時をどのようにして平常時に戻すか。高橋の手腕が試されようとしていた。

しかし高橋はその成果を確認することができなかった。一九三六年、二・二六事件の反乱軍の兵士たちが高橋の命を奪ったからである。

政党政治観

政治家としての高橋の出発点は、一九一三（大正二）年の政友会への入党である。前年からの憲政擁護運動の高まりのなかで、第三次桂《かつら》（太郎《たろう》）内閣が崩壊する。つぎの山本《やまもと》（権兵衛《ごんべえ》）内閣に蔵相として入閣するに際して、高橋は政友会に入党した。

高橋はこの第一次憲政擁護運動も、一九二四（大正一三）年の第二次憲政擁護運動も、肯定的に評価している。その後、二大政党制が確立する。しかし二大政党制は短期間のうちに国民の評判が悪くなる。二大政党制は党利党略の別名になったからである。

それでも高橋は政党政治を擁護する。一九二八（昭和三）年に「政党政治は行き詰ったのか」と問われて、高橋は答える。「永い眼で見れば今日のところ政党政治の外に求めることは出来まい」。高橋は「中間内閣」も「挙国一致内閣」も「独裁政治」も否定する。大事なのは「真に責任ある政党政治」と「国民の政治的自覚」だった。

高橋は政党政治の有用性を帝国憲法と適合的な範囲内において認める。別の言い方をすれば、高橋はいわば天皇制民主主義者だった。高橋は言う。「その国の政体の帝制であろうが、王制であろうが、共和制であろうが、その政治は民意によって行われる政治でなければならぬ」。他方で「我が国は三千年来民意を本意として皇道と云うものが行われておったのである」。要するに「民本本位と云うものは、我が国においては三千年来すでに行い来ったところのものであって、決して新たなることではないのである。……すなわちこれが今日言う真の民本主義の政治である」ということになる。

「民本主義」の理論的指導者・吉野作造《よしのさくぞう》は、帝国憲法のなかに最小限のデモクラシーが実現していると考えた。対する高橋にとっては最大限のデモクラシーだったといえるだろう。二人とも帝国憲法の枠組みのなかで、「民本主義」の発展をめざすことではちがいはなかった。

そうは言っても政党の現実はきびしかった。「政党に這入《はい》ってみると、なかなか政党の事情は複雑で、私のごときものには向かない。ことに原《はら》〔敬《たかし》〕の総裁ぶりを見て、始終あんなことを良くやるものだと思っていた」。これが高橋の正直な実感だった。ところが何の因果か、高橋に原の代役を務める役が回ってきた。一九二一（大正一〇）年ン、一一月、原首相が暗殺されたからである。高橋は渋った。それも当然だった。「党情に暗《くら》し、そんな厄介な仕事は御免だ」。それでもと請《こ》われ、やむなく「それでは一時は引受けるが、よい後継者があれば総裁も総理もやめたい」。このような心構えでは、政権が短命に終わるのはあらかじめわかっていたのと同じだった。高橋内閣が持ちこたえることができたのは、わずか半年に過ぎなかった。

高橋内閣のつぎは政友会内閣ではなく、海軍大将加藤友三郎の内閣だった。次の山本（権兵衛）内閣、さらに清浦《きようら》（奎吾《けいご》）内閣もそうである。連続する非政党内閣の誕生は、「民本主義」の逆流となった。これに対して第二次憲政擁護運動が起きる。この機に高橋は衆議院総選挙に立候補する。金権選挙と中傷合戦を乗り越えて、高橋は当選を果たす。他方で護憲三派内閣が成立する。高橋は農省務大臣として入閣した。

政治家評

政友会に入党以来の政治家との付き合いが深まっていく。高橋の政治家評のなかで、とくに興味を引くのは、田中義一を「物の判る男」と肯定的に評価していることである。両者の結びつきは、原内閣における蔵相と陸相の関係から始まる。当時の急務は軍事費の削減だった。二人の信頼関係は、田中内閣の蔵相に高橋が就任することで結実する。

高橋がもっとも高く評価するのは原敬である。高橋の見るところ、「原と言う人は政党の事は大小軽重共多大の興味と熱意を持っていた」。高橋は感心した。政党指導者としての原を高く評価すればこそ、いよいよ自分は政治家には向かない。高橋はそう思った。

それでも政友会に入党したのは、山本権兵衛が説得したからである。第一次護憲運動を背景に成立した山本内閣は、政党色が濃くなくてはならなかった。主要閣僚を政友会から出す。そうであれば蔵相候補の高橋も政友会の党員である必要があった。高橋は政友会に入党する。

原に次いで評価が高いのは、今では忘れられて誰のことだかわからない、野田卯太郎《のだうたろう》である。自由民権運動家として出発した野田は、政友会の創設に関与する。政友会のなかで、いわば党人派の一人として、野田の地位は向上していく。野田は原がもっとも信頼する側近となった。野田は非選出勢力（選挙で選ばれたのではない政治勢力）との調整に辣腕《らつわん》を振るう。山県有朋《やまがたありとも》のような元老や官僚政治家の桂太郎といった権力者との間で、野田は利害関係の調整を図った。その功績もあって、原内閣が成立すると野田は逓信《ていしん》大臣として入閣、高橋内閣にも留任した。

高橋が評価したのは、野田が果たした「誰一人として見当のつかなかった官僚と政党との間の橋渡し」役である。高橋は、野田の「橋渡し」と調整によって、「ほとんど行詰りとなっていた当時の政情を打開して、国務振興上に非常な功績を著わしたものである。これなどはまさに憲政史上特筆すべき事柄である」と称賛している。

原の政治的リーダーシップと野田の調整能力は、どちらも高橋にはないものだった。そうだからこそ、二人に対する高橋の評価は高いのだろう。高橋は、原でもなく野田でもなく、金融・財政・経済のプロフェッショナルの政治家として、自己の役割を確立する。

政党政治の危機

一九二〇年代の政党政治の時代において、高橋の政治的なキャリアが終わりを告げても不思議はなかった。すでに高橋は七〇歳を越えていた。それでも時代は高橋を求める。一九三〇年代に政党政治の危機が訪れたからである。

政友会の犬養（毅）内閣に蔵相として入閣した高橋は、この内閣が五・一五事件によって崩壊するのを間近で見ることになった。その後、高橋財政は政党政治復活の経済的な前提条件を作っていく。しかしその過程は紆余曲折に満ちたものだった。

すでに記したように、高橋財政は早くも一九三三（昭和八）年には経済危機の沈静に成功する。他方でこの年五月の日中停戦協定の成立によって、対外危機も沈静に向かう。ここに高橋財政と広田《ひろた》（弘毅《こうき》）外交が結びつく。満州国の存在を与えられた条件としながらも、日中二国間レベルでの外交関係の修復を図る。高橋と広田の間には、外交に関してこのような共通の認識があった。

日中外交関係の修復を求める高橋の意思は、本書の「支那人を軽蔑するな」（「神の心・人の心」）が示している。満州国建国直後のこの一文は、「日本人は、日清戦争以来、支那人を軽蔑《けいべつ》する風がある。日本人が、上下ともに支那人を馬鹿にするという一般的な気風――これが間違いのもとなのだ」と戒《いまし》めている。

高橋財政による経済危機の沈静と広田外交による対外危機の沈静によって、政党政治復活への期待が生まれる。それは二大政党制に対する反省に基づいていた。それゆえ政党政治復活といっても、それは二大政党制の復活ではなく、政友会と民政党の二大政党の提携（政民提携論）による新しい政党政治のことだった。

ところが結論からさきに述べると、政民提携論は、総選挙の接近にともなう対立の顕在化によって、実現しなかった。

せっかくのチャンスを活かすことができずに、自壊に向かうかのような政党に、高橋は落胆した。一九三四（昭和九）年三月のインタビューに答えて、高橋は政党を擁護している。「一体政党なるものは、立憲政治、憲法政治下においては必ず出来て来るものじゃ。決して政党と言って一概に排すべきものではない」。同時に高橋は言う。「今の通り政党は国民全体から信用を失った。ここで政党を革新する時が来たのだ」。高橋は既成政党の限界を打破するために、「革新」を唱えるようになった。

この間にも新たな国内危機が顕在化していた。一九三四（昭和九）年四月、帝人事件が起きる。帝人事件とは、帝国人絹株式会社の株の譲渡をめぐる疑獄事件のことである。検察当局は黒田《くろだ》（英雄《ひでお》）大蔵次官らを逮捕する。政財界の上層部を巻き込む一大疑獄事件に発展するおそれがあった。帝人事件は高橋を直撃する。大蔵次官の逮捕だけにはとどまらなかったからである。捜査の手は高橋の長男の是賢の身に及ぶ。閣内への波及をおそれた斎藤《さいとう》（実《まこと》）首相は辞任する。それにともなって高橋も蔵相の地位を去る。

しかし高橋のキャリアはこのままでは終わらなかった。つぎの岡田《おかだ》（啓介《けいすけ》）内閣の途中から高橋は蔵相に復帰する。高橋にやましいところはなかった。高橋を疑う者もいなかった。高橋は岡田から帝人事件が「検察ファッショ」のでっちあげ事件だと聞いたこともあった。ここにあらためて高橋は日本経済の司令塔となる。帝人事件の被告全員に無罪判決が下されたのは、一九三七（昭和一二）年のことだった。

それでも国内危機は続く。一九三五（昭和一〇）年には天皇機関説事件が起きる。当時もっとも正統的だった憲法学説をめぐって、右翼、国家主義者、軍部、貴族院の一部、さらには政友会までもが岡田内閣を攻撃するようになった。

岡田内閣の蔵相高橋もすでにべつの形で非難されていた。それは昭和一〇年度予算をめぐるものだった。高橋はこの年度の予算審議に際して、公債漸減方針に基づく健全財政主義を表明した。これは高橋財政の大きな方針転換だった。当然のことながら、軍事費も縮減の対象となった。閣内における高橋は、万全の準備を整えて、論陣を張る。高橋は言い放った。「国防というものは、攻め込まれないように守るに足るだけでよいのだ。だいたい軍部は常識に欠けている」。高橋の勢いに押されて、軍部は譲歩を余儀なくされた。健全財政路線は揺るがなかった。

高橋の奮闘に対して国民がどう評価したかは、翌一九三六（昭和一一）年二月二〇日の衆議院総選挙の結果から間接的に知ることができる。民政党二〇五、政友会一七一、無産政党（社会大衆党）一八議席、民政党は前回総選挙から大幅増で第一党に返り咲いた。対する政友会は半減の惨敗である。他方で無産政党が躍進している。民政党は岡田内閣の与党的な立場に立っていた。無産政党もこの内閣を間接的に支持していた。その民政党と無産政党の連携に期待する国民の意思は、高橋に対する間接的な信任でもあった。

ところがこの総選挙の直後、事態は暗転する。二・二六事件の勃発である。青年将校に率いられた反乱軍は、高橋の私邸を襲って殺害する。昭和天皇は「朕《ちん》が股肱《ここう》の老臣を殺戮した」と激怒した。昭和天皇にとって「股肱の老臣」の一人が高橋だったことはいうまでもない。反乱は三日で鎮圧される。国民が反乱軍を支持することはなかった。国民は高橋財政の成功による景気回復の利益を享受していたからである。騒乱はすぐに収まった。しかし高橋を失ったことは、その後の日本に取り返しのつかない結果をもたらすことになる。

明治人としての高橋是清

高橋は、明治、大正、昭和戦前期を徹頭徹尾、明治人として生き抜いた。明治人とは自助の人の別名である。一八七一（明治四）年に翻訳されたサミュエル・スマイルズの『自助論（西国立志編）』は明治時代のベストセラーとなった。この『自助論』を携えて明治国家の自立に参加する多くの明治青年たちと同じ精神文化のなかで、高橋も栄達を極める。高橋は言う。「元来、人間が、この世に生を享《う》けた以上、自分のことは、自分で処分し始末すべきである。他人に依頼し、その助力を仰ぐのは、自己の死滅である」。

高橋は激しい「生存競争」で生き残るために勤勉を説く。しかしこれは適者生存の社会ダービニズムを容認するからではなかった。高橋は公平な分配の必要を重視している。「働いてくれる人達と資本家とが分配する金は、常に平等でなければならず、公平にさえすれば何でもないことです」。ここには「資本と労働と分れ喧嘩して生産が延びるものではない」との合理的な判断があった。

別の言い方をすれば、高橋は自由経済至上主義者ではなく、社会的な平等主義者だった。本書には随所で欧米の成功者たちが登場する。高橋が注目するのは、慈善事業家としての彼らである。社会的に成功した者が社会に富を還元する。これによって広く社会の平準化が進む。高橋は欧米の成功者たちが社会的な責任を果たしていることに敬意を払う。翻って日本の立身出世主義を批判する。

高橋にとって「人間出世の目標は、精神的であって、物質的ではない」。精神的な充足が目標となれば、「自己の貧しきを厭はず、人の富みを羨まない。富者も自ら省みて、社会奉仕をなし、かうして共存共栄、富者も貧者も共に手を携へて、社会国家のために敬虔な奉仕を捧ぐることが出来るやうになる」。

高橋がめざした理想社会は、結局のところ実現しなかった。しかしその精神は今も生きている。本書は格差拡大社会の日本の閉塞状況を打破するための豊かな示唆を満載しているのである。

（いのうえ・としかず／学習院大学学長）

付記／この解説は中公クラシックス版（二〇一〇年）の解説に加筆・修正を施し、改題したものである。

『随想録』（一九三六年三月、千倉書房刊）を底本とし、旧字旧仮名遣を新字新仮名遣に改めました。一部、中公クラシックス版（二〇一〇年一一月刊）を参照し、同書所載の年譜を再録しました。底本に著作権代表者として上塚司氏の名前があるので、文庫化にあたり編者としました。

本文中、今日の歴史・人権意識に照らして不適切な語句や表現がありますが、テーマや著者が物故していることに鑑み、原文のままとしました。

中公文庫

随想録《ずいそうろく》

2018年4月25日　初版発行

著　者　高《たか》橋《はし》是《これ》清《きよ》

編　者　上《うえ》塚《つか》　司《つかさ》

発行者　大橋善光

発行所　中央公論新社
〒100-8152　東京都千代田区大手町1-7-1
電話　販売 03-5299-1730　編集 03-5299-1890
URL http://www.chuko.co.jp/

DTP　ハンズ・ミケ
印　刷　三晃印刷
製　本　小泉製本

Published by CHUOKORON-SHINSHA, INC.
Printed in Japan　ISBN978-4-12-206577-2 C1195

各書目の下段の数字はISBNコードです。978－4－12が省略してあります。

中公文庫既刊より

た-5-3
高橋是清自伝（上）
高橋是清
上塚司 編
日本財政の守護神と称えられた明治人の足跡。海外を流浪した青年時代、帰国後大蔵省に出仕するも飽きたらず、銅山経営のため南米に渡るまでを綴る。
206565-9

た-5-4
高橋是清自伝（下）
高橋是清
上塚司 編
失意の銅山経営から帰国後、実業界に転身。やがて日本銀行に入る。そして日露戦争が勃発、祖国の命運を担い、外債募集の旅に赴く。〈解説〉井上寿一
206566-6

あ-82-1
昭和動乱の真相
安倍源基
警視庁初代特高課長であり、終戦内閣の内務大臣を務めた著者が、五・一五、二・二六、リンチ共産党事件、日米開戦など「昭和」の裏面を語る。〈解説〉黒澤良
206231-3

い-10-2
外交官の一生
石射猪太郎
日中戦争勃発時、東亜局長として軍部の専横に抗し、戦争終結への道を求め続けた著者が自らの日記をもとに綴った第一級の外交記録。〈解説〉加藤陽子
206160-6

い-16-5
城下の人　新編・石光真清の手記㈠　西南戦争・日清戦争
石光真清
石光真人 編
明治元年に生まれ、日清・日露戦争に従軍し、満州やシベリアで諜報活動に従事した陸軍将校の手記四部作。新発見史料と共に新たな装いで復活。
206481-2

い-16-6
曠野の花　新編・石光真清の手記㈡　義和団事件
石光真清
石光真人 編
明治三十二年、ロシアの進出著しい満洲に、諜報活動に従事すべく入った石光陸軍大尉。そこで出会った中国人馬賊やその日本人妻との交流を綴る。
206500-0

い-16-7
望郷の歌　新編・石光真清の手記㈢　日露戦争
石光真清
石光真人 編
日露開戦。石光陸軍少佐は第二軍司令部付副官として出征。終戦後も大陸への夢醒めず、幾度かの事業失敗を経てついに海賊稼業へ。そして明治の終焉。
206527-7

い-16-8
誰のために　新編・石光真清の手記㈣　ロシア革命
石光真清
石光真人 編
引退していた石光元陸軍少佐は「大地の夢」さめがたく再び大陸に赴く。そしてロシア革命が勃発した。近代日本を裏側から支えた一軍人の手記、完結。
206542-0

い-123-1
獄中手記
磯部浅一
「陛下何という御失政でありますか」。貧富の格差に憤り国家改造を目指して蹶起した二・二六事件の主謀者が綴った叫び。未刊行史料収録。〈解説〉筒井清忠
206230-6

い-108-1
昭和16年夏の敗戦
猪瀬直樹
開戦直前の夏、若手エリートで構成された模擬内閣が出した結論は〈日本必敗〉だった。だが……。知られざる秘話から日本の意思決定のあり様を探る。
205330-4

い-108-4
天皇の影法師
猪瀬直樹
天皇崩御そして代替わり。その時何が起こるのか。天皇という日本独自のシステムを〈元号〉を突破口に徹底取材。著者の処女作、待望の復刊。〈解説〉網野善彦
205631-2

い-108-5
唱歌誕生　ふるさとを創った男
猪瀬直樹
「故郷」「春の小川」「朧月夜」等多くの文部省唱歌を生み出した高野辰之と岡野貞一を軸に、明治時代の「夢」を浮き彫りにした傑作ノンフィクション。
205796-8

き-46-1
組織の不条理　日本軍の失敗に学ぶ
菊澤研宗
個人は優秀なのに、組織としてはなぜ不条理な事をやってしまうのか？　日本軍の戦略を新たな経済学理論で分析、現代日本にも見られる病理を追究する。
206391-4

き-42-1
日本改造法案大綱
北一輝
軍部のクーデター、そして戒厳令下での国家改造シナリオを提示し、二・二六事件を起こした青年将校たちの理論的支柱となった危険な書。〈解説〉嘉戸一将
206044-9

き-43-1
ノモンハン　元満州国外交官の証言
北川四郎
満州国とモンゴルの国境をめぐり日ソ両軍が激突、双方2万前後の死傷者を出したノモンハン事件を、戦後の国境線画定交渉に参加した著者が綴る。〈解説〉田中克彦
206145-3

各書目の下段の数字はISBNコードです。978－4－12が省略してあります。

こ-7-2
一老政治家の回想　古島一雄
犬養毅の知己を得て、四十年にわたり傲骨の政客として活躍した著者が回想する明治・大正・昭和にわたる政党政治の盛衰と裏面史。〈解説〉筒井清忠
206189-7

く-16-4
われ巣鴨に出頭せず　近衛文麿と天皇　工藤美代子
戦犯法廷を拒んで自決した悲劇の宰相・近衛文麿が命を賭して守ったものとは？　膨大な史料を駆使し、新たな近衛文麿像に迫る傑作ノンフィクション。〈解説〉田久保忠衛
205178-2

こ-19-2
最後の御前会議／戦後欧米見聞録　近衛文麿手記集成　近衛文麿
27歳で発表した「英米本意の平和主義を排す」から死の直後に刊行された回想まで、青年宰相と持てはやされた男の思想と軌跡を綴った六篇を収録。〈解説〉井上寿一
206146-0

さ-27-3
妻たちの二・二六事件　新装版　澤地久枝
〝至誠〟に殉じた二・二六事件の若き将校たち。彼らへの愛を秘めて激動の昭和を生きた妻たちの三十五年をたどる、感動のドキュメント。〈解説〉中田整一
206499-7

し-45-2
昭和の動乱（上）　重光葵
重光葵元外相が巣鴨獄中で書いた、貴重な昭和の外交記録である。上巻は満州事変から宇垣内閣が流産するまでの経緯を世界的視野に立って描く。
203918-6

し-45-3
昭和の動乱（下）　重光葵
重光葵元外相は巣鴨に於いて新たに取材をし、この記録を書いた。下巻は終戦工作からポツダム宣言受諾、降伏文書調印に至るまでを描く。〈解説〉牛村圭
203919-3

し-45-1
外交回想録　重光葵
駐ソ・駐英大使等として第二次大戦への日本参戦を阻止するべく心血を注ぐが果たせず。日米開戦直前まで約三十年の貴重な日本外交の記録。〈解説〉筒井清忠
205515-5

し-5-2
外交五十年　幣原喜重郎
戦前、「幣原外交」とよばれる国際協調政策を推進した外交官であり、戦後、新憲法に軍備放棄を盛り込むことを進言した総理が綴る外交秘史。〈解説〉筒井清忠
206109-5

す-10-2
占領秘録
住本 利男
日本史上空前の被占領、激動の日々を現場責任者たちが語る。天皇制、復員、東京裁判、アジア諸国からの亡命者たちなど興味津々の三十話。〈解説〉増田 弘
205979-5

と-32-1
最後の帝国海軍 軍令部総長の証言
豊田 副武《そえむ》
山本五十六戦死後に連合艦隊司令長官をつとめ、最後の軍令部総長として沖縄作戦を命令した海軍大将が残した手記、67年ぶりの復刊。〈解説〉戸高一成
206436-2

と-31-1
大本営発表の真相史 元報道部員の証言
冨永 謙吾
「虚報」の代名詞として使われ、非難と嘲笑を受け続ける大本営発表。その舞台裏を、当事者だった著者が関係資料を駆使して分析する。〈解説〉辻田真佐憲
206410-2

ほ-1-14
昭和史の大河を往く1 「靖国」という悩み
保阪 正康
政治や外交の思惑もからみ、複雑化する靖国問題の本質とは。首相の発言と参拝、様々な立場の歴史解釈、昭和天皇の思いなど、資料と取材から多面的に迫る。
205785-2

ほ-1-15
昭和史の大河を往く2 国会が死んだ日
保阪 正康
議会はどう「死んでいった」のか、首相官邸に身を置いた政治家はどんな心境になったか。二つの権力空間から見る昭和史。長年の取材の成果を随所に盛り込む。
205822-4

ほ-1-16
昭和史の大河を往く3 昭和天皇、敗戦からの戦い
保阪 正康
敗戦の一ヵ月後、昭和天皇の新たな戦いが始まった。マッカーサーとの心理戦や弟宮との関係を丹念に追い、いま歴史へと移行する昭和天皇像を問い直す第三集。
205848-4

ほ-1-17
昭和史の大河を往く4 帝都・東京が震えた日 二・二六事件、東京大空襲
保阪 正康
昭和史を転換させた二・二六事件と、いまも傷跡が残る三月十日の大空襲。東京を震撼させた二つの悲劇を中心に「歴史の現場」を訪ねながら考える第四集。
205918-4

ほ-1-18
昭和史の大河を往く5 最強師団の宿命
保阪 正康
屯田兵を母体とし、日露戦争から太平洋戦争まで、常に危険な地域へ派兵されてきた旭川第七師団の歴史を俯瞰し、大本営参謀本部の戦略の欠如を明らかにする。
205994-8

各書目の下段の数字はISBNコードです。978－4－12が省略してあります。

ほ-1-19
昭和史の大河を往く6 華族たちの昭和史
保阪 正康
明治初頭に誕生し、日本国憲法施行とともに廃止された特権階級は、どのような存在だったのか？ 華族たちの苦悩と軌跡を追い、昭和史の空白部分をさぐる。
206064-7

ま-11-4
上海時代（上） ジャーナリストの回想
松本 重治
満州事変、第一次上海事変の後、中国の抗日活動が盛んになる最中、聯合通信支局長として上海に渡った著者が、取材報道のかたわら和平実現に尽力した記録。
206132-3

ま-11-5
上海時代（下） ジャーナリストの回想
松本 重治
抗日テロが相次ぐなか、西安事件を経て、ついに盧溝橋で日中両軍が衝突、両国の和平への努力にも拘わらず戦火は拡大していく。〈解説〉加藤陽子
206133-0

ま-42-2
持たざる国への道 あの戦争と大日本帝国の破綻
松元 崇
なぜ日本は世界を敵に回して戦争を起こし、滅亡の淵に到ったのか？ 昭和の恐慌から敗戦までの歴史を、現役財務官僚が〈財政〉面から鋭く分析する。
205821-7

ま-44-3
評伝 北一輝 Ⅰ 若き北一輝
松本 健一
日本近代史上最も危険な革命思想家北一輝。特異な思想と奇抜な人間像を描き切る全五巻。第一巻では、北の生い立ちと思想形成過程を佐渡の歴史風土を背景に辿る。
205985-6

ま-44-4
評伝 北一輝 Ⅱ 明治国体論に抗して
松本 健一
二十三歳の北は『国体論及び純正社会主義』を世に問う。反響は大きかったが、国家と天皇制を批判するものであり、即発禁。五年後、中国革命のため大陸へ渡る。
205996-2

ま-44-5
評伝 北一輝 Ⅲ 中国ナショナリズムのただなかへ
松本 健一
辛亥革命が勃発した中国に渡り、革命支援に奔走するも、国外退去に。上海で書かれ、秘密出版された『国家改造案原理大綱』が、安田財閥当主の暗殺の引き金となる。
206012-8

ま-44-6
評伝 北一輝 Ⅳ 二・二六事件へ
松本 健一
誦経に没入し、怪文書で政府を翻弄するカリスマ。内憂外患が強まる中、皇軍教育で純粋培養された若い軍人が北の思想に反応。天皇の応答を求める蹶起の日が。
206031-9

ま-44-7
評伝 北一輝 V 北一輝伝説
松本健一
飢饉などで社会状況が悪化。若い軍人たちの絶望感が深まって、二・二六勃発。鋭い世界認識と先見性をもつ北が事件の首魁として処刑される。昭和史の転換点を描く。
206043-2

も-31-2
鷗外の坂
森まゆみ
団子坂、無縁坂、暗闇坂……。森鷗外が暮らした坂のある町。その足どりを辿りながら、明治の文豪の素顔と六〇年の起伏に富んだ生涯を描き出す、渾身の評伝。
205698-5

も-31-3
明治東京畸人傳
森まゆみ
谷中・根津・千駄木をかつて往来した二十五人の物語。地域雑誌を編集するなかで出会った、不思議な魅力あふれる人物たち。その路上の肖像を掘り起こす。
205849-1

や-59-1
沖縄決戦 高級参謀の手記
八原博通
戦没者は軍人・民間人合わせて約20万人。壮絶な沖縄戦の全貌を、第三十二軍司令部唯一の生き残りである著者が余さず綴った渾身の記録。〈解説〉戸部良一
206118-7

よ-24-7
日本を決定した百年 附・思出す侭
吉田茂
偉大なるわがままと楽天性に満ちた元首相の個性が描き出した近代史。世界各国に反響をまき起した名篇が文庫にて甦る。単行本初収録の回想記を付す。
203554-6

よ-24-8
回想十年（上）
吉田茂
政界を引退してまもなく池田勇人や佐藤栄作らを相手に語った回想。戦後政治の内幕を述べつつ日本が進むべき「保守本流」を訴える。〈解説〉井上寿一
206046-3

よ-24-9
回想十年（中）
吉田茂
吉田茂が語った「戦後日本の形成」。中巻では、自衛隊創立、農地改革、食糧事情そしてサンフランシスコ講和条約締結の顛末等を振り返る。〈解説〉井上寿一
206057-9

よ-24-10
回想十年（下）
吉田茂
戦後日本はどのように復興していったのか。下巻では、ドッジライン、朝鮮戦争特需、三度の行政整理など、主に内政面から振り返る。〈解説〉井上寿一
206070-8

各書目の下段の数字はISBNコードです。978－4－12が省略してあります。

よ-24-11
大磯随想・世界と日本
吉田茂
政界を引退したワンマン宰相が、日本政治の「貧困」を憂いつつ未来への希望をこめ、その政治思想を余すことなく語りつくしたエッセイ。〈解説〉井上寿一
206119-4

S-24-1
日本の近代1 開国・維新 1853～1871
松本健一
太平の眠りから目覚めさせられた日本は否応なしに開国、そして近代国家への道を踏み出していく。黒船来航に始まる十五年の動乱、勇気と英知の物語。
205661-9

S-24-2
日本の近代2 明治国家の建設 1871～1890
坂本多加雄
近代化に踏み出した明治政府を待ち受けていたのは、一揆、士族反乱、そして自由民権運動といった試練であった。廃藩置県から憲法制定までを描く。
205702-9

S-24-3
日本の近代3 明治国家の完成 1890～1905
御厨貴
明治憲法制定・帝国議会開設と近代国家へのスタートを切った日本は、内に議会と藩閥の抗争、外には日清・日露の両戦争と、多くの試練にさらされる。
205740-1

S-24-4
日本の近代4 「国際化」の中の帝国日本 1905～1924
有馬学
「日露戦後」の時代。偉大な明治が去り、関東大震災がおき、帝国日本は模索しながらどこへむかおうとしたのか。大正デモクラシーの出発点をさぐる。
205776-0

S-24-5
日本の近代5 政党から軍部へ 1924～1941
北岡伸一
政治の腐敗、軍部の擡頭。時代は非常時から戦時へと移っていく。しかし、社会が育んだ自由な精神文化は戦後復興の礎となった。昭和戦前史の決定版。
205807-1

S-24-6
日本の近代6 戦争・占領・講和 1941～1955
五百旗頭真
日本はなぜ対米戦争に踏み切り、敗戦をどう受け入れたのか。国内政治の弱さを内包したまま戦後再生し、冷戦下で経済大国となった日本の政治の有様は。
205844-6

S-24-7
日本の近代7 経済成長の果実 1955～1972
猪木武徳
一九五五年、日本は「経済大国」への軌道を走り出す。日本人は何を得、何を失ったのか。高度経済成長期を現在の視点から遠近感をつけて立体的に再構成する。
205886-6

S-24-8
日本の近代8 大国日本の揺らぎ 1972〜
渡邉昭夫
沖縄の本土復帰で「戦後」を終わらせた日本だが、石油危機、狂乱物価、日米貿易摩擦など、内外の試練をうけ続ける。経済大国の地位を築いた日本の行方。
205915-3

S-25-1
シリーズ 日本の近代 逆説の軍隊
戸部良一
近代国家においてもっとも合理的・機能的な組織であるはずの軍隊が、日本ではなぜ〈反近代の権化〉となったのか。その変容過程を解明する。
205672-5

S-25-2
シリーズ 日本の近代 都市へ
鈴木博之
西欧文明との出会いは、日本の佇まいに何をもたらしたか。文明開化、大震災、戦災、高度経済成長——変容する都市の風貌から、日本人のアイデンティティの軌跡を検証する。
205715-9

S-25-3
シリーズ 日本の近代 企業家たちの挑戦
宮本又郎
三井、三菱など財閥から松下幸之助や本田宗一郎ら消費者本位の実業家まで、資本主義社会の光と影を担った彼らの手腕と発想はどのように培われたのか。
205753-1

S-25-4
シリーズ 日本の近代 官僚の風貌
水谷三公
この国を動かしてきた顔の見えない人々——政党勃興、戦時体制、敗戦など社会情勢の変動が、行政機構に与えた影響を探る、ユニークな日本官僚史。
205786-9

S-25-5
シリーズ 日本の近代 メディアと権力
佐々木隆
「社会の木鐸」「不偏不党」「公正中立」その実態は？知られざる新聞の歴史を豊富な史料で描き、現在のメディアが抱える問題点を根源に遡って検証。
205824-8

S-25-6
シリーズ 日本の近代 新技術の社会誌
鈴木淳
洋式小銃の導入は兵制を変え軍隊の近代化を急がせた。洗濯機の登場は主婦に家事以外の時間を与えた。新技術の導入は日本社会の何を変えたのだろうか。
205858-3

S-25-7
シリーズ 日本の近代 日本の内と外
伊藤隆
開国した日本が、日清・日露の戦を勝ち抜いて迎えた二十世紀。世界は、社会主義によって大きく揺すぶられる。二部構成で描く近代日本の歩み。
205899-6